翻译与跨学科学术研究丛书
罗选民 主编

王 宁 著

THE CULTURAL TURN IN TRANSLATION STUDIES
(REVISED EDITION)

翻译研究的文化转向
（修订版）

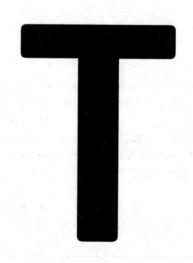

清华大学出版社
北 京

内 容 简 介

本书将 20 世纪 90 年代初出现在西方、后来逐步进入中国的翻译研究的文化转向进行了历史的梳理和理论的分析，从跨学科和跨文化的视角对传统的翻译进行了全新的界定，将跨文化的语符翻译纳入翻译研究者的视野，在广阔的全球化语境下系统阐释了翻译研究的文化转向。此次修订对新文科视域下翻译研究所面临的各种挑战，尤其是机器翻译和人工智能翻译等，提出了相应的对策，并对翻译研究的未来前景进行了宏观的描述。

本书读者对象：翻译理论学习与研究者、翻译实践者、比较文学与文化研究者。

版权所有，侵权必究。举报：010-62782989，beiqinquan@tup.tsinghua.edu.cn。

图书在版编目（CIP）数据

翻译研究的文化转向 / 王宁著. —2 版（修订本）. —北京：清华大学出版社，2022.1
（翻译与跨学科学术研究丛书）
ISBN 978-7-302-59740-7

Ⅰ.①翻⋯ Ⅱ.①王⋯ Ⅲ.①翻译学—研究 Ⅳ.① H059

中国版本图书馆 CIP 数据核字（2021）第 274129 号

责任编辑：刘细珍
封面设计：覃一彪
责任校对：王凤芝
责任印制：沈　露

出版发行：清华大学出版社
　　　　网　　址：http://www.tup.com.cn, http://www.wqbook.com
　　　　地　　址：北京清华大学学研大厦 A 座　　邮　编：100084
　　　　社 总 机：010-62770175　　邮　购：010-62786544
　　　　投稿与读者服务：010-62776969, c-service@tup.tsinghua.edu.cn
　　　　质量反馈：010-62772015, zhiliang@tup.tsinghua.edu.cn

印 装 者：三河市东方印刷有限公司
经　　销：全国新华书店
开　　本：155mm×230mm　　印　张：18　　字　数：248 千字
版　　次：2009 年 9 月第 1 版　2022 年 1 月第 2 版　印　次：2022 年 1 月第 1 次印刷
定　　价：118.00 元

产品编号：092628-01

"翻译与跨学科学术研究丛书"
编委会

主　编：罗选民

编　委：Charles A. Laughlin　　［美］弗吉尼亚大学
　　　　Perry Link　　　　　　　［美］普林斯顿大学
　　　　Russell Leong　　　　　　［美］加州大学洛杉矶分校
　　　　Robert Neather　　　　　 香港浸会大学
　　　　隽雪艳　　　　　　　　　清华大学
　　　　李奭学　　　　　　　　　台湾"中研院"文哲所
　　　　刘树森　　　　　　　　　北京大学
　　　　孙艺风　　　　　　　　　澳门大学
　　　　王宏志　　　　　　　　　香港中文大学
　　　　谢少波　　　　　　　　　［加］卡尔格雷大学

"翻译与跨学科学术研究丛书"
总序

翻译活动对人类社会发展所起到的重大作用已是学界之共识。仅以中国近、现代史为例，翻译活动直接影响到中国现代性的形成。近代一些思想家，如严复、林纾、梁启超、鲁迅等，无不以翻译为利器，改造社会，改造国民，改造文学，改造语言。

然而，在很长一段时间内，中国的翻译研究大多还停留在语言分析层面，在国际上相对滞后。二十世纪九十年代前，有关翻译研究的论文主要探讨翻译技巧，从文化和意识形态等更宽阔的视野来研究翻译的学术论文寥若晨星。曾经一时，人们谈中国译论，必言"信、达、雅"，谈论西方译论，离不开奈达与功能对等。九十年代后，大量西方的翻译理论被译介到中国，如语言学派、功能学派、诠释学派、结构学派、文化学派等，这些理论大大推动了中国翻译研究与国际接轨。二十一世纪初，全球化给中国翻译研究带来了新的发展机遇：全国翻译研究方向的博士、硕士研究生数以千计，一批翻译系、所或翻译研究中心在高校成立，西方翻译学术名著得到大量引进，翻译研究著作得到大量出版，海峡两岸暨中国香港、澳门的翻译学刊增至10种之多，有关翻译的国际学术交流日益昌盛。

正是在这样一个背景下，我们决定选编"翻译与跨学科学术研究丛书"，旨在结集出版近年来海内外翻译及相关领域的研究成果。入选作品均具有开阔的学术视野，有较强的原创性和鲜明的特色，史料或语料翔实，研究方法具有可操作性，在更深更广的层面上揭示翻译的本质。

翻译研究的文化转向（修订版）

本丛书所收著作须经丛书编委评审通过。我们期望这套书的编选和出版能够为打造学术精品、推动我国翻译与跨学科的发展起到积极、实际的作用。

清华大学翻译与跨学科研究中心
"翻译与跨学科学术研究丛书"编委会

目 录

导言 翻译的文化转向和文化研究的翻译学转向 ……1
 文化翻译，或翻译的文化学再建构 ……2
 文化研究的困境与出路 ……8
 走向一种文化研究的"翻译学转向" ……12

第1章 翻译学的理论化：跨学科的视角 ……19
 翻译学的合法化 ……20
 翻译的再界定和翻译学的建构 ……24
 文化研究中的"翻译学转向"再识 ……30

第2章 解构的文化转向：本雅明和德里达 ……39
 本雅明：解构主义翻译的先驱者 ……40
 德里达的介入和影响 ……49
 巴别塔：翻译的不可译性 ……53
 什么是"确当的"翻译？ ……61

第3章 解构与文化批判：翻译的归化与异化 ……71
 理论的翻译与变异 ……72
 异化与归化的张力 ……81
 翻译的显身和译者主体意识的觉醒 ……93

第4章 后殖民主义翻译理论及实践 ……105
 东方主义批判和理论的旅行 ……105
 解构式的翻译与阐释 ……112
 翻译的文化政治策略 ……118
 模拟、混杂、第三空间与文化翻译的策略 ……127

第5章 比较文学和文化研究的干预 ·········· 137
比较文学与文化研究：对峙还是对话？ ·········· 138
勒弗菲尔：翻译与文学的操控 ·········· 151
比较文学与翻译研究：等级秩序的颠覆 ·········· 160

第6章 符际翻译与文化研究的"视觉转向" ·········· 171
后现代消费文化的审美特征 ·········· 173
视觉文化和当代文化中的"图像转折" ·········· 180
图像的越界和解构的尝试 ·········· 185
符际翻译与傅雷的跨文化符际翻译 ·········· 189
超越文字的翻译和阐释 ·········· 201

第7章 翻译与文化的重新定位 ·········· 207
从全球英语到全球汉语 ·········· 208
翻译中国和在国际学界发表著述 ·········· 213
翻译与汉语的未来 ·········· 219

第8章 翻译在中国革命进程中的作用 ·········· 223
作为文化启蒙手段的翻译 ·········· 224
作为意识形态工具的翻译 ·········· 227
作为向世界开放之窗口的翻译 ·········· 231
重绘全球文化和世界文学版图的翻译 ·········· 235

第9章 全球化时代翻译学的未来 ·········· 241
新文科视域下的翻译研究 ·········· 243
全球化时代翻译研究的愿景 ·········· 251

参考文献 ·········· 261

后　记 ·········· 273

导言 翻译的文化转向和文化研究的翻译学转向

在当今的国际人文社会科学领域内，从比较文学和文化研究的角度来研究翻译问题已经不是什么新鲜课题了，但是真正将翻译研究纳入跨东西方比较文化研究的语境下来考察则最早也是 20 世纪 90 年代以来的事。在这方面，英国比较文学和翻译研究学者苏珊·巴斯耐特（Susan Bassnett）和已故的美国比较文学和翻译研究学者安德列·勒弗菲尔（André Lefevere）所起到的开拓性作用是不可忽视的。[1] 这两位学者都是从比较文学和文化研究的视角来研究翻译的，因此他们的翻译研究理论基点自然都是比较文学。而且与一般比较传统的欧洲比较文学学者所不同的是，他们更为关心文化研究的进展，并试图把狭隘的比较文学领地扩大到更为宽广的比较文化的范围。再加之这二人都是当代翻译研究的"文化转向"（cultural turn）的主要倡导者和推进者，因而由这两位重量级的人物于 90 年代初来共同推进翻译研究的文化转向本身就是十分有力的。但时过境迁，当翻译研究中的文化转向持续了近十年时，两位学

---

[1] 一般认为，翻译研究有两个含义：广义的翻译研究（translation study 或 translation research）和狭义的翻译研究（Translation Studies），此处所讨论的翻译研究显然是后者。国际翻译理论界比较公认，翻译研究作为一门学科领域，其崛起之标志是于 1976 年在比利时鲁汶大学举行的一次研讨会。这方面的代表人物除了上面提及的两位外还有比利时的约瑟·朗伯特（José Lambert）、英国的特奥·赫曼斯（Theo Hermans）和莫娜·贝克（Mona Baker）、丹麦的凯·道勒拉普（Cay Dollerup）、美国的爱德温·根茨勒（Edwin Gentzler）等。

者却又在合著的专题研究文集《文化建构：文学翻译研究论集》(1998)[1]中提出了另一个全新的观点：文化研究中的"翻译转向"(translation turn)。这实际上对于反拨文化研究中的英语中心主义模式、率先以翻译学为切入点把文化研究扩展到跨文化的大语境之下起到了推波助澜的作用。可惜他们在这方面并未能多作阐发，同时也由于他们自身知识的局限，也未能涉及范围更广的跨越东西方比较文化的理论课题。

当前，我们正处于一个全球化的时代，在这一时代，随着翻译领地的扩大和翻译研究的再度兴盛，再加之文化研究的一度受挫，文化研究中的"翻译转向"已被证明是势在必行的，而且必将有着广阔的发展前景。因此本导言权且借用"翻译转向"的本意，将其沿用至中文的和比较的语境来讨论，并将围绕翻译与文化以及这两个彼此互动的"转向"展开论述。

文化翻译，或翻译的文化学再建构

毫无疑问，在当今这个全球化的时代，英语作为一种强势语言一直在向弱小的民族和国家渗透。在一些第三世界国家，甚至包括一些发达的欧洲国家，人们为了实现与世界的交流和"接轨"，不得不花费大量的精力来学习英语。因而也许有人认为，既然全世界的人都在学习英语，如果他们都能直接用英语来进行彼此间的交流，将来还会需要翻译吗？翻译的功能在一个全球化的时代将会自然消失吗？对于这样一个看似简单实则复杂的问题，我们的回答是，即使情况果真如此，翻译的作用也没有被削弱，而且在将来也不会被削弱，相反，翻译已经在当前显示出而且仍将继续显示出越来越重要的作用。这也与全球化之于文化的影响一样，全球化非但不可能使不同的民族文化变得趋同，反而更加加

1　Bassnett, S. & Lefevere, A. 1988. *Constructing Cultures: Essays on Literary Translation*. Clevedon & London: Multilingual Matters Ltd.

导言　翻译的文化转向和文化研究的翻译学转向

速了文化多元化的步伐，因而从文化研究的视角来进行翻译研究，便成了当前国际学术界的一个前沿学科理论课题。在这方面，法国学者和理论家雅克·德里达（Jacques Derrida）、丹麦学者凯·道勒拉普（Cay Dollerup）、比利时学者约瑟·朗伯特（José Lambert）、德国学者沃夫尔冈·伊瑟尔（Wolfgang Iser）和霍斯特·图尔克（Horst Turk）、英国学者苏珊·巴斯耐特和特奥·赫曼斯（Theo Hermans）、美国学者希利斯·米勒（J. Hillis Miller）、佳亚特里·斯皮瓦克（Gayatri Spivak）、霍米·巴巴（Homi Bhabha）、安德列·勒弗菲尔、欧阳桢（Eugene Chen Eoyang）、托马斯·比比（Thomas Beebee）等均作了较为深入的研究，他们在这方面著述颇多，并且提出了不少对我们今天的研究具有启发意义的洞见。研究翻译理论的学者往往将从文化角度来考察翻译的研究者群体称为翻译研究的"文化学派"。其实，这并不是一个学派，至少不能算是一个有着严密组织和共同纲领的学派，而是一种发展的趋向或潮流。围绕这一潮流和趋向，一批大体志同道合的学者在一起切磋讨论，无形中仿佛形成了一个松散的研究群体。当然，加入到这一潮流的学者的名单是不确定的，而且还在不断地扩大。在一个"文化"无所不包、无孔不入的全球化时代，翻译更是难以摆脱"文化"的影响。它正在吸引越来越多的翻译研究"圈外人"的兴趣，从而使得翻译研究的疆界也在大大地扩展。我们从这些来自圈外的学者的著述中很难见到以往的传统翻译研究学者所使用的那套术语，而是不断地见到一些与文化密切相关的新的术语。一些恪守传统观念的翻译研究者便因此拍案而起，试图捍卫传统的翻译研究的"纯洁性"和严肃性。这种善良的本意也许是可以理解的，但是在这样一个跨文化和跨学科的信息时代，翻译本身的定义也在不断地发生变化。一个学科如果要保持旺盛的活力，就必须不断自身更新方法和理念，以适应变动不居的时代的需要。这样看来，如果翻译研究仍像过去那样仅仅吸引少数专家的注意，那它就永远摆脱不了被"边缘化"的境地。过去被人们认为是"伪翻译"或"译述"或"改写"的东西，也许在今天这个时代已经堂而皇之地进入了翻译研究者的视野。

翻译研究的文化转向（修订版）

这究竟之于我们这个学科是好事还是坏事？我想，现在就下结论似乎为时过早，也许读者通过本书各章节的论述自然会得出令人信服的结论。

诚然，上述这些西方学者的研究成果，确实为我们中国学者从跨东西方比较文化的理论视角进行深入研究提供了方法论方面的启示，同时也为我们在一个更为广阔的跨文化语境下进一步深入研究翻译问题和翻译现象打下了必要的基础。但上述学者除去欧阳桢作为出生在中国的汉学家而精通中国语言文化外，其余学者的著述研究和案例大都取自己文化的语境，或者依赖翻译的中介，因而其得出的结论很难说是全面的和尽善尽美的。当然，上述学者中有不少都曾对包括中国语言文化在内的东方文化有着一定的兴趣，有的甚至还花费了很多时间学习中文，但是事实是，即使对土生土长的中国学者来说，要掌握中国传统文化的真谛也须经过一个长期的艰苦努力的过程。正因如此，与国际翻译学术界在近四十年内的发展相比，国内的翻译研究可以说尚处于开始阶段，大多数翻译研究者仍然很难摆脱严复的信、达、雅三原则的讨论之浅层次，或停留在对西方翻译理论的介绍层面，并未自觉地将翻译研究纳入全球化时代的跨文化研究语境下来考察，因而能与国际学术界平等讨论对话的扎实研究专著至今仍不多见，只有一些零散的论文散见于国内各种期刊和论文集。[1] 当然，全球化时代的来临使得我们与国际学术界交流的速度大大地加快了。在全球化这个大平台上，中国学者与西方学者的平等对话已经成为一个无可争辩的事实，而且越来越多的西方学者已经认识到，从事中西翻译研究或文化研究，没有中国文化的知识或中国语言的造诣至少是不全面的。鉴于目前翻译研究在相当程度上还拘泥于狭窄的语言字面的困境，从全球化的广阔语境下来反思翻译学的问题无疑是有着重大意义的。这一方面能弥补国内此方面研究的不足；另一方面也可

---

[1] 在中国的语境下，也许是由于翻译学本身的地位，大多数翻译研究者用中文发表论文的阵地主要是《中国翻译》以及一些外语类的刊物。值得庆幸的是，包括《中国比较文学》和《文艺研究》在内的一些人文社会科学的专门性学术期刊近几年也开始发表翻译研究方面的论文了，虽然大都是广义的文化翻译方面的论文。

导言 翻译的文化转向和文化研究的翻译学转向

以促使我们以中国学者的研究实绩来和国际同行进行卓有成效的讨论,从而达到与国际学术界平等对话的高度。[1] 通过这样的讨论和对话,最终对从西方文化语境中抽象出的翻译理论进行质疑乃至重构,我认为这应该是我们中国翻译研究者的历史使命。

既然我们坚持文化翻译的立场,[2] 我认为,从文化的维度来考察全球化在翻译领域内的影响和作用,就应该将语言当作文化传播的一种载体,而考察翻译则正是将语言学的经验研究和文化学的人文阐释及翻译文本的个案分析结合起来的有效尝试,其最终目的是实现对翻译学这一新兴的尚不成熟的边缘学科的理论建构。如上所述,在当前这个全球化的大语境之下,翻译的功能非但没有被削弱,反而变得越来越重要,相应地,翻译的定义也应该发生变化。翻译学作为介于人文学科、社会科学和自然科学之边缘地带的一门学科应该有自己的存在方式,在这方面,我和许多东西方学术界的同行一直在呼吁作为一门科学学科的翻译学的诞生和发展。关于这个问题,本书将在第 1 章予以阐述,此处毋庸赘言。我认为,既然在全球化的时代,信息的传播和大众传媒的崛起使得全球化与文化的关系尤为密不可分,那么翻译无疑便充当了信息传播的一种工具,因而对翻译的研究也应该摆脱狭窄的语言文字层面的束缚,将其置于广阔的跨文化语境之下,这样得出的结论才能具有对其他学科的普遍方法论上的指导意义。由此可见,我们的一个当务之急便是对翻译这一术语的既定含义作出新的理解和阐释:从仅囿于字面形式的翻译(转换)逐步拓展为对文化内涵的翻译(形式上的转换和内涵上的

---

1 尽管本书初版写于 21 世纪头一个十年里,但是如今国际翻译研究界中国学者的作用确实令人震惊。我们可以很容易地在英语世界的翻译研究顶尖刊物(如 *Perspectives: Studies in Translation Theory and Practice, Babel, Target, META, Translation Studies* 等)中见到中国学者的文章,有时甚至整期都由某一位中国学者担任客座编辑(包括我本人在内)。可见,中国的翻译研究者已经开始注重与国际学界进行平等对话了。

2 关于文化翻译方面的英文著述,可参阅 Wang, N. 2004. *Globalization and Cultural Translation*. Singapore: Marshall Cavendish Academic.

能动性阐释和再现）。因此研究翻译本身就是一个文化问题，尤其在涉及两种文化的互动关系和比较研究时更是如此。在这方面看来，巴斯耐特和勒弗菲尔所提出的"翻译是一种文化建构"的观点是颇有见地的，而他们将翻译看作是两种文化之间的互动实际上也为翻译研究与文化研究的互相渗透和互为补充铺平了道路。确实，翻译研究的兴衰无疑与文化研究的地位如何有着密切的关系，特别是在当今文化研究出现"危机"症状时，呼吁文化研究的"翻译学转向"就是势在必行的了。因为翻译至少涉及两种语言和文化，这就从根本上打破了文化研究现存的英语中心主义的束缚和局限，为一种真正的多元文化格局的到来奠定了基础。再者，跨文化的翻译研究也给文化研究学者带来了跨文化的视角，使他们走出"英语中心主义"的狭隘模式，进入到一个更为广阔的跨文化的语境。

诚然，作为中国的翻译研究和文化研究者，我们首先应该立足中国的文化土壤，考察翻译对于中国新文化和新文学的建构所起到的重大作用。任何熟悉中国近现代史的人都知道，文化翻译在中国有着漫长的和影响深远的历史，它始自清朝末年和民国初期对外来文化的大面积翻译和介绍，或者甚至更早。因而在中国的语境下讨论翻译与文化的关系，我们必然会想到翻译对推进中国文化现代性的形成及其在历史进程以及建构中国文学批评理论话语的过程中所起到的不可替代的作用。众所周知，中国文学在过去的一百年里，已经深深地受到了西方文化和文学的影响，以至于不少恪守传统观念的中国学者认为，一部中国现代文学史，就是一个西方文化殖民中国文化的历史，或者说就是一部外国文学的翻译史，他们特别反对"五四运动"，因为"五四运动"开启了中国新文学的先河，同时也开启了中国文化现代性的先河，而在"五四"期间有一个特别重要的现象，就是大量的外国文学作品，尤其是西方文学作品和文化学术思潮、理论被翻译成中文，使得汉语变得"欧化"和大大地不纯了。尽管我们从今天的"忠实"之角度，完全可以对"五四"先驱者们的许多在语言层面上显然是不忠实的，有些甚至从另一种语言转译

导言　翻译的文化转向和文化研究的翻译学转向

的译著进行挑剔，但我们却无法否认这些"翻译"文本所产生的客观作用和影响。当然，其中的一个后果就是中国语言的"欧化"和中国文学话语的"丧失"。平心而论，鲁迅当年提出的口号"拿来主义"对这种西学东渐确实起到了推波助澜的作用。我们都知道，鲁迅在谈到自己的小说创作灵感的来源时，曾直言不讳地说，他的小说创作"所仰仗的全在先前看过的百来篇外国作品和一点医学上的知识"，此外什么准备都没有。[1] 当然，鲁迅因为这番表述后来成了保守势力攻击的对象，被看成是全盘"西化"的代表人物。还有另一些"五四运动"的干将，包括胡适、郭沫若，他们则通过大量的翻译和介绍西方文学作品，对传统的中国文学话语体系进行了有力的解构，从而逐渐形成了一种"翻译体的""混杂的"中国现代文学话语体系，或者说形成了一种中国现代文学的经典。由于它与其先辈的巨大差异和与西方文学的天然区别，这种现代文学话语体系既可以与中国古典文学进行对话，同时也可与西方的文化现代性进行对话。这实际上从另一个角度上来说，也消解了单一的现代性（singular modernity）的神话，为一种具有中国特色的"他种"（alternative）现代性，或者说另一种形式的现代性铺平了道路。[2] 所以在中国现代文学的历史上，翻译应该说占有很重要的地位。因此我们可以进而推论，在中国现代文学史上，翻译文学应当被看作是其不可分割的组成部分。如果从比较文学的角度来看，一部中国现代文学史在某种程度上就可算作是一部翻译文学史，而研究翻译也是文化研究的一个重要方面。也就是说，从文化的角度来看，翻译说到底也是一种文化现象，尤其在涉及文学翻译时就更是如此。因为我们今天所提出的翻译的概念，已经不仅仅

---

[1]　鲁迅．1981．我怎么做起小说来．鲁迅全集：第四卷．北京：人民文学出版社，512.

[2]　关于有选择的"他种现代性"的具体论述，可参阅 Liu, K.（刘康）. 1998. Is there an alternative to (capitalist) globalization? The debate about modernity in China. In Jameson, F. & M. Miyoshi. (eds.) *The Cultures of Globalization*. Durham, NC: Duke University Press, 164-188.；最近的一篇有中译文的文章：阿里夫·德里克．2007．当代视野中的现代性批判．南京大学学报，（6）: 50-59.

是从一种语言转变成另外一种语言的纯技术形式的翻译,而且也是从一种形式转化成另外一种形式,从一种文化转变为另外一种文化的"转化"(transformation)、"阐释"(interpretation)和"再现"(representation),这种转化和再现恰恰是以语言为其主要媒介而实现的。

文化研究的困境与出路

尽管文化研究进入中国已经有二十多年的历史,而且它在中国大陆和港台地区所引发的讨论和争鸣也已经引起了国际学术界的瞩目,[1]但是时至今日,我们所说的"文化研究"之特定内涵和定义仍在相当一部分学者中十分模糊,因此我认为在讨论文化研究的未来走向以及与翻译研究的互动关系之前有必要再次将其进行限定。本导言所讨论的"文化研究"用英文来表达就是 Cultural Studies,这两个英文词的开头都用的是大写字母,它意味着这已经不是传统意义上的精英文化研究,而是目前正在西方的学术领域中风行的一种跨越学科界限、跨越审美表现领域和学术研究方法的话语模式。它崛起于英国的文学研究界,崛起的标志是成立于1964年的伯明翰大学当代文化研究中心(CCCS),但是若追溯其更早的渊源,则可从 F. R. 利维斯的精英文化研究那里发现因子,也就是20世纪40年代。[2]如果沿用巴斯耐特和勒弗菲尔所描述的狭义的"翻译研究"(Translation Studies)之定义,后者则起源于1976年的比利时鲁汶会议。这样看来,文化研究大大早于翻译研究,在方法论上较之翻译研究更为成熟就是理所当然的了,因此早期的翻译研究理论家呼吁一

---

1 这方面的英文著述虽然不多,但可以参阅下列两种:Wang, N. 2003. Cultural Studies in China: Towards closing the gap between elite culture and popular culture. *European Review* 11(2): 183–191; Tao, D. & Jin, Y. (eds). 2005. *Cultural Studies in China*. Singapore: Marshall Cavendish Academic.

2 关于文化研究在英国的崛起以及其在包括中国在内的世界各地的传播和发展概况,参阅:陆扬. 2008. 文化研究概论. 上海:复旦大学出版社.

导言 翻译的文化转向和文化研究的翻译学转向

种"文化转向"就有着某种理论和方法论的导向作用。实际上,这里我们所讨论的"文化研究",并不是那些写在书页里高雅精致的文化产品——文学,而是当今仍在进行着的活生生的文化现象,比如说我们的社区文化、消费文化、流行文化、时尚和影视文化、传媒文化,甚至互联网文化和网络写作,等等,这些都是每天发生在我们生活周围的,对我们的生活产生了无法回避的影响的文化现象。虽然早期的文化研究者并没有将翻译研究纳入其视野,但随着翻译研究本身的深入和与文化的互动关系愈益明显,到了90年代,翻译研究已经不知不觉地进入了文化研究的传媒研究之范畴,吸引了众多文化研究学者的关注。特别是进入全球化时代以来,当文化的翻译已经越来越显得重要时,从文化研究的视角来研究翻译便自然形成了翻译研究学者们的一个基本共识,尤其是用于文学的翻译和文化现象的阐释和再现就更是如此。

我们说翻译研究与文化研究有着密不可分的关系,实际上也正是基于这样一个事实,即文化研究作为一种异军突起的非精英学术话语和研究方法,其主要特征就在于其"反体制"(anti-institution)性和"批判性"(critical)。这一点与翻译研究的"边缘性"、对传统的学科体系的反叛和对原文文本的"创造性叛逆"有着异曲同工之妙。不可否认的是,西方马克思主义对文化研究在当代的发展起到了不可替代的作用,例如英国的雷蒙德·威廉斯(Raymond Williams)和特里·伊格尔顿(Terry Eagleton),以及美国的弗雷德里克·詹姆逊(Fredric Jameson)等马克思主义理论家,都对英语世界的文化研究和文化批评的发展和兴盛起过很大的导向性作用。由于文化研究的"反精英"和"指向大众"等特征,它对文学研究形成了严峻的挑战和冲击,致使不少恪守传统观念的学者,出于对文学研究命运的担忧,对文化研究抱有一种天然的敌意。他们认为文化研究的崛起和文化批评的兴盛,为文学研究和文学批评敲响了丧钟,特别是文学批评往往注重形式,注重它的审美,这就更与文化研究的"反美学"特征相悖。当然也有一些学者试图在文化研究和文学研究之间进行沟通和协调,或试图将文学研究置于广阔的(跨)文化语

翻译研究的文化转向（修订版）

境下来考察和研究。这当然是可行的，而且目前已经有了一定的成效。今天，已经有越来越多的文学研究者认识到了这样一个事实：文化研究与文学研究并非全然对立，而是有着某种互补作用。[1] 对此我们将在第五章中专门讨论。

现在再来看看翻译研究的现状。和文化研究一样，翻译研究自诞生之日起就一直活跃于学术的边缘地带。这既是它的弱势，同时也是其强项：它不被既定的学科建制所认可，但却可以游刃于多门学科之间；它在欧美的名牌大学长期以来甚至没有生存之地，而在中国的学科建制下则曾一度被贬为一个三级学科或二级学科之下的研究方向；[2] 但是它的跨学科性和边缘性却赋予它同时可以和自然科学、社会科学以及人文科学进行对话。也就是说，来自自然科学、社会科学和各人文学科的学者都可以在自己的学科建制内从事翻译研究。他们也完全可以跨越本学科的界限，涉及范围更广泛的文化现象。此外，也和文化研究领域内的情况一样，最近二十多年来，一批世界一流的文学和文化研究者，如雅克·德

---

[1] 应该指出的是，有的学者，如荷兰的杜威·佛克马（Douwe Fokkema），甚至提出一个新的范式——"文化学"（Cultural Sciences），试图以此来弥补文化研究在学科意义上的不足。参见佛克马2005年6月10日在清华大学发表的演讲《文化研究与文化科学》（Cultural Studies and Cultural Sciences）。

[2] 确实，在牛津、剑桥以及哈佛、耶鲁这样的世界一流大学，翻译学科长期以来根本没有立足之地；而在中国的高校，翻译学不是被纳入外国语言文学学科的二级学科"外国语言学及应用语言学"之下，就是被放在中国语言文学学科的二级学科"比较文学与世界文学"之下来研究，它充其量只能算作一个类似"文体学""英国现代戏剧""美国南方文学研究"等研究方向的三级学科。但最近十多年来出现了一些可喜的转机：由英国剑桥大学、美国耶鲁大学和中国清华大学共同发起并主持的大型国际合作项目"翻译现代主义，翻译理论，翻译文化"（Translating Modernism, Translating Theory, and Translating Culture）于2008年5月率先在剑桥举行首次研讨会，2009年9月在耶鲁举行第二次研讨会，2009年11月在北京举行第三次研讨会。在这里，翻译的内涵实际上已经大大地拓展为一种文化传达（cultural transmission）和文化转化（cultural transformation）。中国的国务院学位委员会也于2007年设立了翻译专业学位学科评议组，其审批的硕士学位等同于工商管理硕士（MBA），一些高校也相继建立了翻译学院或翻译系。

导言 翻译的文化转向和文化研究的翻译学转向

里达、沃夫尔冈·伊瑟尔、希利斯·米勒、佳亚特里·斯皮瓦克、霍米·巴巴等均意识到了翻译对文化传播的重要性,他们从自己各自的研究领域涉足翻译研究,写下了一些颇有理论冲击力和思想洞见的文字,对翻译研究学者的研究方向起到了某种导向的作用。再加上美国已故解构主义批评家保罗·德曼对德国现代思想家瓦尔特·本雅明的文化翻译理论的解读,更是促成了翻译研究与文化研究的联姻。如果说,当年处于草创时期的翻译研究需要一种"文化的转向"的话,那么此时处于危机之境地的文化研究也应该呼唤一种"翻译的转向"了。

毫无疑问,文化研究在当代人文学术领域所占据的重要地位已经持续了二十多年,有人认为它即将盛极至衰,文学研究将重返中心。我对此虽不敢苟同,但也意识到了其隐伏着的"危机"。确实,当今的全球化语境似乎更有利于专注非精英文化的文化研究的发展。那么在进入 21 世纪以后,文化研究将向何处发展呢?这自然是学者们所关心的问题。我认为,在全球化的语境下,文化研究将沿着下面三个方向发展:(1)突破"西方中心"及"英语中心"的研究模式,把不同语言、民族-国家和文化传统的文化现象当作对象,以便对文化理论自身的建设做出贡献,这种扩大了外延的文化理论从其核心——文学和艺术中发展而来,抽象为理论之后,一方面可以自满自足,另一方面则可用来指导包括文学艺术在内的所有文化现象的研究;(2)沿着早先的精英文学路线,仍以文学(审美文化)为主要对象,但将其研究范围扩大,最终实现一种扩大了疆界的文学的文化研究;(3)完全远离精英文学的宗旨,越来越指向大众传媒和所有日常生活中的具有审美和文化意义的现象,或从人类学和社会学的视角来考察这些现象,最终建立一门脱离文学艺术的"准学科"领域。对于文学研究者而言,专注第二个方向也许最适合大多数研究者的研究,它既可以保持文学研究者自身的"精英"身份,同时也赋予其开阔的研究视野,达到跨学科、跨文化的文学研究的超越。而对于翻译研究者而言,则第一和第二个方向都十分适用:之于第一个方向,文化研究的"英语中心"之霸权地位已经被全球化的文化多样性所打破，在未来的文化交流中，除了英语作为主要媒介外，另外几大语言也将越来越发挥不可替代的作用，在这方面汉语的普及将随着中国的综合国力的愈益强大和中国文化价值的愈益彰显而得到证实；而之于第二个方向，通过更具有"阐释性"意义的文化翻译，精英文化将越来越走向大众，文化将变得越来越多元和"混杂"，因此翻译所能起到的在各种不同的文化之间的"协调"和"互动"作用就变得越来越不可替代。它甚至可以在某种程度上帮助文化研究走出日益封闭的"英语中心主义"领地，实现其跨文化的目标。对此我们将在本导言最后一部分予以阐述。

走向一种文化研究的"翻译学转向"

有鉴于文化研究的此种境况，西方一些学者便认为，如果90年代初翻译研究领域内出现了一个"文化的转向"（cultural turn），那么在现阶段，是否应该呼吁文化研究领域内出现一个"翻译的转向"呢？既然任何跨越两种或两种以上的文化和文学之界限的研究都离不开翻译的中介，或者说它本身就是一种超越了语言字面之局限的文化的翻译，那么呼唤文化研究中的翻译转向就应是理所当然的。由于文化研究的日益学科化趋向，翻译的学科意识也应该强化，因此我把"翻译转向"改为"翻译学转向"，其意在于从学理上来讨论这个问题。毫无疑问，从文化的角度来看，翻译实际上已经成了一种文化传播和文化阐释。特别是文学作品的翻译更是复杂精致，因而即使是在全球化的时代，机器翻译及最近新崛起的人工智能（Artificial Intelligence）翻译也无法传达其深邃的审美意蕴和优美的文学形式。要想达到理想的文学翻译，必须在译者和原作者之间获得一种平衡，也即：（1）当译者的水平高于原作者时，译者就有可能随心所欲地对原作进行"美化"或修改；（2）而当译者的水平低于原作者时，译者往往会碰到一些无法解决的困难，留下的译作就

导言　翻译的文化转向和文化研究的翻译学转向

会是漏洞百出的"伪译文"(pseudo-translation);最为理想的翻译应当是:(3)译者与原作者的水平相当或大致相当,如果暂时达不到原作者的水平,译者也应该通过仔细研读原作或通过其他途径对原作者及其主要作品有足够的了解或深入的研究。只有这样,译者生产出的译文才能达到与原文相当的水平,也只有这样,我们才能读到优秀的文学翻译作品。当年斯皮瓦克翻译德里达的《论文字学》时,可以说刚处于其学术生涯的开始,但是她通过努力阅读了几乎所有与该书相关的理论著作,并写下了详细的读书笔记,最后这些文字形成了一篇长达80多页的"译者前言",并被学界认为和德里达的原作具有同等的价值,它和成功的译作一并展现给英语世界的读者,为解构理论从边缘步入中心进而成为一种具有普适性的文化阐释理论铺平了道路。[1]而相比之下,在目前的中文语境下,翻译作品达到第一层次者可以说微乎其微,达到第三层次者也不在多数,大量的译作仅仅停留在第二层次。那么英文语境下的中国文学作品或学术著述的翻译又是如何呢?情况更不容我们乐观。除了西方主流意识形态和媒体对中国的"妖魔化"宣传和影响外,我们还受到出版界和图书市场的制约,因而与中国外贸的"顺差"境况相反,我们在文化的进出口方面始终存在着"逆差":这与我们这个文化大国的身份是十分不相称的。毫无疑问,我们都认识到,在当前的全球化语境下,我们的文学翻译和文化翻译应该转变其固有的功能,也即过去我们大量地把外国文学翻译成中文,现在既然很多人已经可以直接阅读外文(主要是英文)原著了,我们翻译的重点就应该从外翻中转变成中翻外,也就是说,要把中国文化的精品,中国文学的精品翻译成世界上的主要语言——英文,使它在世界上有更广大的读者。我想这也是全球化时代文化翻译的另一个方向。但目前中国的文化学术界的状况又是如何呢?

---

[1] 2015年10月,我在法国巴黎索邦大学演讲时,一位法国听众告诉我,当他阅读德里达的法文原著时,若碰到难以理解的地方,就查阅一下斯皮瓦克的英译文,这样他便一目了然了。可见理论的翻译也需要一种能动的阐释和再现。

翻译研究的文化转向（修订版）

人们也许经常会问，为什么中国文化源远流长，中国文学史上曾出现过许多脍炙人口的佳作，但至今却为世人知之甚少？我想翻译的缺席和弱势无疑是一个重要的因素，尤其是高级的文学翻译和文化的翻译更是奇缺。因此从事跨东西方传统的比较文化研究尤其需要翻译的加盟。

　　在文化学术研究领域，我始终主张，一方面我们要大力引进和介绍国际学术界已经取得的成果；另一方面，则要不遗余力地将中国学者的研究成果介绍给国际学术界，以发出中国人文学者的强劲声音。这也就是我们为什么一如既往地呼吁中国的翻译研究者走出国门，在用中文著述的同时也提高英文著述的能力，通过在国际学术期刊上发表自己的研究成果来打破实际上存在的中国人文学科的"弱势"状况。可是，在当前中国的文学理论批评界，却一度出现了这样的担心：一些人认为，我们中国文学批评和文化批评失语了，中国的学术患了"失语症"，也就是说，在我们中国的学者中，能够在国际论坛上发出自己的声音者寥寥无几，在国际人文社会科学领域内，我们中国人的声音几乎是难以被人听到的，或者即使有时能被人听到，其声音也是非常微弱的。那么这种状况究竟是什么原因造成的呢？当然有很多人认为这是我们所使用的语言不具有世界性造成的，但是我认为这不完全是一个语言的问题。首先是我们是不是已经提出了目前国际人文社会科学领域的前沿话题；第二，我们是不是能够把它准确流畅地表达出来，还是说仅仅能在部分层次上跟国际学术界进行对话。如果我们和国际同行在不同的层次上进行对话，那么这种对话便无法达到预期的效果。当然最后才涉及对话的媒介——语言的问题。如果我们将中国的文化研究与翻译研究的国际化水平作一比较，那毫无疑问后者高于前者，其主要原因在于翻译研究者的文化意识远远强于文化研究者的翻译意识。如果从文学的角度来看，真正优秀的文学作品，即使是用汉语写的，西方的汉学家也会用英语把它翻译出来，用英语把它转述，用英语把它表达出来，或者他也可以主动来找你进行对话。所以说，另一方面，我们也不得不承认，中国文化的失语现象在相当的程度上也是存在的，也就是说，这造成的后果是中国文化悠

导言　翻译的文化转向和文化研究的翻译学转向

久的历史和丰富的文学理论批评遗产，竟然不为世人所知，当然除了少数汉学家以外。我们知道，汉学在国际学术界的地位是非常边缘的，欧洲的很多大学都没有中国语言文学专业，美国也只有一些主要的大学的东亚系，还有更多的一些学院，才有中国语言的课程，而教授中国文学和文化课程的大学则很少。当然，这几年由于中国经济的飞速发展，这种情况已经有所改观。但是对许多外国人来说，为什么要学中国的语言，其目的并不很明确。实际上，在很多人看来，学习中国语言，并不是要了解中国文学和中国文化，而只是为了和中国做生意，所以他们在学了一点汉语之后，立即就转到其他的经贸和商业领域去了，真正留在语言文学领域里继续深造的人是极少数的。所以我们如果没有积极主动的姿态去和国际学术前沿对话，只是被动地等待西方的汉学家来发现我们中国文化和文学的优秀作品的话，就会处于一种滞后状态。其结果自然会造成失语的状况。

　　因此，在（包括翻译研究在内的）文化研究方面，与国际接轨，并不意味着只是与西方接轨，而是意味着与西方进行对话，通过这种对话来逐步达到理论和学术的双向交流，而在这种交流的过程中，我们中国的学者才能逐步对西方的学者产生某种潜移默化的影响。确实，在全球化的时代，几乎人人都在学习英语，试图用这种具有世界性特征的语言来表达自己的声音，那么我们的人文社会科学学者将有何作为呢？我们都知道，在自然科学领域内，我们的科学家已经非常自觉地要把自己的科研成果用英语在国际权威刊物上发表出来，而且在国际英文刊物上发表论文的数量已经达到了世界第二的位置。[1] 而在我们中国的人文社会科学领域，却有相当一大批的学者还不能够和国际学者进行直接交流，他

---

[1] 根据中国科技信息研究所于 2008 年 12 月发布的数据，若按照"工程引文索引"（EI）的统计，中国科学家在 2007 年发表的科技论文数量首次排在美国之前，位居世界第一，而根据另一更具有权威性的数据库"科学引文索引"（SCI）的统计，中国科学家在 2007 年发表的科技论文数量排在美国和英国之后，位居世界第三。而根据近几年的数据，中国科学家发表并收录 SCI 数据库的论文数量仅次于美国，名列世界第二。

们在很大程度上还依赖于翻译的中介。我们知道,有些文化含量很高的东西是不可译的,不仅从字面来看是如此,从深层意义上看就更是这样了。翻译就意味着"失却"。比如说中国古典诗词和一些写得内容含蓄且诗歌技巧要求很高的作品就是如此,因为在翻译的过程中这些东西会失掉,所以我们要想使中国的人文社会科学迅速地进入国际前沿,在很大程度上不得不暂时借助于英语这一中介。因此我认为,在与国际学术界进行交流的时候,即使我们有时用的是全球普遍使用的语言——英语,但是话题的内容和观点却是中国的,也就是本土的,那么这并不意味着我们的文化会被西方文化殖民。倒是与其相反,它会更有效地使我们将中国文化学术的一些观点逐步介绍到全世界,从而一方面使得中国的人文学者在国际论坛上发出的声音越来越强劲;另一方面也可以让越来越多的人了解中国,了解中国文化的博大精深。在这方面,中国的文化研究和翻译研究者已经做出的努力和所取得的成就应当得到实事求是的肯定。

当年苏珊·巴斯耐特在和已故的安德列·勒弗菲尔合著的专题研究文集《文化建构:文学翻译研究论集》第八章"文化研究的翻译转向"("The Translation Turn in Cultural Studies")中曾颇有见地地指出:

> 总之,文化研究已经走出了英语的起始阶段,朝向日益加强的国际化方向发展,并且发现了一种比较的层面,对于我们所称之的"跨文化分析"十分有必要。翻译研究也摆脱了一种文化的人类学概念……逐步走向一种多元的文化之概念。就方法论而言,文化研究放弃了那种与传统的文学研究相对立的说教式的阶段,越来越紧密地关注文本生产中的霸权关系问题。同样,翻译研究也走出了没完没了的关于"对等"问题的辩论,转而讨论跨越语言界限的文本生产所涉及的诸种因素。这两个跨学科的研究领域在过去的二三十年间都一直经历着的种种过程始终是惊人的相似,因而可以导向相同的方向,也即二者将最终认识到一个更为国际化的语境,同时也需要平衡本

导言　翻译的文化转向和文化研究的翻译学转向

土的与全球的话语。[1]

由此看来，得出"文化研究的翻译转向"之结论就是水到渠成的了。但是毕竟巴斯耐特连同她的合作者勒弗菲尔都是西方文化语境下培养出来的人文知识分子，虽然他们同情和理解东方文化，并且对包括中国文化在内的东方文化也予以过不同程度的关注，[2] 但他们毕竟与之颇有隔膜，所掌握的一点东方文化知识也是通过间接的途径获得的，远远不能满足他们从事跨越语言和文化传统的翻译研究，更不能实现其推进文化研究的"翻译学转向"之宏大目标。因此，这个历史的重任无疑将落在我们中国学者的肩上，对此我们应该充满信心并将为之而作出自己的努力。可以说，本书的写作就是朝着这个方向迈出的第一步。

1　Bassnett, S. & Lefevere, A. 1998. *Constructing Cultures: Essays on Literary Translation*. Clevedon & London: Multilingual Matters, 133.

2　应该承认，这两位学者对中国文化和文学的关注在西方学者中也不多见，尤其应该指出的是，两位学者都曾指导过中国大陆和香港的翻译研究者写过博士学位论文，这恐怕对他们来说应该也受益匪浅吧。

第1章 翻译学的理论化：跨学科的视角

如本书"导言"所述，在当今的国际人文社会科学研究界，随着20世纪90年代出现的"文化转向"，翻译研究似乎对文学和文化研究者越来越有吸引力了。[1] 有些人认为这是一件好事，因为毕竟翻译学或翻译研究这门学科已经越来越具有自己独立的学科地位了，所产生的影响也越来越广泛了。但另一些恪守传统观念的人也许并不这么认为，他们担心，随着这门学科疆界的扩大，越来越多的人加入翻译研究的队伍中来，这岂不造成这门学科的"身份"越来越模糊和不确定了吗？确实，这样的担心是不奇怪的，也是可以理解的，但一般说来，随着时间的推移和历史的筛选，真正具有学术价值和理论意义的研究性著述终将保留下来，并在未来的翻译研究史学家的著作中占有一席之地，而那些没有新见解的平庸之作则会被历史、市场和读者、研究者无情地淘汰。显然，翻译研究或翻译学作为1976年正式崛起的一个新兴的研究领域，其标志是在比利时鲁汶举行的国际翻译研讨会。如果从那时算起的话，它迄今也已经走过了四十多年的历程。人们也许会问道，翻译学已经成了社会科学或人文学科门类中的一个成熟的分支学科了吗？它已经成功地与它过去所依附的对比语言学或比较文学真正分道扬镳进而获得独立的学

---

1 尽管按照根茨勒的说法，翻译研究在美国发展得极其缓慢，远远落后于欧洲或中国，但在近十多年里，一些文学和文化研究者，如斯皮瓦克、戴维·戴姆拉什（David Damrosch）等，已经开始以极大的热情关注这一新兴的学科。他们自2005年9月以来已经在哥伦比亚大学举行了两次关于翻译和世界文学方面的国际研讨会。

科地位了吗？在今天的全球化时代，面对各种跨学科理论思潮的冲击，以及整个人文社会科学所受到的各种挑战，翻译研究或翻译学的现状及未来前景如何？如此等等。当然，要较为圆满地回答上述这些问题，我们至少应当有两个前提：首先，应当具有一种全球的视野，也即我们应当超越袭来已久的欧洲中心主义或西方中心主义的思维定式；其次，应当具有一种跨学科的理论视野，因为长期以来，翻译研究始终被人们认为是缺乏理论的一个领域，几乎每个懂一点外语或翻译过一两部作品的人都可以称自己是从事翻译研究的，因而对翻译的现象发表一些经验性的体会和批评性的文字就理所当然地划归到翻译研究的领域，这样便使得翻译及翻译研究的地位始终得不到提升。在国内高校的职称评审和晋升过程中，（包括学术著作的翻译在内的）翻译著作竟然一概不算研究成果，而那些借助于国外原著"改写"或"译述"性的书籍则堂而皇之地进入了"专著"的行列。这确实是不可思议的。所以我们应当借助于理论的力量来考察并分析各种翻译现象，并对翻译学或翻译研究这一术语或学科进行必要的理论化。[1]

翻译学的合法化

在过去的几十年里，经过学者们的共同努力，翻译研究确实正在朝着一门独立的成熟的人文社会科学分支学科的方向发展。尽管道勒拉普以及由他主编的刊物《视角：翻译学研究》（*Perspectives: Studies in*

---

[1] 实际上，翻译也引起了其他学科学者们的强烈兴趣，例如社会学和国际政治等领域内的学者也关注文化的翻译。罗兰·罗伯逊（Roland Robertson）和扬·阿特·肖尔特（Jan Aart Scholte）在主编《全球化百科全书》（*Encyclopedia of Globalization*）时，就邀请笔者加入编委会，并撰写了一个比较长的条目"翻译"（translation），试图凸显翻译在全球化时代的作用。该百科全书（四卷本）于2006年底由劳特里奇出版社出版，中文版于2011年由译林出版社出版。

第 1 章　翻译学的理论化：跨学科的视角

Translatology)¹ 自 20 世纪 90 年代初以来一直在致力于推进这门学科的进展，但是翻译学（translatology）这一术语仍未能在国际翻译研究领域内得到广泛的认可。² 这一刊物的中国影印版的发行自然对这一术语以及这门学科的普及做了很大的贡献，但要从根本上使大家都承认这一学科的应有地位，恐怕还须从理论上入手。³ 本章的目的就是从文化的视角提供笔者对这一仍然存在着很大争议的概念进行理论建构或重建。实际上，有些学者已经认识到，应该对翻译研究或翻译学这门科学的学科在当今学术版图上的位置进行重新定位了。尽管翻译学这一术语迄今尚未像其他学科那样在大学的课程设置中得到人们广泛的认可，但它确实已经广为翻译研究者所使用了，特别是欧洲和中国的翻译研究学者从一开始就频繁地使用这一术语，因而使得翻译学的学科地位至少得到了人们初步的认可。

毫无疑问，任何一门成熟的学科都必须有自己独特的研究对象和基本的方法论，因此，作为一门独立的学科，翻译学也应当有自己的对象和研究领地以及基本的方法论。实际上，既然翻译学将所有翻译和阐释实践和理论现象都当作自己的研究对象，那么它实际上已经具备了成为一门成熟的学科的基本条件。它的方法论因而也就应该是多元的：既是审美的、批判的（主要是指向文学翻译），同时也是经验的、科学的（主要指向科学文献的翻译）。也即它可以同时在三个相关的学科领域内以跨学科的方式来进行研究：对比语言学、比较文学以及文化研究，但它绝不单单属于上述任何一个学科或领域，尽管它过去曾经分别属于上

1　该刊现已改名为 *Perspectives: Studies in Translation Theory and Practice*，所涉及的翻译研究的领域更为广泛和多样。

2　《视角：翻译学研究》（*Perspectives: Studies in Translatology*）曾经是国际翻译研究刊物中唯一一家以"翻译学"冠名的刊物。

3　为了让中国的读者能够及时地了解国际翻译学领域内的最新进展，清华大学出版社曾于 2003 年起每年影印出版一卷国际翻译研究的权威刊物《视角：翻译学研究》合订本，一共出了三卷，每卷的印数都在四千册以上。但由于该刊主编道勒拉普于 2007 年退休，这个合作计划就暂停了。

翻译研究的文化转向（修订版）

述三个学科。随着全球化步伐的加快，翻译学的功能将愈益明显地显示出来。

尽管翻译研究在整个中国都得到了迅速的发展，内地和香港的不少高校都相继建立了翻译学院或翻译系，[1] 翻译专业硕士专业也如雨后春笋般地在一些高校建立，但相当一部分高校学生和教师仍然搞不清楚翻译与翻译研究或翻译学之间的关系。因此笔者认为有必要重新阐述一下翻译学与翻译实践的关系。众所周知，翻译作为一种交际的技能，自人类开始交往起就存在了。西方人对翻译的兴趣可以追溯到公元前一世纪的西塞罗，而在中国这样的东方国家则更早，因为中国后来的佛经翻译曾经在历史上产生过较大的影响，一直是国际翻译学界人们谈论的一个话题。从传统的语言学角度来看，我们也许可以说"翻译"意为将一种语言转换为另一种语言，或者说以语言为媒介将一种意义形式转换为另一种意义形式。既然学者们大多认为翻译有不同的种类，那么翻译研究也就完全可以在不同的层次进行。在夏托沃斯（Shuttleworth）和科维（Cowie）看来，"翻译通常以隐喻的形式显示其特征，而且一直被比作玩一种把戏或绘制一幅地图"。[2] 他们的这种描述固然有几分道理，但并不全面深刻，特别是对翻译在当今时代的功能的描述更显得不够了。当代学者对翻译的研究曾经在大部分情况下是在对比语言学（contrastive linguistics）或比较文学（comparative literature）领域内进行的，但在最近几年，情况则发生了较大的变化。随着翻译研究的诞生，翻译越来越得到来自文学理论和文化研究视角的关注和考察。它从结构主义、后结构主义、后殖民主义、阐释学、文化人类学、女性主义以及文化研究等领域引进了新的理论和方法，并取得了长足的进展。

由此可见，翻译研究或翻译学无疑已经取得了诸多令人瞩目的成

---

1 建立了翻译学院的中国高校包括北京外国语大学、上海外国语大学、广东外语外贸大学、中山大学等；建立了翻译系的高校则包括四川大学、河北大学、香港岭南大学和香港中文大学等。

2 Shuttleworth, M. & Cowie, M. 1997. *Dictionary of Translation Studies.* Manchester: St. Jerome, 181.

第 1 章　翻译学的理论化：跨学科的视角

就，吸引了众多的哲学家、语言学家、文学理论家和文化研究学者的关注，甚至人类学家、社会学家和政治学家也开始关注翻译和翻译研究了。在过去的几十年里，越来越多的学者们呼唤一门独立的翻译学科的诞生，也即它应当同时独立于对比语言学或比较文学。但是，作为一门学科，翻译研究则始终受到其他人文社会科学中传统的"正统"学科的挑战，有时甚至受到无情的打压。由于许多翻译者，特别是文学翻译者，一贯主张翻译是一门艺术，或者说是一种具有再创造性质的艺术，因而翻译理论便自然而然地被认为应当建基于从这样一种艺术实践中获取的经验之上。由此而推论，从事翻译研究充其量只是总结翻译实践的一些零散的经验，并无甚理论可言。但是另一些学者则希望维护作为一门科学学科的翻译研究的正当地位，它所受到的尊重应当和文学研究或艺术史等学科一样。既然文学创作需要有自己的理论，作为一种再创造形式的翻译为什么就不能有自己的理论呢？既然文学理论已经越来越与哲学、心理学、人类学以及其他众多人文学科相关联并日益变得自满自足，翻译理论为什么就一定要依附于翻译实践呢？它难道不能像文学理论那样成为一种独立的元批评话语吗？当然，要用几句话来回答上述复杂的问题显然是不可能的。

另一个趋势是，在当今的全球化语境下，翻译研究越来越接近文化研究，这一点尤其体现在对文学翻译的研究。实际上，在笔者看来，若从文化的角度来研究翻译，那么翻译研究首先就应当成为文化研究之广阔领地的一个分支学科领域。因此，我们应该首先区分翻译的概念与翻译学概念的不同：前者诉诸一种由综合知识和经常的练习支撑的实践性技艺；后者则本身就是一门学术分支学科，或者说是一门以深入的理论探讨和经验研究为支撑的人文科学分支学科。尽管翻译理论被认为应该能够指导翻译实践，但是随着这门学科的日臻成熟，它已经变得越来越自满自足，越来越远离翻译实践，同时也越来越与其他相关的人文学科理论相融合。诚然，翻译理论应该能对翻译实践起到指导作用，但它对翻译实践的指导往往并不在于技术层面，而更在于思想和原则的层面。

试想，本雅明的《译者的任务》如果仅仅从某个具体的文章或句子入手给人以有限的指导，它还有可能对当今的翻译研究产生如此持久和深远的影响吗？我们可以这样来理解，即一种翻译理论的提出往往能够改变人们对某种既定的翻译标准的看法，导致一种新的翻译实践模式的诞生。翻译理论应当讨论这样一些既与翻译密切相关同时又具有文化意义的课题：可译性和不可译性，原作与译作的关系，翻译的标准及其确定的方法，译者的地位，再现，再创造，阐释，改写，等等。在当今时代，随着文化全球化现象的日益明显，在许多人看来，翻译将变得越来越无用，因为世界文化正变得越来越具有趋同性，人们可以轻而易举地从互联网上获取英文信息。但另一方面，我们又必须正视这一事实：只要人类还在用不同的语言进行交流或写作，翻译就仍然是必不可少的。因此有些学者，特别是苏珊·巴斯耐特和安德列·勒弗菲尔，便呼吁翻译研究中出现一种"文化的转向"，而文化研究中也应该相应地出现一种"翻译的转向"。在他们看来，在全球化的时代，翻译仍将占据人类知识领域的重要位置，并且在未来的年月里继续发挥重要的作用，因此传统的基于对比语言学之下的翻译的定义便应当改变，翻译的内涵应该扩大，也即应该从纯粹字面意义的转述变为文化的翻译和阐释。由此可见，翻译的历史任务并不是变轻了，而是更重了。与之相应的就是，翻译研究或翻译学所应该承担的任务也就更加重要和必不可少了。

翻译的再界定和翻译学的建构

尽管不同的翻译理论家对翻译的定义及功能有着不同的看法，但是在笔者看来，翻译毕竟在人们的日常生活和交流中是不可缺少的。当年圣经中的巴别塔故事就说明了语言在交流中的重要性。试想，如果没有翻译的中介，来自不同民族和不同文化传统的人们只能被彼此隔绝，老死不相往来，尤其是在当今这个全球化的信息时代就更是会变得

第 1 章 翻译学的理论化：跨学科的视角

越来越与世隔绝。当然，在当今各种交流手段中，语言始终是第一位的，而翻译首先就是通过语言的媒介将意义从一种语言转变为另一种语言的技艺。但是翻译学研究者又是如何提出自己的理想的同时也是最为确当的翻译的呢？这个问题自从翻译开始存在以来就一直为人们所争论不休。几乎所有的翻译者在翻译过程中都试图让译文接近原文的意义，所有的翻译理论家都试图发展一种放之四海而皆准的，并且对翻译实践具有指导意义的理论。但是几乎所有的人都发现，要想进入"忠实"（faithfulness）这一境地确实是难之又难的，甚至是不可能办到的，因为由于众多的原因，源语中的意义是不可能在目标语中得到绝对忠实的表达的，任何忠实都只能是相对的，其中一个突出的原因就是文化的因素。不同的文化之间的沟通和交流远远要比简单的语言之间的转换复杂，由于文化因素的作用，内在于原作中的不可译性就显得更为突出，要想克服不可译性造成的再现的困难，译者就必须在两种文化，有时甚至是两种以上的文化之间进行协调，甚至做出一些必要的牺牲，以便发现一些相对可译的因素，最终完成翻译的过程。因此有些翻译研究者便力图发现某种折中的办法来解决"忠实"或"对应"的问题。近几十年里的一个著名的例子就是美国翻译学者尤金·奈达（Eugene Nida）提出的"动态对应"（dynamic equivalence）概念，他从语言学的角度提出，译者"旨在完成表达的自然性，并试图将接受者与在自己的文化语境中相关联的行为模式联系起来"。[1] 显然，在奈达看来，由于包括文化在内的各种因素所使然，完全的对应是不可能达到的，同时也没有必要去追求这种对应，因此他便试图发现一种相对确当的方法来再现源语中的意义，而表达在目标语中的意义实际上达到的正是这种"动态对应"的效果。因为他很明白，这是译者自身的能动作用所使然。在这方面，奈达试图解决他的双重身份的矛盾性：作为一位语言学家，他必须做到对原作的忠实，但作为一位圣经的翻译者，他又负有传播和普及"福音"的宗教使命，

---

[1] Nida, E. 1964. *Towards a Science of Translating, with Special Reference to Principles and Procedures Involved in Bible Translating*. Leiden: E. J. Brill, 159.

翻译研究的文化转向（修订版）

因此他必须对圣经中的深刻含义进行阐释，因此最后所达到的忠实或对应就只能是相对的或"能动的"，带有鲜明的译者主体阐释的成分。而瓦尔特·本雅明（Walter Benjamin）以及后来的德里达则在这方面走得更远，他们更加注重译者的主体阐释作用，也即更重视文化的因素。确实，当代文化翻译学派的翻译研究大都受到他们的影响。如果我们承认，本雅明的那篇探讨译者的任务的挑战性论文预示了当代翻译研究中的解构主义视角和方法的话，那么德里达的尝试则为具有解构思想和宗旨的翻译之合法性在理论上和实践上都铺平了道路。

关于本雅明和德里达的翻译理论，笔者将在下一章中专门讨论。这里只想指出，本雅明和德里达在翻译学上的一个重要贡献就是解构了所谓的"忠实"之神话，也即解构了所谓的文化本真性（authenticity）。按照德里达的翻译理论，任何译者都无法确认自己是否已经掌握了真理（忠实）；他所能达到的只能是接近了真理（忠实）。同样，按照马克思主义的观点，任何真理都是相对的，无数相对真理之和才能成为绝对真理。[1] 依循德里达对翻译的解构式研究，另一些文化翻译理论家，如佳亚特里·斯皮瓦克、霍米·巴巴以及劳伦斯·韦努蒂（Lawrence Venuti）等，也都分别在各自的翻译研究中提出了自己的解构策略，而爱德温·根茨勒（Edwin Gentzler）则试图拓宽当代翻译研究的跨学科理论视野，使传统的狭隘的翻译研究领地得到了大大的拓展。上述理论家对翻译学的推进性贡献在于：斯皮瓦克在为自己翻译的德里达《论文字学》一书撰写的长长的"译者前言"中开辟了一种从后结构主义的视角来翻译和阐释理论著作的新方法；巴巴的"文化翻译"概念则预示了一种视野广阔的多学科、多角度研究翻译的方法，并从后殖民的理论视角重新建构和定位了（民族）文化；而韦努蒂对"异化"（foreignization）和"归化"（domestication）概念的突出则指明了两个相互对立的文学和文化翻译方向始终贯穿西方的翻译发展史，并且弘扬了译者的主体性和能动

---

1 关于解构主义与马克思主义的关系，参阅拙作《马克思主义与解构理论》，载《学术月刊》2007年第9期，第5-12页。

第 1 章 翻译学的理论化：跨学科的视角

作用。我们在之后的章节中，将专门讨论上述这些理论家对翻译及翻译研究的历史贡献和成败得失。在我看来，对原作文化精神的再现应该是一种最高境界的"忠实"，因为每一代的翻译者都在试图接近这一理想。这也许正是不同时代的译者总是要花很多时间重译文学名著以便满足不同时代的读者大众的基本需求的原因所在。然而，从文化和阐释学的角度来看，翻译也可以被视为一种阐释和再现的手段，这尤其体现在文学翻译中。

既然文化翻译在我们的理论争鸣中更容易引起争议，那么我们首先从奈达的翻译理论开始讨论，因为奈达以及他的翻译理论在中国的语境下曾一度影响很大，并经常被人们引证。如前所述，奈达的双重身份决定了他必定要关注翻译中的文化因素：作为语言学家，他主要受到乔姆斯基（Noam Chomsky）的转换生成语言学的启迪和影响，但作为一位以传教为使命的职业翻译者，他又不仅仅满足于在译作中传达原作的基本信息。当然，从今天的视角来看，我们不难看出，奈达的理论仍然是居于结构主义语言学的层面，尽管他多少也涉及了文化的某些方面，但对我们在文化研究的语境下讨论翻译问题已经没有什么影响。但是探讨"确当的翻译"（relevant translation）的最近一个例子却可以在德里达于1998年所作的一次演讲中见到。他在那里所讨论的翻译已经不是传统的语言学层面上的"逐字逐句"（word for word）的翻译，而更是文化层面上的"按照意义的"（sense for sense）的翻译或阐释。作为一位以解构为旨归的后结构主义理论家，德里达也和另一些后结构主义者一样，并不相信任何绝对确当的翻译的合法性和本真性，因为在他眼里，任何事物都是相对于另一些事物而存在的。因而他以及他的阐释者们便认为，所谓"确当的翻译"这个概念绝不是指"理论中的新鲜事物，即使它始终引发各种不同的构想，尤其在最近几百年里更是如此"。[1]虽然绝对"确当的翻译"是不可能达到的，但是如果译者们努力去尝试的话，

---

1 参见 Venuti, L. 2001. Introduction to Derrida's "What is a 'relevant' translation?" *Critical Inquiry*, 27 (2): 170.

翻译研究的文化转向（修订版）

仍可以获得一种相对"确当的翻译"。在他的理论探险中，人们实际上已经看到了翻译焦点的转移：从纯粹语言学层面上的字面意义的翻译转变到了能动的文化阐释和再现。因此在德里达看来，翻译既在语言学的层面上产生功能，同时也在文化的层面上产生功能，[1]而后者对当代翻译学研究者则有着更大的诱惑力。

一般说来，纯字面的翻译对于忠实地再现科学文献的内容和意思是绝对必要的，但是在当今时代，这一工作在一定程度上已经可以由经过计算机更新的机器翻译以及人工智能翻译来取代。但即使如此，机器翻译及人工智能翻译所达到的忠实也不是绝对的，不少疑难之处最终仍需要人工翻译或校对来解决。然而，在文学翻译中，最难做到并且最容易引起争议的莫过于再现隐于文本字里行间甚至字面之背后的含义，尤其是那些隐喻和象征含义。文学作品通常隐含着丰富多变的文化和审美意蕴，如果译者仅拘泥于语言字面上的忠实是根本无法译出其内在的文化意义的。因此对于优秀的译者来说，对原作的精神和风格上的忠实要大大胜于字面和句法上的忠实。在谈到翻译之于文学经典构成和重构的作用时，我们很容易发现，优秀的翻译会大大地帮助建构新的经典，而拙劣的翻译则会破坏本来在源语中属于经典的作品，使之沦为目标语中的非经典，因而我们有必要在一个新的语境下对翻译进行重新定义。而且，随着文化研究的深入，越来越多的学者们认识到，翻译与文化有着千丝万缕的联系。因此，我们完全可以在一个广阔的文化研究语境下从事翻译研究，因为翻译至少涉及了两种或两种以上的语言文化及其再现。

我们现在再回过头来看看德里达的翻译理论。按照一种理想的翻译之标准，德里达指出，"任何翻译的策略都不可能决定性地依附于一种文本效果、主题、文化话语、意识形态或制度。这样的依附性在译者的源文化和政治背景中是偶然的。这些字面直译的策略实际上在翻译史

---

1 参见 Venuti, L. 2001. Introduction to Derrida's "What is a 'relevant' translation?" *Critical Inquiry*, 27 (2): 175.

第1章 翻译学的理论化：跨学科的视角

上始终被用于相反的作用"。[1] 所以，在今天的全球文化交流的大背景下，人们最需要做的首先应当是理解异域文化的微妙含义，以便和那些文化传统的人们进行最为有效的交流。这样，对德里达来说，"一种确当的翻译就是'好的'翻译，也即一种人们所期待的那种翻译，总之，一种履行了其职责、为自己的受益而增光、完成了自己的任务或义务的译文，同时也在接受者的语言中为原文铭刻上了比较准确的对应词，所使用的语言是最正确的、最贴切的、最中肯的、最恰到好处的、最适宜的、最直截了当的、最无歧义的、最地道的，等等"。[2] 在这里，尽管德里达试图为什么是"确当的翻译"或"最好的翻译"提出一个理想化的标准，但他实际上却表明，这样一种标准本身也是不确定的，并且有着可以进一步讨论的余地。对此我们将在下一章中专门予以讨论。

在讨论翻译的不同方面时，我们立刻会想到形式主义-结构主义语言学家和文学批评家罗曼·雅各布森（Roman Jakobson）所提出的著名的翻译的三个方面：语际翻译、语内翻译以及符际翻译。[3] 他在界定上述三个方面的翻译时所提出的形式主义和结构主义的方向是十分明显的。按照他的区分，从语言学的角度来看，语内翻译和符际翻译并不是真正的翻译，只有两种语言之间的语际翻译才是真正的翻译研究所考察的对象。他的这种形式主义-语言学意义上的划分影响了整个一代（对比语言学）翻译研究者。当然，他的这种决断仍颇有争议，尤其是对跨文化的语符翻译该作何解释这一问题，他未能予以解答。对此我们将在第六章专门进行讨论。此外，在当前这个全球化的语境下，我们仍发现这三者中还有另一个缺憾：跨文化（intercultural）的翻译，或者说，用语言

---

1 参见 Venuti, L. 2001. Introduction to Derrida's "What is a 'relevant' translation?" *Critical Inquiry*, 27 (2): 172.

2 Derrida, J. 2001. What is a "relevant" translation? *Critical Inquiry*, 27 (2): 177.

3 关于雅各布森从语言学角度提出的翻译的三个方面，参阅：Jakobson, R. 1992. On linguistic aspects of translation. In Schulte, R. & J. Biguenet. (eds.) *Theories of Translation: An Anthology of Essays from Dryden to Derrida*. Chicago & London: The University of Chicago Press, 144–151.

作为媒介的两种文化之间的转化。而这一点在当下的全球化研究中则显得越来越重要。全球化在使得民族和文化身份变得模糊和混杂的同时，也使得翻译学的学科身份变得模糊和混杂了，这让翻译学成了一个具有跨学科特征并居于多学科之间的临界的"边缘"学科。这一学科领域内的学者们都认识到，翻译在今天的意义上应当既是语言文字层面上的意义转述，同时又是文化层面上的文化阐释和再现，而后者的重要性已经越来越得到强调。但是在今天的语境下，翻译首先应当转变其功能：从简单的纯语言字面意义上的解释过渡到文化层面上的意义阐释和再现。这种文化并不局限于文字文化，同时也包括视觉文化。纯语言文字的翻译也许在一定程度上可以由机器翻译来取代，而文化层面的意义阐释和再现则只能由人来完成，因为只有人才能最为恰当地把握文化的微妙含义并进行确当的表达和再现。

文化研究中的"翻译学转向"再识

我们在本书"导言"中曾提出文化研究的翻译转向，或从学科的角度来说，翻译学的转向，在此我再作一些阐发。在全球化的时代，也正如马丁所描述的，在一个"电子时代的地球村里，通过信息和传播技术的中介，新的社会和文化组织的范型正在出现"。[1] 这样一个信息社会浓缩了传统意义上的时空概念，使得人们可以更为直接和便捷地进行交流。全球化对文化的一个直接影响就是导致了世界语言体系的"重新绘图"（remapping）以及世界文化格局的重新分布：原先广为人们所使用的语言变得更为流行，原先处于强势的文化变得更为强势；原先很少为人所使用的语言或者消亡或者处于垂死的状态中，原先处于弱势的文化将变得更为弱势并更带有"殖民化"的色彩。现举英语为例。在全球化

---

[1] Martin, W. J. 1995. *The Global Information Society*. Hampshire: Aslib Gower, 11–12.

第1章 翻译学的理论化：跨学科的视角

的时代，英语的功能正在变得越来越突出：所有的科学论文要想得到国际同行的认可，就必须用英文撰写并发表在国际刊物上；来自世界各地的人们宁愿用英语和外国人进行交流，也不愿通过翻译用本国语言同外界进行交流。这样一来，英语在全球信息社会就扮演着越来越不可或缺的角色。[1] 有鉴于此，人们不禁会这样问：既然所有的人都在学英语，翻译还有什么用？实际情况恰恰相反，在这样一个全球化的时代，尽管许多人都在学习英语并直接用英语进行交流，但翻译仍然越来越有必要，因为人们需要更加有效地、排除误解地进行交流，这对翻译的要求反而更高了。同时科学家也不想让自己的科学发现被歪曲或不恰当地表达，因此他们需要英文高手来修改润色自己的论文。人文社会科学学者就更是如此，他们仍迫切地需要才能出众的翻译者的帮助，以便得到忠实确当的译文：不仅在字面上准确地表达他们论文的要旨，而且还能将其中深刻微妙的文化意蕴阐发并表达出来。

显然，全球化的法则已经使得世界人口的大多数被边缘化了，在当今时代，可以说只有百分之二十的人直接受益于全球化。经济全球化也导致了文化上的全球化，在这一过程中，西方文化，尤其是美国的文化正在将其价值观念强加给第三世界国家。因此一些非英语国家的人十分担心自己的语言和文化将面临被"殖民化"之可能。在这方面，翻译曾经起过至关重要的作用。现举中国的情形为例。在20世纪，大规模的文学和文化翻译将西方先进的文化学术思想引进了中国，加速了中国的文化现代性进程。而到了20世纪末，随着中国经济的飞速发展，中国政府已经意识到，单单成为一个经济大国是不够的，中国还应在国际社会发挥政治大国和文化大国的作用，因此中国政府决定在文化上也塑造一个大国的形象。也即中国的和平崛起并不对周边国家构成任何威胁，

---

[1] 尽管英语在当今世界上仍处于明显的强势地位，但一些有识之士已经洞察到其中隐含的危机因素，并预言汉语将在新世纪语言体系的重新绘图中跃居世界第一大强势语言之地位。这方面参阅 David Graddol, *English Next*, British Council, 2006。为了传播这一激进的观点，他还于2006年初在北京作了一次公开讲演。

翻译研究的文化转向（修订版）

中国自身也在经历一个"脱贫困化"（de-povertizing）和"去第三世界化"（de-third-worldizing）的过程。大量的资金投入被用于在世界范围内建立数百个"孔子学院"，以便普及中国的语言和文化。在这样一个大背景下，翻译的实用性、功能性和文化性一下子得到了彰显。人们认识到，在当今中国，翻译的重点已不再是外译中，而更应当转向中译外，尤其是要通过文化翻译的强有力手段把中国文化和文学的精品翻译成世界上的主要语言，特别是英语，从而使得博大精深的中国文化为世人所知。因而翻译在此再次显示出其突出的实用功能和政治功能，远远超出了语言文字层面上的交流之功能。

也许人们会问，既然全球化时代的文化正变得越来越趋同，那么翻译的功能又体现在何处？实际上，全球化的影响表现在两个方面：它如同一个旅行中的概念（traveling concept），从西方旅行到东方，同时也从东方旅行到西方。辩证地说来，全球化消解了天然的"中心"和"边缘"的界限，使不同的社会文化现象之间产生更为紧密的联系，例如身份、社会关系甚至包括制度，而且这些联系又必须置于特定的历史语境之中。[1] 因此，在全球化的时代，"所有的身份都无可还原地变得混杂了，这种情形不可避免地会通过再现的手段得到表达",[2] 但是新的身份也可以在新的文化语境中得到建构和重构。在这方面，翻译肯定能为重新建构文化身份做出重要的贡献。此外，不同的社会、文化和民族之间的交流也越来越需要借助于信息的沟通，在这之中，语言，或更确切地说，英语所扮演的角色是不可或缺的。因此翻译便显得更加必不可少，因为它不仅有着交际的功能，而且也有着推进文化交流和实施政治策略的功能。它已经远远地走出了转述字面意义的表层功能，因而我们对翻译的研究就应当更加重视其文化的方面。

---

1 Cf. Jameson, F. 1998. Notes on globalization as a philosophical issue. In Jameson, F. & M. Miyoshi. (eds.) *The Cultures of Globalization*. Durham, NC: Duke University Press, 54–77.

2 Spivak, G. C. 1999. *A Critique of Postcolonial Reason: Toward a History of the Vanishing Present.* Cambridge, Mass.: Harvard University Press, 155.

第1章　翻译学的理论化：跨学科的视角

既然在今天的"地球村"里，文化交流在很大程度上是通过翻译这一中介实现的，那么在全球化的时代，面临着市场经济大潮的冲击，无论文学和其他精英文化形式多么萎缩，翻译都仍将在人们的文化知识生活以及日常交流中占据重要的地位。其领地已经在逐步扩大，远远超出了语言层面的转换，对此本书在后面几章将要予以详细讨论。

考虑到上述各种因素，翻译研究者已经越来越认识到，我们应该抓住这一有利的时机对作为一门科学学科的翻译研究或翻译学进行重新定位。虽然翻译学尚未像其他独立的人文社会科学学科那样在大学的课程设置中得到普遍的认可，但这一术语已经在翻译研究者中广泛地得到使用，特别是欧洲和中国的翻译研究学者更是频繁地用它来描述对翻译现象的审美的或经验的研究。翻译学在翻译实践的基础上形成，但并不一定要用来指导具体的翻译实践，因为它是一个有着自己独立的研究领地、研究对象和方法论的自满自足的学科。它不仅对翻译实践有所贡献，更重要的是，它还将对人文社会科学知识的整体建构有所帮助。

翻译研究作为一门学科自诞生之日起，迄今已经走过了三十多年的历程。我们不禁要思考对翻译学进行理论化的必要性，这也是一门成熟学科的基本要求。二十多年前，在呼唤翻译研究独立于比较文学学科时，苏珊·巴斯耐特曾经语气坚定并近乎激进地断言：

> 比较文学作为一门学科气数已尽。妇女研究、后殖民理论以及文化研究中的跨文化著述已经从总体上改变了文学研究的面目。我们从现在起应当把翻译研究看作一门主干学科，而把比较文学当作一个有价值但却是辅助性的研究领域。[1]

巴斯耐特既是一位比较文学学者，又是一位翻译研究学者，她的这番断言曾经引起比较文学学者的极大不满甚至愤怒，但她对翻译学科的重视却得到了翻译研究学者相当的认可。当然，我们不一定赞同巴斯耐

---

[1] Bassnett, S. 1993. *Comparative Literature: A Critical Introduction.* Oxford: Wiley-Blackwell, 161.

翻译研究的文化转向（修订版）

特这种厚此薄彼的做法，但却不得不承认，在过去的二十多年里，当代翻译研究领域确实发生了巨大的变化，"翻译研究"或"翻译学"现在被人们理解为"一门关于翻译的研究的学科，包括文学和非文学翻译、各种类型的口译以及配音和字母翻译的研究"，[1]甚至还包括指向视觉文化的语符翻译。但时至今日，这一领域的学者仍然常常把注意力集中于探讨翻译学的合理性及其理论架构。笔者认为，翻译学应当被看作是一门独立于对比语言学和比较文学等任何学科领域的自满自足的学科。我们有众多的学术期刊和著作作为其学科基础，大学的课程设置中也有翻译教学的计划，可见翻译研究正变得越来越成熟。同样，翻译学自有其独特之处，因此如果我们考虑到其语言学的方面、其审美的和文化的含义以及研究的实证性的话，我们便无法仅仅将其划定在人文学科内，当然也无法仅仅将其定位在社会科学内，因为它还有着文化阐释和再现的功能，而且翻译首先应当是一个文化问题。这样看来，翻译学便应当被看作是如同符号学、人类学甚至心理学那样的一门处于临界状态的边缘学科，因为它与自然科学（如机器翻译、人工智能翻译、新的翻译软件开发、计算机语言等）、社会科学（如翻译译文的经验研究、基于语料库对不同译本的语言学分析等）和人文科学（如文学翻译的审美欣赏、同一经典文本的不同译文的比较研究等）都有着诸多关系。所有这些都应当作为建立一门独立学科的必要基础。

由此可见，作为一门长期处于边缘位置的独立的学科，翻译学应当有自己的研究对象、研究领地以及方法论。具体说来，它的研究应当在下面三个层面上进行：

1. 在比较文学的层面上进行研究。在过去的几十年里，当翻译研究被挤压到边缘时，一大批比较文学学者，如勒弗菲尔、巴斯耐特、朗伯特、根茨勒、欧阳桢、比比等，率先从比较文学的视角来研究翻译问题，他们往往超越了欧美文学和文化之间的比较，进入了东西方文学比较的

---

1 Baker, M. 1998. *Routledge Encyclopedia of Translation Studies.* London & New York: Routledge, 277.

第1章 翻译学的理论化：跨学科的视角

跨文化研究这一高层次。翻译本只是他们从事比较文学和比较文化研究的一个切入点，但结果他们在翻译研究领域的影响大大超过了在比较文学界的影响。这至少说明我们在翻译研究这块刚刚得到开垦的"处女地"上仍有着广阔的发展空间。这些比较文学学者在实践和理论上的探索为翻译学从边缘向中心运动进而消解单一的中心之尝试铺平了道路，他们的最终目的在于促使翻译学早日摆脱比较文学的阴影而逐步发展成为一门独立的学科。

2. 在语言学的层面致力于翻译文本的对比和分析。如果我们认为上述第一个层面以研究者的能动阐释和审美再现为特征的话，那么在这一层面上，研究则强调经验性和科学性，并以数据库的建立和语料分析的缜密性为其特色。这一方向的研究者往往试图通过基于语料库的分析和其他具有实证性的资料来证明这一学科的科学性。这一研究方向近似社会科学的实证性和经验性研究，很少对译文进行审美价值判断。他们所探讨的问题，正如本雅明所言，是试图证明，有必要回过头来探讨主宰翻译法则同时又与可译性相关的原文，因为翻译只是一种形式。

3. 在跨文化的层面上进行研究，或者说纳入广义的文化研究大语境之下进行研究。在这里，文化不仅仅指涉文字文化，同时也指涉视觉文化。翻译研究实际上是文化研究之下的传媒研究的一部分，因为语言也是文化传播的重要媒介，因而翻译的传播作用是不可忽视的。同样，在这样一个广阔的语境中，翻译学的研究既是理论性的，同时又有着研究者的批判性和阐释性观点。确实，文化研究以反机构、反理论甚至反解释而著称，但是文化研究学者的实践却恰恰证明了这种研究是由各种后现代理论支撑的，正是这些后现代理论解放了长期被挤压到边缘的话语、亚文化以及亚文学艺术文类。因此，翻译研究完全可以被当作广义的文化研究的一部分，并且可以从后者中学习和借鉴方法论。

20世纪90年代初，当翻译研究处于危机之境地和"语言的囚笼"中时，巴斯耐特和勒弗菲尔大胆地呼唤翻译研究中的"文化转向"，这不仅使得这门新崛起的学科走出了困境，而且也为研究者指出了一个新

翻译研究的文化转向（修订版）

的理论视角。翻译学正是因此走出并一直沿着文化的方向发展的。正如根茨勒在讨论早期的翻译研究时所总结的，"翻译研究一开始就号召人们暂缓尝试对翻译理论下定义，同时试图首先更多地了解翻译的步骤。翻译研究学者并不企图解决意义的本质这一哲学问题，而是关注意义是如何旅行的。这一新兴研究领域的最有特色的地方在于，它坚持对各种跨学科的研究方法敞开大门：使文学研究者和逻辑学者合作研究，使语言学家和哲学家一起合作研究"。[1]这对当时正在崛起的翻译研究来说无疑是正确的，但是在三十年多之后，翻译研究发展兴盛的今天，仍不对之加以理论化，未免就有些失当了。当前，曾一度兴盛的文化研究陷入了独语的危机境地，一些具有远见卓识的西方学者，如希利斯·米勒、佳亚特里·斯皮瓦克以及凯·道勒拉普等，已经尽了很大的努力来消解当代文化研究中的英语中心主义的思维模式。[2]巴斯耐特和勒弗菲尔曾试图呼唤文化研究中出现一个"翻译的转向"，但是由于巴斯耐特缺乏东方文化的背景知识，勒弗菲尔虽然关注中国的文化和翻译研究，但他毕竟不通晓中文，再加之他的英年早逝，这一理论建构更是无法完成。鉴于现在翻译学日益成熟，并率先在中国得到了长足的发展，不少中国翻译研究者已经频繁地在国际学术界发表著述，因此我们完全有能力向国际学术界宣告，文化研究中的翻译学转向应当由中国学者提出。[3]经过

---

[1] Gentzler, E. 2001. *Contemporary Translation Theories.* (2nd ed.) Clevedon: Multilingual Matters, 78.

[2] 应该承认，这几位西方学者对中国文化和语言是真的感兴趣，并有所涉猎。例如，当时年逾九十的米勒曾公开宣称，"假如我年轻二十岁的话，我一定要从最初就开始学习中文"（If I were 20 years younger, I would start from very beginning to learn the Chinese language.）；斯皮瓦克则从2002年以来就一直以一个普通学员的身份在哥伦比亚大学东亚系的中文班听课，并能简单地用汉语进行日常交流；道勒拉普则是极少数对中国的翻译研究如此感兴趣的国际学术刊物主编之一，在他担任主编时，《视角：翻译学研究》发表的中国学者的论文最多，因而对中国的翻译研究或翻译学的发展成熟进而走向世界做出了独特的贡献。

[3] 这方面可参阅本书导言部分。

第 1 章　翻译学的理论化：跨学科的视角

四十多年的改革和对外开放，我们已经引进了几乎所有的西方文化理论，并且一直沉溺于消费这些理论的状态中。现在，是时候让我们这个文化大国转变方向，从一个理论消费（theory consuming）的国家逐步转向一个理论出产（theory producing）的国家。难道我们不能率先在翻译学领域内有所突破吗？

第 2 章 解构的文化转向：本雅明和德里达

解构主义与翻译问题在当代翻译研究中已不再是一个新鲜的话题了，无论对这种理论赞成与否，人们都无法否认其客观存在的影响。在描述当代各种翻译理论时，美国翻译理论家爱德温·根茨勒承认，解构主义翻译理论之前的各种理论大都围绕对应性（equivalence）问题进行讨论，在文化上并无甚突破。但在提到解构主义的冲击时，他则不无洞见地指出，"然而，解构主义者则激进地重新划定了一些问题，并在此基础上建立了自己的翻译理论。"[1] 应该承认，在翻译的文化转向方面，解构主义做出的重要贡献是有目共睹的。而且随着时间的推移，这种贡献和影响将越来越清楚地显示出来。在根茨勒看来，"解构主义者不仅提出了挑战以上所讨论的所有理论中人们普遍关注的基本概念的问题，而且还质疑了提出这些问题的行为的本质……解构主义者甚至走到了这样的地步：他们指出，也许是**翻译文本在写我们**，而非我们在写这些翻译文本（perhaps the *translated text writes us* and not we translated the texts）。"[2] 尤其是解构主义理论的创始人德里达对翻译的一些虽不成体系但却充满深刻洞见的思想，无疑是当代翻译理论的宝贵遗产。但是我们一般在讨论解构主义翻译理论时，总是要追溯其源头，从海德格尔谈起，经过本雅明这个最重要的中介，最后在德里达那里达到巅峰。可以说，

---

1 Gentzler, E. 2001. *Contemporary Translation Theories.* (2nd ed.) Clevedon: Multilingual Matters, 145.

2 Ibid., pp. 145–146.

后来的解构主义翻译理论家主要是从这后两位大师级的思想家那里获得启迪进而发展的。由于海德格尔的阐释学理论主要在语言和哲学理论上影响了德里达,[1]但并不直接影响当代翻译研究中的文化转向,本章主要从本雅明的翻译理论开始,重点讨论德里达对当代文化翻译和翻译研究所做的理论贡献。

本雅明:解构主义翻译的先驱者

毫无疑问,解构主义翻译在很大程度上得益于德国思想家和文艺批评家瓦尔特·本雅明的理论,因此将本雅明视为解构主义翻译及研究的先驱者是理所当然的。尽管本雅明在自己的翻译实践中零散地表达了他对文学翻译的看法,但他专门讨论翻译的文章主要体现在他的那些译者前言中,尤其集中地体现在他的那篇广为人们引证和讨论的《译者的任务》中,实际上,正是这篇充满了睿智和深刻洞见的文章以及他在此前后的一系列文学作品的翻译奠定了本雅明作为解构主义翻译理论和实践的先驱者和精神领袖的地位。

瓦尔特·本雅明(Walter Benjamin, 1892–1940)1892 年 7 月 15 日出身于柏林的一个家境富裕的犹太人家庭,1912 年在弗莱堡阿尔贝特·路德维希大学开始其大学生活。几经周折后于 1919 年,在瑞士伯尔尼大学理查德·赫伯茨教授的指导下,本雅明完成了博士论文《德国浪漫主义艺术批评概念》,获得博士学位。其后他长期在柏林和法兰克福以及瑞士、意大利、法国和丹麦等国生活和写作,发表了大量的著述和译著,主要包括《论歌德的〈亲和力〉》(*Goethes Wahlverwandtschaften*, 1924–25)、《单行道》(*Einbahnstrasse*, 1928)、《德国悲剧的起源》(*Ursprung*

---

[1] 关于海德格尔的阐释学理论对当代解构主义翻译理论的影响,参阅 Gentzler, E. 2001. *Contemporary Translation Theories*. (2nd ed.) Clevedon: Multilingual Matters, 153–157.

第 2 章 解构的文化转向：本雅明和德里达

des deutschen Trauerspiels, 1928）、《机械复制时代的艺术作品》（*Das Kunstwerk im Zeitalter Seiner Technischen Reproduzierbarkeit*, 1936）等。本雅明 1932 年曾在法兰克福大学开设"德国悲剧的起源"研讨课，翌年因纳粹上台疯狂迫害犹太人，他流亡法国并定居巴黎。1940 年 9 月 26 日，当他得知自己上了德国法西斯的死亡名单时，毅然选择自杀结束了的生命。虽然本雅明并不是法兰克福大学的正式教师，但他却积极地参与法兰克福学派的活动和著述，还影响了该学派的重要成员阿多诺，并对法兰克福学派的理论建设做出了重要的贡献，因而研究法兰克福学派的学者往往也把他当作其正式成员之一。由于本雅明著述的原创性和对现代和后现代文学艺术评论的前瞻性，他已被公认为 20 世纪上半叶德国最伟大的思想家和文艺批评家之一。

本雅明作为一位杰出的文学翻译家，生前曾翻译了许多著名的法国文学作品，尤其是波德莱尔和普鲁斯特这两位现代主义大师的作品。这两位法国作家一位主要是诗人，另一位则是小说家；一位作为现代主义诗歌的鼻祖，有着自己独特的美学思想，另一位则是现代意识流小说的开创者之一，其风格影响了整个 20 世纪的法国乃至西方现代主义小说的发展。本雅明的翻译理论正是从他的诗歌和小说翻译实践中获得直接经验进而抽象而来的，因此他的翻译理论不仅具有理论和研究方法论上的启迪意义，而且对于文学作品的翻译实践也具有具体的指导作用。《译者的任务》（"Die Aufgabe des Übersetzers"）最初是作为波德莱尔诗歌集《巴黎风景》的译者前言写于 1923 年，后收入他死后出版的论文集《阐释集》（*Illuminationen*, 1961），主要讨论文学翻译问题的。在这篇文章中，本雅明首先消解了原作者与翻译者之间的等级差异。他认为，历史上的伟大作家都是卓越的翻译家，波德莱尔也是这样，"本雅明之翻译波德莱尔的尝试，主要是源于波德莱尔唤醒了他的审美意识，本雅明一生不仅把波德莱尔视为诗人和翻译家，而且，还有许多理由使他在很长时间内一直对波德莱尔怀着深深的感激之情：无论在文学品位方面，还是在审美鉴赏方面，实际上是波德莱尔作为作家在各个层面上影响了他。从

翻译研究的文化转向（修订版）

一定意义上说，这项翻译任务也是他摆脱一个对他的思想和创作有极大影响的人的行动。"[1] 尽管在本雅明翻译波德莱尔诗集之前，德语世界已经出版了不少同类的译本，但本雅明对现代主义诗论的独特理解和在翻译中的忠实转达则使得波德莱尔在德语世界有了更多的知音。

既然这篇文章以讨论译者的任务为主，那就必然涉及翻译与原作的关系，这正是本雅明首先要讨论的问题。他问道，"翻译是为那些不懂得原文的读者而产生的吗？这似乎可用来充分地解释艺术领域内存在的等级差异……然而，任何试图发挥其传达功能的翻译至多只能算是传达了一些信息，因而也只能是一些非本质的东西。这显然是拙劣的翻译的标志。"[2] 那么什么才算是好的翻译呢？或者说如何才能使翻译超越简单地传达信息的功能呢？这正是本雅明接下来所要探讨的。

本雅明认为，与原作相比，翻译是一种形式，但我们却不得不正视这样一个事实，"要将其理解为一种形式，我们就得回溯到原作那里，因为原作包含着掌控翻译的法则：可译性。一部作品是否可译这个问题带有双重意思。一种是说，在整体的读者群里能找到适当的译者吗？或者更为中肯地说，这部作品的性质是否适合翻译，或者就其形式而言，它需要翻译吗？原则上，第一个问题只能在偶然的意义上判定，而第二个问题才完全可以从逻辑上决定。"[3] 也就是说，能否在众多的读者中找到适当的译者仅仅是一个外在的因素，而其文本内部所固有的本质特征，也即所谓的可译性，才真正决定一部作品是否适合翻译，也即是否能够产生出与原作相当甚至高于原作的译作。有些作品是特定语言文化背景下的特定产物，它只能在那种语言文化背景中被人们诵读、理解和

---

1 毛姆·布罗德森. 2000. 本雅明传. 国容等译. 兰州：敦煌文艺出版社，第139页. 译文有所校改。

2 Benjamin, W. 1968. The task of the translator. In Schulte, R. & J. Biguenet. (eds.) *Theories of Translation: An Anthology of Essays from Dryden to Derrida*. Chicago & London: The University of Chicago Press, 71. 中文引文参考了陈永国的译文，稍有些改动。

3 Ibid., p. 72.

第2章 解构的文化转向：本雅明和德里达

欣赏，一旦译成另一种语言，这些作品不是本身变形就是有可能成为另一些与之具有同等价值的作品。对于今天的中国翻译研究者来说，这种例子在古今中外的文学史上都可以找到。那么本雅明是怎样解决这个问题的呢？

他在探讨可译性问题的同时直截了当地指出：

> 可译性是某些作品的本质特征，但这并不是说对于正在被翻译的作品本身是本质的。它意味着内在于原作中的某种特定的含义在可译性中得以自我展示。显然，任何译作不管多么优秀，较之原作都不具有任何意义。然而，它确实由原作本身的可译性而接近原作；事实上，这种关联更加紧密，因为它不再对原作具有重要的意义。我们可以将它称为一种自然的关联，或更具体地说，一种至关重要的关联。正如生命的各种形式与生命现象本身紧密关联而对生命并没有什么意义一样，译作虽来源于原作，但它与其说来自原作的生命，倒不如说来自其来世的生命。因为译作往往比原作迟到，又由于重要的世界文学作品在其诞生之时都没有发现适当的译者，因此它们的翻译就标志着它们的生命得以持续。对艺术作品中的生命和来世生命的看法应该以不带任何隐喻的客观性来看待。[1]

显然，本雅明在这里强调了翻译对于延续原作生命所具有的不可忽视的作用，他并不强调译作对原作的语言文字上的忠实，因为这种浮于表面的忠实充其量只能传达出原作中的一些信息，而不能达到更高的艺术创造的境界，尤其对于文学翻译就更是如此。文学作品的翻译首先应考虑其作为文学作品的质量，而要再现原作的文学品位则是拙劣的译者

---

1 Benjamin, W. 1968. The task of the translator. In Schulte, R. & J. Biguenet. (eds.) *Theories of Translation: An Anthology of Essays from Dryden to Derrida*. Chicago & London: The University of Chicago Press, 72–73. 中文引文参考了陈永国的译文，稍有些改动。

不可能办到的。因此在本雅明看来，正是那些优秀的译者通过自己无与伦比的翻译才使得已经死亡的原作又具有了"来世的生命"。他的这一观点不仅强调了译者的重要作用，同时也预示了多年后崛起于德语文学理论界的接受美学思想。同样，在接受美学那里，一部作品的作者并不能完成该作品的全部创造性工作，作者一旦发表了自己的作品，他就无法再对该作品发挥任何影响了。如果这部作品不经过读者或接受者-阐释者的阅读，它的意义也许就此终结了。它只有被读者阅读和接受，它的内在意义才有可能被读者-阐释者发掘出来，这样它的创造性过程才能得以完成。毫无疑问，翻译是介于两种语言和文化之间的阅读和阐释，优秀的译者首先是一位读者-阐释者，他必定在深刻理解原作的基础上才能下笔翻译，而正是在翻译的过程中，原作的内在意义与译者产生了某种共鸣或互动，最终产生出了译作。应该承认，本雅明对波德莱尔和普鲁斯特作品的翻译就经历了这样的一个过程。多年后美国解构主义理论家保罗·德曼在对本雅明的翻译思想进行阐释时，则进一步发挥了这一点。[1]

既然翻译是一种形式，那么它的价值就不能等同于艺术作品本身。但本雅明在这里强调指出，"尽管翻译不同于艺术，不能声称其产品具有永恒性，但它的目标却无可置疑地是一切语言创造的终极的、具有包容性和决定性的阶段。在翻译中，原作似乎上升到了一个更高级、更纯洁的语言氛围。当然，它不能永远地生活在那里，它也肯定不能在整体上达到那一境地。"[2] 也就是说，原作通过翻译，其未能显示出的内在价值得到了尽可能充分的彰显，其未完成的部分在翻译的过程中得到了完成，当然，对原作的一次翻译是不可能穷尽其内在价值的，但至少在某个方面会接近那一终极的价值和意义。后来每一代的译者进行的重新翻译则会使得新的译作距离原作的内在精神更加接近，因此翻译始终是一

---

1 Cf. De Man, P. 1986. Conclusions: Walter Benjamin's "The task of the translator". In *The Resistance to Theory*. Minneapolis: University of Minnesota Press, 73–105.

2 Ibid., p. 76.

第2章 解构的文化转向：本雅明和德里达

个开放的过程。显然，这一开放的观点对德里达等后来的解构主义翻译理论家有着重要的启示并在他们那里得到了详尽的阐发。

既然翻译有如此重要的意义，那么译者的任务又具体体现在何处呢？本雅明指出，"译者的任务就在于发现趋向目标语言的特殊意念，正是在他所要翻译的那一目标语言中，这种意念产生出与原作的共鸣。这就是翻译的特征，它基本上将其与诗人的工作相区别，因为诗人的意念在总体上从来就不指向这种语言本身，而其唯一和直接的目标就是具体的语境方面。"[1] 也就是说，译者只有找到原作中隐含的特殊意念，才能与原作产生某种共鸣，当然这种共鸣并不是依附于原作的被动的共鸣，而更带有译者自身的理解和创造性阐释。在这里译者与原作者实际上产生了某种形式的交流和互动关系，在这种互动关系中，译者一反以往那种被动的局面，而带有了相当大的主观能动性，他的作用并不亚于一位原作者。因此在这个意义上说来，优秀的译作一定是译者与原作者合作默契共同创造的结晶，离开了任何一方都不可能完成最终的译作。在这里，本雅明显然把长期以来处于"隐身"地位的译者的地位大大地提高了，并预示了当代翻译界出现的译者的"显身"及译者主体性的觉醒。

既然译作本身也像原作一样具有独立的存在价值，那么它与原作的关系如何呢？本雅明并不想回避这个问题。在他看来，"真正的翻译是透明的；它并不遮盖原作，并不阻挡原作的光，而是允许仿佛经过自身的媒介强化的纯语言更为充分地照耀原作。"[2] 因为一切伟大的作品对翻译都是开放的，翻译者应是原作最好的读者、接受者和阐释者，因此，"正如在原作中语言与启示意义已经毫无张力地合而为一了，译作就必须以隔行对照的形式自由地显示出直译与意译的统一。在某种程度上，一切伟大的文本都包括隐匿于字里行间的译文；这一点在圣经著述中得

---

1 Cf. De Man, P. 1986. Conclusions: Walter Benjamin's "The task of the translator". In *The Resistance to Theory*. Minneapolis: University of Minnesota Press, 77.

2 Ibid., pp. 79-80.

到了最完美的体现。"¹ 事实上，正是通过不同语种的译者不断的翻译和阐释，圣经才在今天的世界各国得到如此广泛的传播和普及。而本雅明对翻译的要求则远远超越了直译和意译的简单划分，并最终消解了这二者之间的二元对立。

由此可见，译作与原作的关系远不是传统意义上人们所认为的那种主仆关系，而是一种平等的关联和互动关系，译作不仅发掘出原作中的潜在意义和价值，把原作中未完成的东西进一步完成，而且在某种程度上还赋予原作以新的生命，或来世的生命。在这一点上，本雅明也和所有的解构主义者一样，颠倒了原作者与译者之间的等级序列，赋予译者以更为主要的作用。推而广之，优秀的翻译可以促进一部文学作品在不同的语言文化中的经典化进程，反之，拙劣的翻译则有可能使得本来已列入经典的优秀作品在另一种语言文化中黯然失色甚至被排除在经典之外。在探讨译作对原作的这种巨大作用时，本雅明进一步指出，"在生存的过程中，当一部作品声名显赫时，不仅仅传达主题的译作便开始诞生。因此，与拙劣的译者的主张相反，这种不仅仅传达主题的译作与其说符合作品的需要，倒不如说是由于翻译而得以存在。因为正是在译作中，原作的生命才得到最新的并且持续更新和最充分的展开。"² 因此，本雅明对原作的至高无上的权威性予以了彻底的解构，并有力地颠覆了原作与译作的那种主仆式的等级关系，为译者的应有地位和译作所应当具有的价值作了最有力的辩护。此外，他还列举了西方文学史上的一些作家和翻译者的例子来说明，有些作家之所以在历史上得以留名，并不是因为他们是伟大的作家，而更因为他们是伟大的翻译者。他们的作品也许早就被人们遗忘了，但经过他们之手翻译的作品却得以流芳百世。当然，他的这一观点有些偏激，但却十分深刻，我们完全可以在西方文学史和中国现当代文学中找出相应的例证。

---

1 Cf. De Man, P. 1986. Conclusions: Walter Benjamin's "The task of the translator". In *The Resistance to Theory*. Minneapolis: University of Minnesota Press, 82.

2 Ibid., p. 73.

第 2 章　解构的文化转向：本雅明和德里达

在中国现代文学和翻译史上，鲁迅作为传统中国文化和文学语言的解构者，对传统的成规的颠覆和解构也是十分彻底的。他试图通过翻译来革新中国的文学语言，他在谈到自己的小说创作所受到的外来影响时，十分坦率地承认：

> 但我的来做小说，也并非自以为有做小说的才能，只因为那时是住在北京的会馆里的，要做论文罢，没有参考书，要翻译罢，没有底本，就只好做一点小说模样的东西塞责，这就是《狂人日记》。大约所仰仗的全凭先前看过的百来篇外国作品和一点医学上的知识，此外的准备，一点也没有。[1]

当然，任何熟悉鲁迅的文学生涯的人都不会忘记，鲁迅在传统文化和文学方面的造诣很深，因此他的这一陈述肯定是偏激的，但也确实反映了鲁迅对他所熟悉的中国传统文化的深恶痛绝，作为旧的文化传统的破坏者，他宁愿承认自己更受到外国文学的影响而只字不提中国古典文学对他的启迪。如果说鲁迅在这里承认自己所受到的翻译作品的影响时并不很直接的话，那么当代作家余华在谈到自己的创作所受到的（翻译过来的外国文学）作品的影响时，可以说是直言不讳："像我们这一代的作家开始写作时，受影响最大的应该是翻译小说，古典文学影响不大，现代文学则更小。我一直认为，对中国新汉语的建设和发展的贡献首先应该归功于那群翻译家们，他们在汉语和外语之间寻找到一条中间道路"。[2] 从上述两位现当代作家的陈述，我们不难看出，鲁迅的中国文化根底确实十分深厚，他之所以强调自己的小说创作所受到的主要是外国文学的影响，是想划清自己与传统文化的界限，以便创造出一种崭新的文学形式和文学语言。而余华所言则是事实：他与不少同时代先锋小说家一样，从爱好文学之日起就贪婪地阅读了各种翻译过来的外国文学

---

[1] 鲁迅 . 1981. 我怎么做起小说来 . 鲁迅全集 . 第四卷 . 北京：人民文学出版社，第 512 页。

[2] 参阅：余华，潘凯雄 . 1996. 新年第一天的对话 . 作家，（3）：6.

翻译研究的文化转向（修订版）

作品，因而对他们的文学语言产生影响的与其说是原作的思想，倒不如说更是（通过那些优秀的译者所转达的）原作的风格。那些译者中也许并不乏文学创作者，但他们将来若能被后人记住也许靠的正是他们的优秀译作。毫无疑问，在对中国当代作家的影响方面，翻译文学的作用是主要的。在这一方面，今天的德语世界的作家和评论家也可以从本雅明对法国文学作品的翻译得到深刻的启示。德国著名文学评论家弗里德里希·布尔舍尔生前曾给《文学世界》杂志的编辑写过一封热情洋溢的信，对本雅明和赫塞尔合作翻译的普鲁斯特的小说《追忆似水年华》给予了极高的评价：

> 这部翻译的特别之处在于，它是两位翻译者成功合作的结果。普鲁斯特是所有现代作家中最文雅、最难译的作家，这两位翻译者由于自身的语言知识、所受教育和品位成为翻译普鲁斯特的最佳人选。他们相互切磋、融合了双方的思想——即使是在一个人翻译的篇章——不仅以令人惊叹的近似程度重现了原文（即使完美的翻译也只能近似地重现原文），而且把作者字里行间意欲表达的意思也表达了出来。他们各自的个性和学术内涵注定要通过普鲁斯特天才的终结而相互融合……而瓦尔特·本雅明则代表了他微妙、准确、不懈探索、批判地前进的一面。从这一方面来说，普鲁斯特从不会满足于某一种解决办法，而这又与他天才的其他方面相互映衬：普鲁斯特有一种强烈的顾虑，他不想遗漏任何事情，而是想把所有的经历都留在记忆的最深处。自然，普鲁斯特不能被分割成两部分：在这部巨著中几乎每一句话都是协调和新颖所成就的奇迹。两位翻译者也不是死板和不灵活的。赫塞尔考虑得十分周到；而本雅明则表现出了他传达诗性和共鸣的强烈情感和表达力，这一点不仅在这部翻译中，在他翻译的波德莱尔的作品中也可以看到。因此这部新的译本是在最好的基础上建筑起来的。我们很难找到比这两位翻译者更可信、技艺更高的合作者了。能与原

第 2 章　解构的文化转向：本雅明和德里达

文相媲美的普鲁斯特德文本终于出现了。[1]

应该说，布尔舍尔的上述评论是对一位优秀的文学翻译家的最高褒奖。实际上，这也是本雅明的翻译理论所赖以提炼抽象出的具体实践之结晶。今天，也许本雅明的德文译本已经被新一代的翻译者所超越，但本雅明的翻译思想却作为解构主义翻译理论的一部分而载入了史册，并通过其译者的中介不断地在世界上"旅行"，从而不断地对后来的翻译实践和理论产生愈益深刻和持久的影响。我们将从下一节对德里达翻译理论的分析中见出这一影响的因子。

德里达的介入和影响

无论是在解构主义哲学或解构主义批评理论方面，德里达都是最有代表性和影响力的思想家和理论家，其之于当代翻译研究也是如此。雅克·德里达（Jacques Derrida, 1930-2004）是法国著名的哲学家和思想家、当代解构主义理论大师。1930 年 7 月 15 日，也即本雅明正好 38 岁时，德里达出生在阿尔及利亚阿尔及尔的一个西班牙裔的犹太人家庭。他年轻时曾服过兵役，并赴美国哈佛大学访学一年。凑巧的是，这两位同样出身于犹太人家庭的思想家竟然生日也相同。更为巧合的是，本雅明所从事的翻译实践是法译德，而德里达开始其翻译实践时则是德译法。德里达早年毕业于巴黎高等师范学校，1960 至 1964 年在巴黎第四大学（索邦）教授哲学，自 1965 年起任高等师范学校哲学教授。他曾创立巴黎国际哲学院并任首任院长，逝世前长期担任法国高等社会科学研究所研究员。德里达在 20 世纪后半叶西方文化理论界的巨大声誉在很大程度上得益于他在美国的学术活动以及美国的文学理论批评家对他的著述的

---

[1]　转引自：毛姆·布罗德森. 2000. 本雅明传. 国容等译. 兰州：敦煌文艺出版社，第 208-209 页。

翻译研究的文化转向（修订版）

翻译和介绍，因此他在美国文学理论界的影响甚至超过了他在法国哲学界的影响。这一点从他去世时引起的反响可见端倪。[1] 德里达曾于 60 年代执教于约翰·霍普金斯大学，并于 1975 至 1985 年任耶鲁大学客座教授。解构理论在北美失势后他随即被聘为加州大学厄湾分校批评理论研究所研究员，并兼任康奈尔大学、杜克大学、纽约大学等多所著名学府的客座教授。2001 年 9 月，德里达应邀来中国访问，在北京和上海等地的高校和科研机构发表演讲并和学界人士座谈。他的首次也是唯一的一次中国之行在中国学界可谓掀起了一场"德里达旋风"，其巨大影响涉及人文社会科学的各个领域。[2] 2004 年 10 月 8 日，德里达因患癌症在巴黎逝世。

毋庸置疑，德里达首先是一位哲学家，他在当今国际人文学科各领域的巨大学术声誉和广泛影响在很大程度上与其解构主义哲学密切相关。这种哲学又称"后哲学"，对传统的理性哲学有着强有力的挑战和消解作用。由于德里达的后哲学的穿透力和辐射面，它实际上消解了哲学与文学的界线，也即加速了"哲学的终结"和"文学的解放"，为一种新兴的人文学（human science）的诞生奠定了基础。尽管德里达多次辩解说，解构并不是一种理论，甚至在某种程度上是一种反理论的阅读和批评策略，但其结果却充当了曾在美国一度风行的解构批评的重要理论基础，并对后来的各种批评理论产生了很大的影响。本章主要讨论德里达对翻译和翻译研究的一些看法，不专门涉及他的文化批评理论。

德里达早年曾翻译过胡塞尔的著作《几何学的起源》，并为其撰写了一篇很长的评介性译者前言。除此之外，他很少从事翻译实践，即使在不同的场合发表一些关于翻译的文字，也主要是为了将其解构理论运用于一种广义的文化翻译。但是德里达对当代文化理论、翻译理论以及

---

[1] 关于德里达去世后西方哲学和文学艺术界的种种反应，可参阅《中华读书报》2004 年 10 月 20 日号第 4 版上的综述。

[2] 关于德里达的中国之行及其著作在中国的译介和接受情况，参阅拙作 "Specters of Derrida: Toward a Cosmopolitan Humanities"，载 *Derrida Today* 2018 (11.1)，第 72–80 页。

第 2 章 解构的文化转向：本雅明和德里达

文学批评理论的影响却体现在多方面。首先，他始终关注语言问题，并曾一度迷恋索绪尔的结构语言学和列维-斯特劳斯的结构主义人类学。他反对结构主义的那种诉诸单一结构的片面语言观，认为语词有着诸多的层面和多重意义，因而对由语言词汇组成的文学文本的解释就应当是多重的。这一切均散见于他关于翻译的一些看法中，对于我们清晰地看出隐于其中的解构和多元之特色起着某种导引的作用。当然，他的这一观点对认为言语是交流的直接形式的看法提出了强有力的挑战，同时也反拨了文本的作者就是意义的掌握者的观点，这无疑对削弱翻译过程中原作者和原作的权威性有着重要的解构作用。因而在以德里达为首的解构主义者的不懈努力和推进下，书面语言摆脱了语言结构的束缚，为意义的多重性和解释的多元取向铺平了道路。这也是他的理论对翻译研究有着诸多启示的一个重要原因。

德里达不同于那些囿于学院体制内的学者，他的著述广泛涉及人文学科的各个领域，有着鲜明的跨学科特征。作为一位十分多产的创造性理论家，德里达将自己的著述定位在哲学和文学之间，或者说是一种文学化了的哲学著作。他一生著述甚丰，几乎所有的著作一经问世，就迅速进入了英语世界，并在北美的批评理论界产生了重大的影响。我们在此主要列举他自 1967 年以来出版的著述：《论文字学》（*De la grammatologie*, 1967）、《写作与差异》（*L'écriture et la différence*, 1967）、《言语与现象》（*La voix et le phénomène*, 1967）、《播撒》（*La Dissémination*, 1972）、《哲学的边缘》（*Marges de la philosophie*, 1972）、《丧钟》（*Glas*, 1974）、《明信片》（*La Carte postale*, 1980）、《他者的耳朵》（*L'Oreille de l'autre*, 1982）、《哲学的法则》（*Du Droit a la philosophie*, 1990）和《马克思的幽灵》（*Spectres de Marx*, 1993）、《他者的单语主义》（*Le monolingualisme de l'autre: ou la prothèse d' origine*, 1996）等，这些著作系统地阐述了他的解构理论。但由于他的哲学思想早已超越了传统的哲学范畴，融入了人类学、语言学、文学和精神分析学的成分，形成了一种范围更广的批评理论，因而他在保守的经院哲学界的地位始终受到质疑。然而，他的著作的英译者却赋予这些用法文撰写的原作以更为广泛和深远的影响和"来世生命"。因此德里达关注并重视翻译大概不是偶然的。

诚然,德里达在英语学术界的影响主要得助于三位美国批评家的努力:佳亚特里·斯皮瓦克、乔纳森·卡勒(Jonathan Culler)和希利斯·米勒。在这三位美国学者中,斯皮瓦克的贡献主要体现在将德里达早期的代表性著作《论文字学》准确地译成英文,并在长达80多页的译者前言中系统地阐释了德里达艰深晦涩的解构思想,为其在美国批评界的普及和推广奠定了基础,通过这种创造性发挥和阐发式的介绍,斯皮瓦克也奠定了自己作为一位有着自觉阐释意识的翻译理论家的地位;卡勒的《论解构:结构主义之后的理论与批评》(On Deconstruction: Theory and Criticism after Structuralism, 1983)一书则是全面介绍并阐释德里达的早期理论的最为清晰的一部文学理论著作,对解构理论走向大学课堂和文学批评实践做了重要的普及推广工作;米勒的贡献则主要体现在及时地把德里达在各个时期的学术思想和批评理论建树具体化在文学批评和阅读上,为解构式的文学批评和文本阅读确立了可操作的范例。

在传统的翻译研究领域内,德里达长期以来并不被人们认为是一位翻译理论家,甚至有人认为他不懂得(传统意义上的)翻译,因为他的理论不能指导具体的翻译实践。但是若从更高的理论层面来看,他的理论又无时无刻不在影响着翻译的实践,诸如忠实原作的问题、原作的权威性、作者的隐身和译者的显身、可译性和不可译性、翻译的标准、意义的多重取向,等等。虽然这些问题大多在本雅明的翻译研究论文中有所涉及,但在德里达这里均得到了理论上的阐发。由于他的理论对当代翻译研究已经产生的重大影响,从事翻译理论研究或实践的人们总是无法忽视德里达的存在。1992年,两位美国翻译家雷纳·舒尔特(Rainer Schulte)和约翰·比格奈特(John Biguenet)编选了一本翻译理论教科书,题为《翻译理论:从德莱顿到德里达》,[1] 该书出版后已多次再版,广为

---

[1] Cf. Schulte, R. & Biguenet, J. (eds.) 1992. *Theories of Translation: An Anthology of Essays from Dryden to Derrida.* Chicago & London: The University of Chicago Press.

第 2 章　解构的文化转向：本雅明和德里达

欧美高校用于翻译课及其相关课程的教材，由此可见他的翻译理论在英语世界的普及和广泛影响。当然，德里达本人在哲学和文学著述之余也多少介入了一些关于翻译的理论讨论。他对当代翻译研究最有影响的一个概念就是他自创的一个法语词"延异"（*différance*），这个词其实并非意指（语言）存在于那里，而是想表明它的不在场或缺席。[1] 他的翻译理论始终围绕差异和延缓的游戏而阐述。按照德里达的意思，意义同时具有差异和延缓之特征，最后的确定性和终极性是永远不可能达到的。这自然影响了他对翻译标准的不确定性的看法，可以说，他的翻译理论在很大程度上就是建立在这一基点上的。在很大程度上，正是由于德里达介入了翻译理论和翻译研究，当代翻译研究才有了自觉的跨学科理论意识，并把原本仅局限于语言问题的讨论上升到了语言哲学的形而上高度和文化广度。除了散见于他的哲学著作中的一些零散观点外，德里达专门讨论翻译的著述主要是这两篇论文：《巴别塔》（"Des Tours de Babel"）和《什么是"确当的"翻译？》（"What Is a 'Relevant' Translation?"）。我们在这一章里，主要从这两篇论文入手讨论德里达的解构主义文化翻译理论。

巴别塔：翻译的不可译性

讨论解构主义的翻译理论，人们免不了要提及德里达的长篇论文《巴别塔》，并为他这种形象的比喻而着迷，甚至为此争论不休。在这篇论文中，德里达将翻译之困难比作攀登"巴别塔"（又译作"通天塔"）。"巴别"原为基督教圣经中的城市名，传说诺亚的后代试图在此建造一座通天塔，上帝对其狂妄的野心大为不满并震怒，故意使建塔的人使用不同的语言，导致彼此间交流困难，后来这座通天塔最终未能建成。因

---

[1] Cf. Gentzler, E. 2001. *Contemporary Translation Theories*. (2nd ed.) Clevedon: Multilingual Matters, 157.

翻译研究的文化转向（修订版）

此巴别塔又可比喻为不可实现的乌托邦式的空想计划。用这一隐喻来指涉翻译显然是意味深长的。在文章一开始，德里达首先指出，"巴别塔不仅仅喻指众多语言所带有的不可还原的多重含义；它还显示出一种未完成性，也即完成、总体化、渗透的不可能，同时，要完成与道德修养、工程建筑、系统工程和建筑设计相类似的某种东西也是不可能的。"[1] 既然巴别塔作为一个专有名词，是上帝赐予的名称，因而人们就不可以对之进行任意的更改或翻译。对之的任何转述、再现或翻译都不可能准确地复现其原貌。在这里，巴别塔的故事说明了这样一个道理，由于语言从一开始就是混乱的，而不同语言中的那些习语的多重含义更是具有某种不可还原性，因此便导致了人类之间交流的困难和不便，于是"翻译也就成了十分必要但又不可能完成的任务"。这显然是一个悖论：人们的工作和生活离不开翻译，需要翻译来实现彼此之间的交流，但是翻译本身又是一个无法完成的任务。要解决这个悖论，人们就首先要回答，为什么说翻译是一个无法完成的任务？德里达在此指出，"一般说来，人们很少关注这一事实：正是通过翻译我们才最经常地读到这一故事的。因此在译文中，这一专有名称仍然保留了一种单一的命运，因为它仍以专有名词的形式出现，并没有被翻译过来。此时，我们还看到，像这样的专有名词是永远不可译的，这一事实也许使我们得出这一结论：它不可能像其他词一样由于同样的原因而严格地属于这种语言，属于这一语言系统，不管它被翻译过来还是处于被翻译的过程中都是如此。"[2] 这就好像是为了攫取名称而奋力争斗的效果那样，在两个绝对的专有名称之间的间隙显得既十分必要同时又不可能舍此求彼。由于这类专有名称是上帝赐予的，因而也就是"不可译的"，任何对之的翻译都是一种背叛。有了德里达定下的这一基调，解构主义翻译理论首先要强调的就是语言的差异和不可译性。

---

1 Derrida, J. 1985. Des tours de babel. Graham J. F. (trans.) In Graham J. F. (ed.) *Difference in Translation*. Ithaca & New York: Cornell University Press, 165.

2 Ibid., p. 171.

第 2 章 解构的文化转向：本雅明和德里达

在举例说明专有名称的不可译性之后，德里达还逐一阐发并讨论了形式主义-结构主义语言学家和文学批评家罗曼·雅各布森（Roman Jakobson）提出的三种翻译形式：语际（interlingual）翻译、语内（intralingual）翻译和符际（intersemiotic）翻译。他指出，语内翻译"通过同一语言的另一些符号来解释原作的语言符号"；而语际翻译才算作真正意义上的翻译，因为这一模式"通过他种语言符号来解释原作的语言符号"；至于符际翻译，他认为这是一种"变形"（transmutation），也即"通过非语言符号系统的媒介来解释原作的语言符号"。在雅各布森看来，真正的翻译只是第二种，因为它是"超越巴别塔的"。[1] 因此，德里达做了这样的区别，他认为，实际上有两种意义上的翻译："专门意义上的翻译和比喻意义上的翻译：为了把一样东西译成另一样东西，在专门的意义上和在比喻的意义上，在同一语言内或将一种语言译成另一种语言，人们就要介入这一过程，它很快将揭示出这一给人宽慰的三部分是如何变得引发疑问的。"[2] 既然名称都是上帝规定的，因而它们便同时具有可译性和不可译性，也即为了交流之便，人们觉得有必要将其翻译成另外的语言，但是要将原作（准确地）译成他种语言则又是不可能做到的。这就是德里达所谓的翻译的悖论。他接下来据此而推论，"翻译便成了法律、义务和债务，但是这一债务是任何人也无法偿还的。在巴别塔的名义下，这种债务是无法偿还的：它在翻译的同时并没有翻译自身，归属而又不属于任何一种语言，因为一种无法偿还的债务而自我负债，就像欠别人的债一样自我负债。这就是巴别塔式的运作。"[3] 既然巴别塔这个名称是上帝规定的，因此"巴别塔就是不可翻译的"（For Babel is untranslatable.）。在这里，德里达给了我们什么样的启示呢？在他看来，首先，原作是给定的，译者要将其译成他种语言，就走上了一

1　Derrida, J. 1985. Des tours de babel. Graham J. F. (trans.) In Graham J. F. (ed.) *Difference in Translation*. Ithaca & New York: Cornell University Press, 173.

2　Ibid., p. 174.

3　Ibid., pp. 174–175.

条需要偿还债务的"不归路",他不可能在自己的译作中再现原作之本意。其次,既然这一债务对于一位译者来说是无法偿还的,那就要由众多的甚至几代译者来共同偿还这一债务,这样,翻译就永远没有完结,它永远都是一项未完成的工作。再者,既然原作的意义是无法再现的,那就无法判断译者是否忠实于原作,即使他本人确实想使自己的译作忠实于原作,但由于巴别塔的原则,这一忠实也是不可靠的。由此可见,德里达的解构是层层递进,最后从根基部位动摇了所谓翻译的"忠实性"的神话并将其解构。

既然在翻译的过程中不可能做到绝对的忠实,那么相对的忠实在优秀的译者那里应该是可以做到的。在这里,德里达又陷入了解构主义的相对论。在他看来,译者不能使自己处于隐身的位置,因为他也是一个人,也有着自己的取舍和爱好,因而在这方面,德里达又受到本雅明的启发,对译者的主体性和能动作用做了进一步的阐释和发挥。他通过细读本雅明的《译者的任务》指出,本雅明给他的启发在于,所谓原作的本真性是绝对不存在的,译者通过对原作的翻译而使得原作的价值得以延缓和存活,因此译者的重要性应当与作者的重要性相当。那么在翻译的过程中,译者扮演的是什么样的角色呢?从他的"债务"说,他接下来推断,"译者是负债的,译者自我显示出是处于一种负债的境地;因此他的任务就是付出(render),付出就会有所得"。[1] 所谓付出就是对原作进行能动的理解和阐释,而所得就是通过自己的创造性阐释获得超越原作的新的意义。这样,他就强调了译者的创造性,可以说,当年斯皮瓦克对德里达的著作《论文字学》的翻译和解释就是这样一种情形,而后来的解构主义翻译学派则秉承了本雅明和德里达这两位思想家的理论,使得翻译变成了一种能动的文化阐释和创造性再现。

按照德里达的理解和阐释,译者的任务主要体现在以下四个方面:(1)译者的任务并不需要自我宣布,也不依循一种**接受**。翻译理论本质

---

[1] Derrida, J. 1985. Des tours de babel. Graham J. F. (trans.) In Graham J. F. (ed.) *Difference in Translation*. Ithaca & New York: Cornell University Press, 176.

第 2 章　解构的文化转向：本雅明和德里达

上并不依赖于任何接受理论，即使它反过来也能够对这种理论的阐释做出贡献。（2）翻译并不具有**交际**的基本使命。（3）如果翻译过来的文本与正在翻译的文本之间确实存在着一种"原作"对"译作"的关系的话，那么翻译就是不可**再现**（representative）或**复制**（reproductive）的，因为翻译既不是影像（image）也不是拷贝（copy）。（4）如果译者的债务使他既不对原作者承担义务，也不对必须要经过复制或再现的某种模式承担义务的话，那么他究竟应该对何人何物承担义务呢？[1] 这就说明，在翻译的过程中，译者绝不只是一个被动地转述原作意义的人，他应对自己承担义务，因为他有着自己对原作的独特理解，自己的取舍，自己的选词造句和表达方法，这种种因素加在一起就使得他不可能只是一成不变被动地去转述原作的意思，他在转述的过程中无疑会加进自己的创造性理解和主观性阐释。这样译者就不只是受制于原作，而是在更大的意义上创造性地再现了原作，甚至在某些方面还会使得已经"僵死"的原作再度焕发新的生机。毫无疑问，德里达在这里和本雅明是一脉相承的，而且较之后者，德里达的解构甚至更为彻底，因此译者的主体性在解构主义翻译理论中得到了极大的彰显和弘扬。这一点后来在劳伦斯·韦努蒂那里又得到了具体的阐释和发挥。

德里达继续指出，"如果译者既不补偿也不复制原作的话，那是因为原作可以继续存活并在改变着自身。翻译就将真正地处于原作的发展时刻，因为原作在扩大自身的同时也在实现自我完成。"[2] 这就告诉我们，实际上，在翻译的过程中，无论译者如何发挥自己的主观能动性和主体阐释性或创造性，他都不可能离开原作去天马行空地任意发挥，他必须时刻牢记自己是在翻译，或再现某个原作中已有的东西。但是不同的译者对待原作的态度显然是不同的。传统的翻译观认为，翻译的首要任务就是要忠实于原作，也即屈从于原作，但是究竟凭借什么样的标准来衡

1　Derrida, J. 1985. Des tours de babel. Graham J. F. (trans.) In Graham J. F. (ed.) *Difference in Translation*. Ithaca & New York: Cornell University Press, 179–183.

2　Ibid., p. 188.

翻译研究的文化转向（修订版）

量译者是否忠实于原作呢？这显然得取决于不同的译者自身的水平。一般说来，在文学或哲学的翻译方面，有下面三种情况：（1）译者的水平和知识高于原作者；（2）译者的水平和知识与原作者相当；（3）译者的水平和知识不如原作者。应该承认，在当今的中国翻译界，上述三种情况中出现的最多的应该是第三种，尤其是当译者试图翻译的著作是名作者的名著，而优秀的译者又缺乏或这些译者早就有了别的翻译任务时，许多初出茅庐的新手便在未经训练的情况下匆匆上阵，这显然会大大地有损于译作的质量，因而致使不少有一些外语基础的读者甚至抱怨说，通过中译文来阅读一些艰深难懂的理论著作，还不如阅读原文，因为许多译作中读不懂的句子在原作中并没有那么复杂，有的甚至在原作中一目了然。但是如果译者有着扎实的外语功底和接近原作的必要专业知识，那么他通过大量阅读并补上这方面的知识，也有可能产生出不错的译作。而第一种情况在当今时代则是十分罕见的，这是因为当代学者中能够博通古今、学贯中西的大学者实在是屈指可数，但我们却可以在中国近代翻译史上林纾的翻译这一独特的个案中见出这方面的例子。

众所周知，本人不通外文的林纾在合作译者的帮助下竟翻译了西方文学史上的大量作品，其数量达到了184部之多，确实创造了中国近现代文学史上的"翻译文学"神话，这不能不说是一个奇观。确实，在传统的翻译理论看来，林纾的翻译并不能算是真正的翻译，而是更带有译述或改写的性质。但在文化翻译理论家那里，如果翻译算作一种改写形式的话，那么林纾的翻译无疑属于这样一种改写式的翻译。按照钱锺书先生的看法，林纾翻译的最成功之处就在于其将外国文字"归化"为中国的文化传统，从而创造出一种与原作既有相似之处又有更大差异的新的略微"欧化"的中国现代文学话语："林纾认为原文美中不足，这里补充以下，那里润饰一下，因而语言更具体、情景更活泼，整个描述笔酣墨饱。不由使我们联想起他崇拜的司马迁在《史记》里对过去传记的润色或增饰……（林纾）在翻译时，碰见他心目中认为是原文的弱笔或败笔，不免手痒难熬，抢过作者的笔代他去写。从翻译的角度判断，这

第 2 章　解构的文化转向：本雅明和德里达

当然也是'讹'。尽管添改得很好，终变换了本来面目……"[1] 这就相当恰如其分地评价了林纾翻译的功过得失。可以说，包括钱锺书在内的中国现当代不少作家和学者所受到的西方文学的影响，在很大程度上正是通过林纾这个中介而达到的，钱锺书本人对林纾的翻译的钟爱甚至超过了对原文的钟爱。至于他们在创作风格上所受到的外来影响，与其说是受到外国作家的直接影响，倒不如说是更直接地受到了林纾等翻译家的译文风格的影响。由此可见，优秀的译者产生出的译作与原作应当具有同等的价值，有时优秀的译作甚至能帮助原作在目标语中得到更广的普及和经典化。德里达的学术思想在英语世界的传播和实践在很大程度上也取决于其著作的英译，正是在那些英译者的能动性阐释和创造性翻译下，他的解构理论和美国本土的新批评原则相结合形成了一种独具美国本土特色的解构批评。对于这种有所变异而产生出的新的意义和新的批评流派，德里达本人是认可的，而且还为他的英译者提供了很大的帮助。尽管他的译著中难免有一些误读的成分，但在德里达本人的认可下，这些误读最终导致了目标语中的另一种形式的创新。那么德里达本人是如何看待对原作的忠实这一概念的呢？

他在细读本雅明的文章时发现，"'真实'（truth）这个词在《译者的任务》中出现了不止一次。我们绝不可以仓促地达到真实。只要它与其模式一致或者忠实原作，这对于翻译来说就不是一个真实的问题。它再也不是，对原作甚或对翻译来说，语言对意义或现实是否适当这个问题，确实也不是对某样东西的再现问题。那么在真实的名义下它究竟是什么东西呢？它会是那么新颖吗？"[2] 在这里，"真实"永远是没有终极的，它永远只是相对的。这也是解构主义哲学与马克思主义哲学的一个共同的命题：真理（真实）首先是相对的，无数相对真理之和才能构成绝对真理，只是解构主义有时过分强调真理的相对性而忽视了其绝对

1　钱锺书. 1981. 林纾的翻译. 北京：商务印书馆，26.

2　Derrida, J. 1985. Des tours de babel. Graham J. F. (trans.) In Graham J. F. (ed.) *Difference in Translation*. Ithaca & New York: Cornell University Press, 190.

性。运用到具体的翻译实践上,它的意思就是,既然翻译受制于巴别塔的原则,那么忠实也只能是相对的,绝对的忠实是不可能达到的,好的译者只能做到尽可能接近于真实(原作),而不可能等同于真实,这正是优秀的译作有可能高于原作并使原作获得新生的价值所在。因为"翻译为各种语言的和谐提供了一个空间……并不是只提供给一种对于某个外在内容是真实的和适当的语言,而是提供给一个真实的语言,一种其真实性只属于自身的语言。那是一个本真性的真实问题,也即行为或事件的真实,它属于原作,而非译作,即使原作已经处于一种要求或负债的境地。"[1]

由于德里达的这篇论文讨论的东西比较形而上和抽象,因而英译者在有些方面也把握不准,于是便在"译者注"中倾诉了如下坦言,"翻译是一门妥协的艺术,只是因为翻译的诸问题没有单一的解决方法,而且也不可能有任何解决方法能使人全然满意。最好的翻译只是在某种程度上多少比最差的翻译要好罢了。妥协同样也排除了一致性。"[2] 在这里,对于德里达著述的英译者来说,针对翻译的复杂性和多元性,这大概也是一个没有办法的解决办法了。

从上面的分析我们大概不难看出,巴别塔的原则体现在:翻译的必要性和不可能性的悖论是贯穿于德里达的解构主义翻译理论始终的一个核心概念,可以说,后来的解构主义翻译理论家和实践者正是在自己的理论研究和翻译实践中将他的原则付诸实施的。德里达的这一思想在他发表于 90 年代末的另一篇论文中也得到了进一步的阐释。

1　Derrida, J. 1985. Des tours de babel. Graham J. F. (trans.) In Graham J. F. (ed.) *Difference in Translation*. Ithaca & New York: Cornell University Press, 200.

2　Ibid., p. 205.

第 2 章　解构的文化转向：本雅明和德里达

什么是"确当的"翻译？

《什么是确当的翻译？》最初作为一篇学术会议发言于 1998 年宣读，后经过作者本人的改写和英译者劳伦斯·韦努蒂的翻译，发表在国际文学理论和文化批评的权威刊物《批评探索》（*Critical Inquiry*）第 27 卷第 2 期上，应该刊主编之邀请，韦努蒂还为德里达的这篇论文撰写了一篇导言，对其核心思想和主要观点作了简略的评介。[1] 据说这篇论文在会议上宣读时也和德里达的其他论文一样，听者如云，但真正听懂者却寥寥无几。有人认为，德里达确实高屋建瓴地为当代翻译研究制定了一些具有指导性的理论原则，使人们大开眼界；但也有人认为，他在提出翻译的标准时故意玩弄了一些玄而又玄的文字游戏，最后等于什么也没有说。更多的人则认为，他的这个理想化的、确当的翻译距离现实太远，而且在实践中也无法操作。其实这正是德里达的解构式理论阐释的高明之处：他总是留给读者一个开放的结尾，而把最后的结论留给读者自己去体会，去揣摩。

在这篇论文中，德里达对早先的不可译性做了一些新的发展和推进。他从差异的思维模式出发，对"什么是确当的翻译"[2] 或者说"什么是好的翻译"做了详细的界定，对翻译的标准问题及其终极意义等问题

1　Cf. Venuti, L. 2001. Introduction to Derrida's "What is a 'relevant' translation?" *Critical Inquiry*, 27 (2): 169–173.

2　国内也有学者，如蔡新乐，将该文标题译为"什么是相关的翻译"。虽然英文的 relevant 这个词有"相关"之义，但我们应当认识到，德里达作为一位善于玩弄文字游戏的大学者，往往所用的一个词里就有不同的含义。2001 年秋，我在读了这篇文章后，正好和德里达在北京见面，我便当面向他请教，这里 relevant 是否含有 closest to the original 或 best 或 most pointed to 等意，他笑着说，正是如此。显然，这个词所含的首先是"确当的"，其次才是"相关的"。在这方面，可参考蔡新乐的专著《相关的相关：德里达"相关的"翻译思想及其他》（北京：中国社会科学出版社，2007 年版），以及陈永国编《翻译与后现代性》（中国人民大学出版社，2005 年版）所收录的该论文的中译文。

表明了自己的看法。实际上，和他过去一贯坚持的立场一样，他在这里所指的"翻译"（translation）早已超越了"逐字逐句"的翻译之狭隘境地，而是将其提升到了一种在文化层面上对文字表层背后所隐含的意义的"迻译"或"阐释"。他不相信有某种绝对确当的翻译的合法性和本真性，在他看来，任何事物的存在都是相对于另一些事物的。因此"确当的"（relevant）翻译绝不意味着"翻译理论中的新鲜东西，尽管它必须受制于各种规定，在最近几百年里尤其如此"。[1] 德里达在任何时候都没有忘记解构的重要含义：真理的相对性和不可终极性。因此在他看来，绝对"确当的"翻译是不可能达到的，但是如果译者尽了最大努力的话，做到相对"确当的"翻译还是可以的，而无数译者的相对"确当"合在一起就能形成绝对的"确当"。在这里，我们已经看到了指涉（确当的）翻译的焦点正在转移：从纯粹语言学意义上的迻译过渡到能动的文化阐释和再现之境地。因而在这个意义上说来，德里达更可算作一位理论上和文化上的阐释者－翻译者，而非传统的文字意义上的翻译者。

众所周知，德里达喜欢词语（word），并且十分擅长玩弄文字游戏，但是这个"词语"在这里应当是大写的 Word（"道"或"逻各斯"），而非其字面意义，也同时产生了语言学层面和文化层面的意义："至于词语（在这里是我的主题）——语法或词汇都不能使我产生兴趣——我相信我可以说，如果我喜爱词语的话，那也只是其道地的单一体系这一点，也就是说，在得以产生翻译的激情的地方，就好像一束火焰或一个充满情欲的舌头伸过来舔它一样：开始时尽可能地靠近，然而却在最后的那一刻拒绝去威胁或还原，拒绝去消费或完成它，从而使得另一个身体依然完好无缺，但却仍促使他者出现——在这种拒绝或退却的边缘。"[2] 这种生动而又抽象的比喻惟妙惟肖地再现了德里达本人对词语的情有独钟，在一个更高的思想的层面上对翻译的理论和实践有着深刻的启迪

---

[1] Venuti, L. 2001. Introduction to Derrida's "What is a 'relevant' translation?" *Critical Inquiry*, 27 (2): 170.

[2] Derrida, J. 2001. What is a "relevant" translation? *Critical Inquiry*, 27(2): 175.

第 2 章　解构的文化转向：本雅明和德里达

作用。

从解构的不确定性和意义的不可终极性这一既定的思维定式出发，德里达还在文章中对翻译的标准问题做了描述和新的阐发。按照一种理想的翻译标准，人们一般认为，"没有一种翻译策略能够一成不变地紧紧依附于文本效果、主题、文化话语、意识形态或惯例。这种关联对于文化和政治情境而言是偶然性的，在这种情境下便产生了翻译者。逐字逐句的翻译策略实际上已经在翻译史上被人们反其意而用之了"。[1] 因而德里达便提出了他心目中的"确当的"翻译，在他看来，"简而言之，一种确当的翻译就是'好的'翻译，也即人们所期待的那种翻译，总之，一种履行了其职责、偿还了自己的债务、完成了自己的任务或尽了自己义务的翻译，同时也在接受者的语言中为原文铭刻上了比较准确的对应词，所使用的语言是最正确的、最贴切的、最中肯的、最恰到好处的、最适宜的、最直截了当的、最无歧义的、最地道的，等等"。[2] 这一连串的形容词最高级说明了这种"确当的"翻译并没有一个绝对的标准，它仍然处于一种未完成的过程中，仍有可以不断完善的余地，因此是一个相对的开放的标准。由此可见，德里达并不反对翻译的标准，他所规定的上述标准显然是一种很高的甚至是一种理想化的标准，但是这个标准却是一般的译者难以达到的，因而也就为后来的实践者留下了可以尝试着去达到的空间：这一连串的最高级形容词的使用显然是诉诸译者主观愿望的，并无任何客观的标准来衡量，因此最后所达到的结果只能取决于不同的译者所能达到的程度。确实，按照解构理论的原则，真理是不可穷尽的，你尽可以说你已经接近了真理，但你却无法声称你已经掌握了绝对的真理。用于翻译也是如此，每个译者都声称自己的译作最接近原作的意思，但没有谁敢于宣称自己百分之百地掌握了原作的意思并达到了绝对真实的再现之境地。因此这种真理的相对性原则也为原作的不

1　Venuti, L. 2001. Introduction to Derrida's "What is a 'relevant' translation?" *Critical Inquiry*, 27 (2): 172.

2　Derrida, J. 2001. What is a "relevant" translation? *Critical Inquiry*, 27(2): 177.

可再现性和译作的不断修改更新性铺平了道路，也在一个更高的层面上为文学名著的不断重译提供了合法性和理论上的依据。

当然，说一样东西既具有可译性又具有不可译性，这似乎显得相互矛盾，德里达本人也认识到了这一点，但是他依然提出了这样的问题，"人们怎么能敢于同时说没有一样东西是可译的，又没有一样东西是不可译的呢？人们必须诉诸什么样的翻译概念来阻止这一原则变得简直难以理解和自相矛盾（没有一样东西是可译的，没有一样东西是不可译的）呢？某种可以将可译和不可译相关联的经济实惠的条件就是，并不将其当作相同对相异，而是作为相同对相同或相异对相异。"[1] 在这里，他又重蹈了相对论的覆辙：任何东西都不可完全准确地翻译成另一种语言，但为了交流的方便，任何东西又必须被翻译成他种语言，否则不同语言文化背景中的人之间的交流就停止了，只不过不同的译者所产生出的译作的确当之效果不尽相同罢了。

当然，讨论可译和不可译的问题首先得从翻译本身的定义入手。在这里，德里达承认，不同的人从不同的角度使用翻译这个词，因而对之的解释也就不同："合法地使用'翻译'（*traduction, Übersetzung, traducción, translaciôn,* and so forth）这个词，经过了特定文化情境中（更为精确地或狭义地说，在亚伯拉罕和后路德时代的欧洲）的漫长和复杂的历史，在严格意义上说已经赋予它几百年的东西，因此译作必须在**数量上**（*quantitatively*）与原作相对等，除了那些诸如释意（paraphrase）、解释（explication）、注解（explicitation）、分析（analysis）等的东西外。"[2] 德里达在这里区别了翻译与释意、解释、注解和分析的不同：后面几种方法可以任意加进阐释者自己的理解和主观阐发，在字数上可以大大超过原作的字数，而翻译则不同，译作中不应该任意加上原作中没有的东西，它始终应该以原作作为衡量译作是否确当的标准，因此作为其标准之一，译作的字数也不应该和原作的字数有太大的差别。在他看来，"这

1　Derrida, J. 2001. What is a "relevant" translation? *Critical Inquiry,* 27(2): 178.

2　Ibid., p. 179.

第 2 章　解构的文化转向：本雅明和德里达

种计算数量的单位本身并不只是说明数量；它在某种程度上还说明其质量。"[1] 这样也就清楚地说明了翻译所应达到的精确性和确当性：尽管在纯粹的数量上不可能达到完全的对等，但译作在质量上则应该达到与原作的对等。当然，他也承认，用不同的语言翻译同一个文本时，是不可能在字符上一成不变的，尤其是西方语言文化系统以外的翻译，所以他特地用了"词"（word）来说明译作所应当达到的数量上的对应。在另一场合，为了明确地区分翻译与转换（transform）之间的差异，他还指出，"在它可能或似乎可能的极限内，翻译实践了所指与能指之间的差异。但是如果这一差异从来都不是纯粹的，那么翻译就更达不到如此境地了，因而我们就要用转换这个概念来代替翻译这个概念：即一种语言与另一种语言、一个文本与另一个文本之间的有规则的转换。"[2] 实际上，德里达这里所说的转换同时包括了语言和（文本）形式上的转换，因而在一个更广阔的语境下就是我们今天所说的文化翻译。这就是德里达的语言哲学之特色，这一点也成为他讨论翻译哲学的逻辑起点。

作为一位哲学家，德里达并不满足于就事论事式的发问，他尤其要从事物的本质入手，因此，他最终还是要回答"什么是翻译"这个问题。他指出：

> 一方面，它表达并宣布针对翻译的本质这个问题的雄心勃勃的反应已经完成（什么是翻译？）要知道确当的翻译可能意味着什么和是什么，那就必须知道翻译的本质、使命、其最终目标以及其天职是什么。
>
> 另一方面，不管正确与否，确当的翻译被假想为一种比不确当的翻译要好的翻译（better than a translation that is not relevant）。因此，不管正确与否，一种确当的翻译就被认为是所能达到的最好的翻译。所以，关于翻译的目的论定义，也即在翻译中实现的其本质的定义，就意味着对确当的翻译的界

1　Derrida, J. 2001. What is a "relevant" translation? *Critical Inquiry*, 27(2): 180.

2　Derrida, J. 1972. *Positions*. Paris: Minuit, 31.

定。那么,"什么是确当的翻译"这个问题就得返回到这样一个问题:什么是翻译?或者说什么才应当算作翻译?而"什么才应当算作翻译"这个问题又仿佛是同义地隐含着:什么才应当是所能达到的最好的翻译?[1]

这样的问题自然可以无限循环往复地追问下去,永远得不出最终的结论,但这样追根寻源式的发问最后又回到了"什么是确当的翻译"这个问题上来了。虽然这样的推论比较绕人,但隐含在其中的解释实际上已经部分地回答了这一系列的问题,从而使人们对他的充满相对论意义的翻译理论有了一个大致的了解。正如德里达著作的主要英译者斯皮瓦克所中肯地指出的:

> 然而,如果我们尊重德里达的话语,我们就不能如此轻易地发现他的谬误。就在他对形而上学的樊篱提出质疑时,他自己却被这种樊篱束缚了手脚,因此他就对他反复描述过的解读提供了自己的文本,这样一来,他的文本也和其他所有的文本一样,又表明了什么呢?其实,他并未能完美地运用自己的理论,因为成功地运用始终是延缓的。延异/书写/踪迹作为一个结构充其量不过是对尼采式的知识和忘却之游戏的谨慎表达而已。[2]

应该说,斯皮瓦克的评述是比较中肯的,她一方面肯定了德里达理论的革命性和解构性,但另一方面又指出了其不可避免的自我解构/建构性。当然,斯皮瓦克本人作为德里达著作的翻译者和阐释者,也有着与德里达相类似的经历。如果她说上述这番话时仍站在解构主义立场上的话,那我们也可以看看以翻译为主要研究对象的根茨勒是如何评价德

---

[1] Derrida, J. 2001. What is a "relevant" translation? *Critical Inquiry*, 27(2): 182.

[2] Spivak, G. C. 1974. Translator's preface. In Derrida J. *Of Grammatology*. Baltimore: The Johns Hopkins University Press, xlv.

第2章 解构的文化转向：本雅明和德里达

里达的：

> 德里达的翻译"理论"并非传统意义上的理论，它不具有规范性的作用，也没有提出一个更好的交流模式。但它倒是指出，人们往往较少地从模仿或复制的角度来考虑问题，而是更多地从不同的语言是如何相互关联的角度来考虑问题。标记、踪迹、与其他语言的近似在表达文本试图要表达的东西时纷纷出场了。因为在翻译中，语言在再次分开前必定要以各种细微的和顺带的方式相互接触；在命名和识别的行动阻止互动游戏之前各种可能性都出场了。海德格尔所指涉为不可把握之情景的瞬间时刻也许能在翻译活动中被译者超乎寻常地感觉到。德里达对翻译的兴趣在于命名发生之前的过程中,而那样"东西"却依然不在那里。因此翻译的过程实际上也就解构了文本并且回到某样东西被命名之前的一个时刻了，这样便使得意义重新传达或转向的路径变得清晰可见了。[1]

确实，德里达的翻译理论仅作描述，而不作规定，他给译者留下了充分展现其创造性才能的开放空间。在用差异/延缓的策略解构了既存的逻各斯中心之后，隐匿在背后的迟到的和不出场的意义实际上又构成了一个新的中心，因此这样的解构就永远不会完结。从上面的概述我们大概不难看出，无论是本雅明还是德里达，解构主义的翻译理论家至少没有虚无地对待翻译理论和实践中的各种问题，他们不断对既定的传统成规和翻译原则提出质疑甚至解构，使得传统意义上的诸如忠实、标准、原作、可译性和不可译性等核心原则都失去了其原有的意义，从而在解构的过程中又重新建立起了一套新的成规和原则，其中最为重要的就是原作本真性的不可再现性和译作的不可终极性或未完成性。此外，解构主义者介入翻译问题的讨论，也激活了一些本来已被认定为有了定论的

---

[1] Gentzler, E. 2001. *Contemporary Translation Theories*. (2nd ed.) Clevedon: Multilingual Matters, 165.

话题又有了可以讨论的余地。再者,解构主义在破除了结构主义的科学、僵化和刻板的模式后使得长期处于隐身地位的译者的作用得到了大大的彰显。这应该是解构主义翻译理论对文化转向的最重要的贡献。正如西方翻译研究领域内的一些有识之士所认识到的,解构主义介入翻译研究,无疑给这一长期由语言学家把持的封闭的领域吹来了一股文化的新风,"这一朝着一种更为哲学化姿态的转向——正是由于此,整个翻译的或然性得到了更为高度的重视——也许不仅对翻译理论有所裨益,而且在这样的一种交锋之后,曾经限制翻译理论发展的这种话语将始终如一地经历一场变革,最终融入新的理论洞见和新的跨学科研究方法并破除那些僵化的术语和观念的阻碍。"[1]

由于德里达的著作在英语世界的翻译和传播,以及美国的解构批评,尤其是"耶鲁学派"的批评性实践,解构主义首先在美国的文学理论批评界得到了长足的发展,它迅速取代了早先的新批评一统天下的局面,并很快使得美国批评界的"结构主义转向"变成"解构主义转向"。在翻译研究领域,解构主义也大行其道,它的一些基本原则吸引了一批一流的翻译研究者,解构主义的一些理论原则也很快地在他们的翻译实践和翻译研究中得到了进一步的阐释和发挥,尤其是后殖民主义翻译理论家的发挥,我们对此将辟专章进行讨论。当然,对于德里达的理论及其后而来的翻译研究中的解构主义转向,传统的翻译研究学者也持怀疑的态度。他们甚至认为,长期从事翻译研究的以色列学者吉登·图里(Gideon Toury)的多元系统翻译理论至少与之相平行,甚至在时间上还早于德里达,因此,德里达的理论根本算不上是一种新的语言理论,只不过是一种老的而且"十分带有规范性的"的理论:"解构欣赏的只是那种准则,而这种准则在经典的对立中只占据了当今的一个微不足道

---

1 Gentzler, E. 2001. *Contemporary Translation Theories*. (2nd ed.) Clevedon: Multilingual Matters, 146.

第 2 章　解构的文化转向：本雅明和德里达

的位置。"[1]尽管这样的评论不无尖刻和偏激，但至少从反面证明了一个事实：当多元系统理论被运用于翻译研究时，它充其量仅仅在一个相对狭窄的小圈子里产生了有限的影响，并没有对翻译研究的文化转向产生革命性的推进作用。而一旦德里达出场对翻译研究进行干预，这些翻译理论就被他的巨大阴影遮蔽了。因此我们可以这样认为，无论人们对解构主义的努力作何评价，客观上说来，翻译研究中的这种文化转向已经大大地向前推进了，并将在斯皮瓦克、韦努蒂等人的翻译理论和实践中被推向新的极致。

1　Van Den, B. R. 1988. Translation Theory after Deconstruction. *Linguistica Antverpiensia*, (22): 281.

第3章 解构与文化批判：翻译的归化与异化

由于翻译的重要中介作用，德里达的解构主义理论迅速地在英语世界得到了广泛、持久的传播和实践，尤其是在20世纪七八十年代的美国一度形成一个以耶鲁大学为中心的声势浩大的解构主义批评学派：当年的新批评派大本营摇身一变成了解构批评的重镇。由保罗·德曼、吉弗里·哈特曼（Geoffrey Hartman）、希利斯·米勒以及哈罗德·布鲁姆（Harold Bloom）四员大将组成了松散的文学批评"耶鲁学派"，而德里达则是他们的精神领袖和重要成员。当然，与人们所想象的不一样的是，耶鲁学派的批评理论是很不一致的：德曼和米勒始终是坚定的解构主义者和德里达的挚友，哈特曼则只是受其影响并尝试着运用解构主义方法于批评实践的一位解构主义的"同路人"，只有布鲁姆虽受到德里达及其解构主义理论的影响，但他从一开始就是解构的批评者，并最终与其分道扬镳。因此一些学者宁愿称他们为"耶鲁批评家"，以避免不必要的争议。尽管如此，这四位耶鲁批评家都在自己的批评实践中表现出了鲜明的解构倾向，但他们对翻译的关注有所不同：哈特曼几乎不大关注翻译问题，他主要研究英国浪漫主义诗歌，只写过一些关于文学文本的理论分析和阐释的文字；布鲁姆知识渊博，虽没写过翻译研究方面的专论，但是其著名的"误读"（misreading）理论却对翻译实践有着一定的影响；只有德曼和米勒对翻译给予过一定程度的关注，并写下了一些文字。[1]

---

[1] 关于德曼对翻译问题的见解，详见：De Man, P. 1986. Conclusions: Walter Benjamin's "The task of the translator". In *The Resistance to Theory*. Minneapolis: University of Minnesota Press, 73–105.

由于德曼早就于80年代初离开了人世，他对翻译研究的影响也逐渐淡去，我们在这一章里首先讨论当前仍十分活跃的米勒关于翻译的一些见解。

毫无疑问，没有专业翻译领域内的学者的大力实践和推广，解构主义翻译理论是无法在英语世界产生如此之大的持久性影响的。在这方面，劳伦斯·韦努蒂也做出了突出的贡献，他本人作为一位专业翻译家和有着鲜明解构主义倾向的文化翻译学者，也著述、翻译甚丰，并被认为是解构主义翻译在美国乃至整个英语世界的主要代表之一。[1]但实际上，从他本人对异化翻译和文化差异的强调来看，他的翻译理论更接近一种解构式的后殖民主义文化翻译。对于这种复杂的现象，国内外学者已作了初步的探讨，本章将花较多的篇幅讨论他的翻译思想及其对英语世界的翻译研究的文化转向做出的贡献。

理论的翻译与变异

在当今的欧美文学批评理论界，希利斯·米勒（J. Hillis Miller, 1928-2021）的影响始终是持久性的，这一点不仅为他在早年的现象学"日内瓦学派"中所起的重要作用所证实，更为他在70年代以"耶鲁学派"解构批评的重要代表之身份在北美批评界产生的重大影响所证实。确实，与一般的"在野"批评家所不同的是，米勒的地位不仅得到他自己的专业学术圈内人士的公认，同时也受到广大东西方文学理论界和比

---

[1] 其实，在根茨勒的《当代翻译理论》一书中，并没有明确地将韦努蒂纳入解构主义翻译理论家的行列，而是强调了他对翻译的文化转向的推进作用。国内学者郭建中是最早在中国的语境下介绍韦努蒂翻译理论的学者，这方面可参阅他的论文：《翻译中的文化因素：归化与异化》，载《外国语》1998年第2期；《韦努蒂及其解构主义的翻译策略》，载《中国翻译》2000年第1期。确实，从韦努蒂对德里达翻译思想的理解、阐释和追随来看，他的解构倾向是十分明显的，但另一方面，他作为一位（将次要语言译成主要语言的）翻译实践者，他的解构思想则更接近斯皮瓦克的后殖民批判策略。

第3章　解构与文化批判：翻译的归化与异化

较文学界同仁的认可和尊敬。尽管他在学术理论上素以激进著称，但他那温和宽厚的长者风范又使得他能很容易为各方面的人士所接受。

米勒出生于美国东部的弗吉尼亚州，早年曾就读于欧柏林学院和哈佛大学，1952年在哈佛大学获得博士学位，曾先后在约翰·霍普金斯大学和耶鲁大学任教，并担任过耶鲁大学英文系主任和研究生部主任，为美国大学培养了一批优秀的文学教师和研究者。自1986年以来，他一直担任美国厄湾加州大学英文和比较文学杰出教授（distinguished professor），虽然他早已年迈退休，但仍以该校批评理论研究所的杰出研究教授的身份活跃于学术界。他曾出任过著名的北美现代语言学会（Modern Language Association of America）主席，并被选为美国艺术与科学院（American Academy of Arts and Sciences）院士。

米勒自20世纪60年代在欧美批评界崭露头角以来，一直是美国文学批评理论界的风云人物。他著述甚丰，而且涉猎广泛，这在美国文学理论界和比较文学界实属罕见。他的主要著作包括《狄更斯的小说世界》(Charles Dickens: The World of His Novels, 1958)、《上帝的消失：五位十九世纪作家》(The Disappearance of God: Five Nineteenth-Century Writers, 1963)、《现实的诗人：六位二十世纪作家》(Poets of Reality: Six Twentieth-Century Writers, 1965)、《小说与重复：七部英国小说》(Fiction and Repetition: Seven English Novels, 1982)、《阅读的伦理》(The Ethics of Reading, 1986)、《皮格马利翁的诸种变体》(Versions of Pygmalion, 1990)、《霍桑和历史》(Hawthorne and History, 1991)、《维多利亚时期的主体》(Victorian Subjects, 1991)、《地志学》(Topographies, 1994)、《阅读叙事》(Reading Narrative, 1998)、《黑洞》(Black Holes, Co-author with Manuel Asensi, 1999)、《文学中的言语行为》(Speech Acts in Literature, 2001)、《他者》(Others, 2001)、《论文学》(On Literature, 2002)等。此外，他还在几十种英文期刊上发表了100多篇学术论文和批评文章，其中不少论文和著述被译成包括中文在内的多种文字。这些均反映了米勒那漫长但却复杂多变的批评道路和学术生涯。

翻译研究的文化转向（修订版）

　　和 20 世纪世界文论史上的另一些大师级批评理论家所走过的道路相似，米勒的批评道路也不是一帆风顺的。但是与他的一些学术同行所不同的是，他是一位从不满足于现状的学者型批评家，也即他的批评思想总是在不断地进行调整，从而使之能够适应变动不居的时代潮流。但是他也不是那种人云亦云的跟风派批评家，他自有自己独特的批评立场。作为一位主要从事英美文学和比较文学研究的批评家，他从事批评的出发点首先是语言，这也许正是他重视翻译问题的原因所在。作为一位文学研究者，米勒虽然关注一些社会问题和其他学科的热点问题，但正如他自己所言，他首先是一位文学研究者，他的文学研究始终离不开对文学文本的阅读和分析。他认为，所有阅读外国文学作品的读者实际上都经历了一种翻译，即使用原文阅读原作也是如此。他一以贯之的思想是，伟大的文学文本都内在有一些可供解构式阅读和尝试的成分，因而文学文本的意义可以有多种阐释，一文本与他文本的关系实际上是一种互文性关系，固定的解释是不存在的。对文本的解构永远是阅读文本和观察世界的一种基本思维方式。米勒的多学科知识面十分广博，他通晓英、法、德等多种欧洲语言，甚至在七十五岁之后还想学习中文。他对中国文学十分热爱，曾撰文呼吁美国高校的世界文学课应把中国文学名著《红楼梦》列入必读的经典书目，哪怕通过翻译来读也比不读要好。近二十多年来，他多次访问中国，在大陆和台湾的十多所高校和研究机构演讲，并在一些国际会议上作主题发言。近几年他虽然主要在家休息，但仍十分关注中国的文学批评论争，并与中国学者张江通过翻译的中介展开了卓有成效对话，对于中西方文学理论家的相互理解做出了贡献。[1] 虽然米勒在不同的场合提及了文学翻译和理论阐释问题，但他专门讨论理论翻译问题的文章只有那篇《越过边界：翻译理论》（"Border

---

1 关于米勒与张江的书信对话，参阅我应邀为美国《比较文学研究》编辑的两人的书信：Zhang, J. & Miller, J. H. 2016. Exchange of letters about literary theory between Zhang Jiang and J. Hillis Miller. *Comparative Literature Studies*, 53(3): 567–610.

第 3 章　解构与文化批判：翻译的归化与异化

Crossings: Translating Theory", 1993），这篇文章根据他在中国台北的"中央研究院"发表的演讲改写而成，收入他的演讲论文集《新的开始：文学和理论批评中的施为性地志》(*New Starts: Performative Topographies in Literature and Criticism*)。

在这篇论文中，米勒主要探讨的问题与赛义德的著名概念"理论的旅行"(traveling theory) 有些相似，但与之不同的是，赛义德并没有专门提到翻译对理论传播的中介和阐释作用，而米勒则强调了理论在从一个国家旅行到另一个国家、从一个时代流传到另一个时代、从一种语言文化语境被传送到另一种语言文化语境时所发生的变异。他认为造成这种变异的一个重要因素就是翻译。正如他的这本论文集最后定下的标题所显示的，理论经过翻译的中介之后有可能失去其原来的内在精神，但也有可能产生一个"新的开始"。强调作为"新的开始"的理论的再生是他这部文集的一个核心观点。他在文集的前言中首先以提问的方式问道：

> 当一部理论著作从一种语言被译成另一种语言，或从一种文化传载到另一种文化并在那里产生影响时，将会出现什么样的情况？诗歌和小说中的场景描写起到什么样的作用？这些描写是如何给读者一种伦理的要求，或迫使他／她具有伦理道德上的义务的？在何种意义上文学作品可以被说成是为读者或读者群体提供了新的开始？正如人们可以轻易见到的，这四者是密切相关的，因此便成了这个问题的四种形式：文学或理论不仅仅反映或描述其读者的文化，它们又是如何在那种文化中繁衍并产生新的东西的？[1]

1　Miller, J. H. 1993. Foreword. *New Starts: Performative Topographies in Literature and Criticism*. Taipei: Academia Sinica, vii. 对米勒的翻译观的阐释，还可参考宁一中的文章《米勒论文学理论的翻译》，载《外语与外语教学》1999 年第 5 期，第 37–39 页。

翻译研究的文化转向（修订版）

在这里，米勒一方面重申了解构主义翻译的原则，即翻译本身是不可能的，但在实际生活中翻译又是十分必要的，特别是文学作品和理论著作的翻译，因为它们内含深刻复杂的文化因素，因此要将其在另一种语言文化中再现就必须考虑到它们将带来的新的东西。这实际上是所有成功的文学和文化翻译的必然结果。他在接下来的正文中就从理论的翻译开始探讨这样的翻译可能带来的新的效果。

首先，米勒从自己的学术生涯之开始和发展谈起。他本人曾经是乔治·普莱的现象学批评"日内瓦学派"的重要成员，后来又是德里达的解构理论在文学阅读和批评中的主要实践者。他虽然通过法文直接阅读这两位法国理论家的著作，但即使如此，其中也避免不了翻译的因素。因此，在他看来，"在某种意义上，即使一部作品被属于另一个国家和另一种文化的人以原文的形式来阅读，但它毕竟还是'被翻译'、被移位、被传载了。以我自己的情况来看，我从乔治·普莱的著作以及后来的雅克·德里达的著作中学到的东西（当我初次阅读这些著作时），无疑应该是一些在他们看来有点奇怪的东西，尽管我可以通过法文原文来阅读它们。虽然我通过原文来阅读这些著作，但我还是将普莱和德里达'翻译'成了我自己的表达风格。"[1] 显然，米勒在这里所提到的他的翻译经验不同于一般人的翻译体会：一般人之所以阅读译作，是因为他们无法读懂原作，因此不得不求助于译作的中介。而在米勒看来，翻译的作用在阅读中几乎无所不在：即使是通过原文来阅读一部理论著作，读者仍然经历了某种翻译的中介。因为作为读者的米勒本人并不属于原作的那个（法语世界的）语言和文化语境，因此在阅读过程中，他很快就通过自己大脑内储存的文化理论迅速地将其转化成自己的母语。如果他给学生上课，这些理论思想就会通过他的母语英语的形式传达给学生；同

---

[1] Miller, J. H. 1993. Foreword. *New Starts: Performative Topographies in Literature and Criticism.* Taipei: Academia Sinica, vii. 对米勒的翻译观的阐释，还可参考宁一中的文章《米勒论文学理论的翻译》，载《外语与外语教学》1999年第5期，第3页。

第3章 解构与文化批判：翻译的归化与异化

样，如果他在此基础上写出自己的论文或专著，这些理论思想也将连同他自己的体会和感受一并通过母语英语表达在其字里行间。所以，这也是一种翻译，而且是一种深层次的转换生成式的翻译，所带来的结果就是某种新的东西的产生。这应该是米勒对理论翻译的一种期待，这也说明，德里达的理论在美国被翻译和被接受大致属于这种情形。

那么，理论是不是也和一些结构复杂、写得非常精致的文学作品一样是不可译的呢？如果情况果真如此的话，那么理论又如何谈得上"旅行"到另一国度或语言文化中去发挥普适性的作用呢？对此，米勒辩证地指出，"可以想象，真正的文学理论，也即那个货真价实的东西，也许不可能言传或应用于实际的批评之中。在所有这些意义上，即语词是不可能传送到另一个语境或另一种语言中的，因而理论也许是不可译的……翻译理论就等于是背叛它，背离它。但是，事实上，某种叫做理论的东西又确实在从美国被翻译到世界各地。这种情况又是如何发生的呢？"[1] 若仔细琢磨米勒的这段带有反讽和悖论意味的文字，我们大概不难发现他的真实意图，也即在他看来，一种理论的本真形式确实是不可翻译，甚至不可转述的，因为即使是经过老师用同一种语言向学生转述，都有可能悖离理论家的本来意思，更不用说翻译成另一种语言了。现在世界各国的学术理论界不遗余力地从美国翻译来的一些最新的理论思潮实际上大都出自欧洲，只是这些理论要想产生更为广泛的影响，就必须经过美国和英语世界的中介，所以这样一来，理论至少经历了两次或两次以上的翻译。但是，正如本雅明所指出的，一部作品，包括理论著作，如果不经过翻译的中介，也许会早早地终结自己的生命。只有经历了翻译，而且不止一次的翻译，它才能始终充满生命力。也许它每被翻译成一种语言，都有可能失去一些东西，或者经历被曲解、被误读的过程，

---

[1] Miller, J. H. 1993. Foreword. *New Starts: Performative Topographies in Literature and Criticism*. Taipei: Academia Sinica, vii. 对米勒的翻译观的阐释，还可参考宁一中的文章《米勒论文学理论的翻译》，载《外语与外语教学》1999年第5期，第6页。

翻译研究的文化转向（修订版）

但最终它却有可能在另一种文化语境中产生出一些令原作者始料不及的新的东西。这应该是理论旅行的必然结果。我们完全可以从德里达的解构主义哲学思想在经历了翻译的作用后迅速在美国演变成一种具有强大冲击力的解构式文学批评这一案例中见出端倪。尽管法语世界的德里达崇拜者也许会指责美国人对他的理论多有误读和误解，但德里达本人对自己的理论在美国的普及和推广却是十分高兴的，因为他的理论终于实现了从边缘走向中心，进而走向全世界的目标，最终成为一种具有相对普适意义的哲学思想、阅读策略和文学批评方法。这一点确实是他本人所始料不及的，同时也是一些与他的名气和地位相当的法国同行所无法比拟的。

由于米勒在大学时曾修过物理学，后来决定改学文学，因此他对自然科学的规律也比较熟悉，并在不少著述中有意识地将自然科学的一些最新成果用于文学现象的分析。在这篇论文中，他经过一番比较研究后指出，"尽管理论也许像技术革新一样显得具有非个人性和普适性，但实际上，它毕竟是从一个特殊的地方、时间、文化和语言中生长出来的，因此它始终与那个地方和语言有着紧密的联系。当理论被翻译或被传送时，当它越过边界时，也将其原初的文化一并带过来了。翻译既然有着十分卓越的业绩，那么就有必要从自己的语言和文化根基中梳理出一个既定的理论构想，因而假定有人希望去做这样的工作。"[1] 米勒在这里之所以将理论比作技术革新，是想强调它的普适性和可应用性。因为一种新的技术一旦被发明，它就可以被不同国家的人们所使用，最终成为具有普适性的东西。理论虽与之有相同的地方，但与纯粹的技术革新所不同的是，理论是人通过大脑在特定的时间和地点构想出来的，因而带有很高的思想文化内涵，并受制于特定的语言文化语境，理论的旅行所到

---

[1] Miller, J. H. 1993. Foreword. *New Starts: Performative Topographies in Literature and Criticism.* Taipei: Academia Sinica, vii. 对米勒的翻译观的阐释，还可参考宁一中的文章《米勒论文学理论的翻译》，载《外语与外语教学》1999 年第 5 期，第 8 页。

第 3 章　解构与文化批判：翻译的归化与异化

之处，这些文化成分必然随其而至。这些本来带有鲜明的本土特征的文化内涵在经过全球化普适性的中介后随即又在另一具有本土色彩的文化土壤中驻足，因而它必然和新的文化土壤发生碰撞和接触，其中的一部分也许被融入新的文化土壤，经过与后者的互动之后产生出一种新的东西，而另一部分也许就在旅行和被翻译的过程中失去了。这也许就是我们常说的翻译的功过得失吧。

如上所述，米勒提出理论观点的方式总是建立在仔细阅读文本之基础上的，因而给人的印象是不仅在理论原则上有所启示，即使在具体操作的层面上也切实可行，这一特点也体现在他的这篇演讲中。在讨论了理论翻译的一般原则之后，他接下来通过细读圣经中的"路德"故事，指出翻译必不可少的失却："没有哪个翻译可以使头韵、换音词的共鸣，以及语词、母题和事件的重复的细微之处保存不变，因为它本身组织解构了这一文本并且通过喻指圣经的其他部分而将其连接了起来。"[1] 但是如果译作在整体上给目标语文化带来了新的东西，那就应该说是一种成功。确实，圣经故事已经经历了几十种不同的语言翻译，它在每一种语言文化语境中所产生的作用都不尽相同。而专门研究圣经在全世界的接受历史的学者则可从这众多的译本中梳理出一条新的线索：圣经的翻译、旅行、接受和再生。这也许正是圣经经久不衰的一个重要原因，在这方面，翻译无疑起到了不可替代的作用。

按照解构主义的原则，文本的阐释是没有终结的，它始终为未来的再度阐释而开放。一种理论要想具有普适的价值和意义，就必须对各种语言的阐释和应用开放，得到的阐释和应用越多，它的生命力就越强劲。同样，被翻译的语言越多，它获得的来世生命也就越持久，因为在米勒看来，"理论的开放性是这一事实的一个结果，即一种理论尽管以不同

---

[1] Miller, J. H. 1993. Foreword. *New Starts: Performative Topographies in Literature and Criticism.* Taipei: Academia Sinica, vii. 对米勒的翻译观的阐释，还可参考宁一中的文章《米勒论文学理论的翻译》，载《外语与外语教学》1999 年第 5 期，第 13 页。

的面目出现，但都是对语言的施为的而非认知的使用……在那些新的语境下，它们使得，或者也许歪曲了，新的阅读行为，甚或用理论的创始者不懂的一些语言来阅读作品成为可能。在新的场所，在为一种新的开始提供动力的同时，理论将被剧烈地转化，即使使用的是同样形式的语词，并且尽可能准确地翻译成新的语言也会如此。如果理论通过翻译而得到了转化，那么它也照样会在某种程度上使它所进入的那种文化发生转化。理论的活力将向这样一些无法预见的转化开放，同时，它在越过边界时把这些变化也带过去并且带进新的表达风格中。"[1] 在这里，翻译（translation）实际上扮演了转化（transformation）的角色，文化翻译也就成了一种文化的转化，同样，理论的翻译实际上就是一种理论的变异。这一过程不仅转化了目标语的语言风格，而且甚至转化了目标语的文化，并且带入了一种新的理论思维方式，这一点往往是理论的提出者所始料不及的。[2]

由于翻译带来的失却和转化，原作的本真形式确实是不可再现的，因此，"原作是永远也不可能恢复的，因为它再也不可能像任何表达出来的东西那样而存在，它也不可能用任何语言得到表达。理论的翻译因此就是对误译的误译（mistranslations of mistranslations），而不是对某些权威性的和清楚明白的原作的误译。"[3] 在这里，米勒用解构的利器将理论的本真形式消解了，而且他从用原文来阅读理论本身入手，强调了理论的不可译性，任何（用原文）转述和用另一种语言来翻译理论的实践

---

[1] Miller, J. H. 1993. Foreword. *New Starts: Performative Topographies in Literature and Criticism*. Taipei: Academia Sinica, vii. 对米勒的翻译观的阐释，还可参考宁一中的文章《米勒论文学理论的翻译》，载《外语与外语教学》1999 年第 5 期，第 25–26 页。

[2] 近年来，米勒更为关注全球化语境下的文化翻译的作用以及文学的地位，关于这方面的著述，参阅他的论文: Miller, J. H. 2007. A defense of literature and literary study in a time of globalization and the new tele-technologies. *Neohelicon*, 34(2): 13–22.

[3] Ibid.

第 3 章　解构与文化批判：翻译的归化与异化

只能导致误译，这也如同布鲁姆所说的误读一样，但这二者并非坏事，因为在误读或误译的过程中，一种意想不到的结果——"新的开始"诞生了，从而使得原来的那种或许已经丧失活力的理论获得了开始在新的语言文化语境中发挥作用的机会。这应该说是翻译功大于过的地方，同时也是翻译的必不可少之处。理论著作的翻译尚且如此，更不用说有着巨大的审美空间和张力的文学作品的翻译了。当然，这些例证我们也可以在古今中外的文化翻译史上见到。[1]

如果说，本雅明在讨论文学翻译时仅仅强调了译作的来世生命的话，那么米勒则依循这一思路，将其用于理论的翻译，并通过强调理论的翻译可以导致"新的开始"而在一个理论的层面发展了解构主义翻译理论的"来世生命说"。毫无疑问，这不仅推进了翻译研究的文化转向，而且对于比较文学学者从接受-影响的角度来考察一种理论（经过翻译的中介）在另一文化语境的接受、误读和转化过程也有着极大的启迪。这一点尤其适用于我们对包括马克思主义在内的各种西方理论的"中国化"现象的考察研究。关于这一点本书后面将专门讨论。

异化与归化的张力

最近十多年来，在国内外的翻译界和理论研究界，从文学和文化翻译的角度讨论异化和归化翻译的文章日益多了起来，确实，异化和归化问题本身就是文学翻译和文化翻译二元对立之处，尤其是在将外来文学和文化观念译成本民族语言时，这一矛盾就更为突出：当本民族的语言文化处于强势地位时，翻译过来的作品不仅在语言的使用上，甚至在特定的表达风格等具体形式上都必须符合本民族语言习俗的要求，否则

---

[1] 关于理论的翻译及在另一语言文化土壤中具有的"新的开始"，可参阅生安锋对后殖民主义在中国的翻译和变形的长篇论义《理论的旅行与变异：后殖民理论在中国》，载《文学理论前沿》第五辑（2008），北京：北京大学出版社，第 121-164 页。

翻译研究的文化转向（修订版）

读者就不认可你的翻译，或者认为你的翻译是失败的；反之，当一种民族语言文化处于弱势时，或者说需要求助于外来的翻译文化时，异化翻译的论点就会占据上风，因为外来的影响可以加速本民族语言文化的变革。中国"五四运动"前后对外国文学作品和学术思想的大规模译介就体现了这种要求，"五四"先驱者们的目的主要在于这两个方面：促成中国文化和政治现代性的形成，以及中国现代文学语言的革新。可以说这两个目的基本上都达到了，但也留下了许多至今仍然颇有争议的东西。最近几年在国内文学理论界广为人们谈论的中国文学理论批评"失语"的现象大概就是对之的一个反应。至于个别翻译文本的忠实、通顺与否，只是翻译批评界讨论的对象，并不涉及语言文化的革新和认同等问题。现在国内的情况也大致如此，介入异化-归化翻译讨论的学者一般都把焦点集中在对这一对概念阐释得最为清楚有力的美国学者韦努蒂的著述上。尽管这一对概念并非韦努蒂本人首创，[1] 但韦努蒂毕竟专门为此写了一本书，题为《译者的隐身——一部翻译史》，系统地阐发了异化和归化的翻译策略，并试图通过这两种翻译方法或策略之间的张力和互动关系来描述自17世纪以来英语世界的文学翻译史。

除了这本类似翻译史的专著外，韦努蒂还写了许多其他重要的著作，并翻译了大量的文学作品和理论著作，主要是将意大利文学作品译成英文，这与他祖先的文化背景和他本人的专业方向不无关系。韦努蒂出生在美国费城南部，并在那里长大，20世纪70年代他在坦普尔大学主修英国文学，后于1980年在哥伦比亚大学获得英文和比较文学博士学位。韦努蒂毕业后回到母校坦普尔大学担任助理教授，之后不断升迁，现任该校英文教授。作为一位翻译家和理论家，韦努蒂讨论文学和文化翻译的著作很多，其中包括：《翻译的重新思考：话语、主体性、意识形态》(*Rethinking Translation: Discourse, Subjectivity, Ideology,*

---

[1] 在这方面，王东风认为，在中文的语境下，鲁迅的翻译实践和对翻译中的异化风格的倡导要早于韦努蒂，参阅他最近的论文《韦努蒂与鲁迅异化翻译观比较》，载《中国翻译》2008年第2期，第5-10页。

第 3 章 解构与文化批判：翻译的归化与异化

1992）、《译者的隐身——一部翻译史》(*The Translator's Invisibility: A History of Translation*, 1995)、《翻译的耻辱：走向一种差异的伦理学》(*The Scandals of Translation: Towards an Ethics of Difference*, 1998)、《翻译改变了一切：理论与实践》(*Translation Changes Everything: Theory and Practice*, 2013) 等，并编有《翻译研究读本》(*The Translation Studies Reader*, 2nd ed., 2004)。此外，他还在包括《批评探索》《比较文学》《纽约时报书评》等十多种著名的学术期刊和评论报刊上发表了数十篇论文，在学界产生了广泛的影响。在英语中心主义占统治地位的美国学术界，翻译学被长期压抑在学术体制的边缘，而韦努蒂的异军突起则大大地推进了人文学科领域内的翻译研究，他本人也成了自勒弗菲尔之后美国最著名的翻译理论家之一。一般认为《译者的隐身——一部翻译史》（后简称《译者的隐身》）是他讨论翻译问题的代表性著作。

从书名《译者的隐身》我们大概不难看出，这本书以一种后殖民文化批判的姿态全面审视了 17 世纪直至当下西方的文学翻译，主要是英语世界的文学翻译的历史。韦努蒂从纷纭变幻的各种翻译观念中梳理抽象出大致平行又交错发展的两种翻译取向：诉诸目标语读者阅读习惯的通顺-归化（domesticating）翻译观，和诉诸目标语的转化的抵抗式的异化（foreignizing）翻译观。前者代表了一种我族中心主义的帝国主义强势文化策略，后者则是一种"去中心化"的解构式的后殖民主义翻译观，韦努蒂显然是异化翻译观的赞同者和发扬者，他从德里达的解构理论那里受到启发，承认不同的语言文化之间的差异以及翻译的既不可能又不可或缺的悖论，呼吁通过强调一种异化翻译来结束译者的隐身状态，从而弘扬了译者的主体性和创造性建构。这应该说是《译者的隐身》一书的主要写作目的。同时，韦努蒂也试图通过对英语文化霸权的后殖民主义式的批判，"从根本上彰显差异的存在和对差异所采取的强势手段。"[1]

---

[1] 参阅封一函，《论劳伦斯·韦努蒂的解构主义翻译策略》，载《文艺研究》2006 年第 3 期，第 41 页。

翻译研究的文化转向（修订版）

　　这本书共分为七章，作者分别从不同的语言文化的翻译状况梳理了西方，主要是英语世界，文学翻译史上的异化和归化翻译观发展的历史和张力。在第一章中，作者开宗明义地指出，在漫长的西方文学翻译史上，译者的地位一直是备受压制的，与作者相比，译者始终处于一种"不可见"的隐身地位，读者的需求在很大程度上取代了译者自身的美学追求。久而久之，译者们往往自觉或不自觉地达成了这样一个共识，即译文必须无条件地忠实于原文，从而呈现出一种"透明的"（transparent）状态，而这种使译文"透明"的理想并不要求译者屈从于原作的意思，而是迫使译者尽力去保证译作在文字表达上的通顺流畅，丝毫不流露出翻译的痕迹，更不能显示出译者本人的译文风格。人们只要浏览一下散见在各种报纸杂志上的一些评论，就可见出这种通顺的策略在英语世界文学翻译中的广泛持久的影响。韦努蒂则反其道而行之，一开始就揭示了译者所处的被动不利的地位，为之后大力弘扬译者的权益和地位埋下了伏笔。在第二章中，作者追溯了英语世界文化中的归化翻译的起始和沿袭，认为它始于17世纪的英国，其代表人物是丹纳姆（Sir John Denham）和德莱顿，在当时人们的心目中，为了使译作满足大多数读者和市场的需求，一般的译者总是对译作进行归化式的处理，努力使译文读起来流畅通顺，使其与原文相差无几，甚至尽可能地不显露译者的痕迹。从那时起，归化即通顺这一标准实际上就成了衡量一部文学作品的翻译是否成功的一个重要标志。这实际上在很大程度上扼杀了译者的创造性劳动，但另一方面也为其对立的方向——异化翻译的崛起埋下了伏笔。在第三章中，作者开始探讨文学翻译中的异化趋势的兴起，这种方法始于施莱尔玛赫于1813年作的一次演讲。在那次演讲中，异化和归化被当作翻译的两种基本方法被施莱尔玛赫正式提出，并贯穿此前和之后的西方翻译发展史的始终。后来的翻译研究者一般认为，施莱尔玛赫的那次演讲是异化翻译兴起的重要标志。由于袭来已久的归化翻译之传统，异化翻译在当时的英语世界中仍处于不重要的地位，它仅在一个相对狭窄封闭的小圈子内得到少数人的认可，但毕竟文学翻译界归化思

第3章　解构与文化批判：翻译的归化与异化

想一统天下的局面已经被打破，翻译界出现了异样的声音，标准英语中也出现了一些带有异国风情的外来语和表达法。第四章是个案研究，作者以自己所熟悉的意大利文学为例，肯定了意大利作家兼翻译家塔尔凯蒂（Iginio Ugo Tarchetti）的异化式改写和翻译给当时的意大利文坛吹来的一股新风。他指出这种改写式的翻译实际上起到了本民族文学所起不到的作用，对本民族的文学和文化变革起到了有力的推进作用。在第五章中，作者着重从美国意象派诗人庞德的翻译实践强调指出，由于长期以来的翻译"透明"和通顺等归化式的标准的影响，现代主义文学所倡导的异化翻译策略并不能为广大译者和读者认可，读者所希望的归化翻译仍在相当的程度上占据上风。现代主义的翻译实验充其量只能在一个由少数人组成的精英圈子内得到承认，或供少数学院派的翻译研究者们讨论。在第六章中，作者以自己对意大利诗人德安吉利斯（Milo De Angelis）的翻译为个案，提出了一种抵抗式的翻译策略以再现原诗歌的特征，同时也试图强调译者与原作者应享有的同等地位。在最后一章，作者提出，译者应当采用一种抵抗式的翻译策略，这样既有利于保存原作的异国风情和格调，也可以彰显译者本人的地位，使其从"隐身"的次要地位逐步上升到"显身"的突出地位。在作者看来，优秀的译者应该是一位创造性的作家，他/她因此应该受到与原作者同样的看待和尊重，尤其是文学翻译更是体现了译者的创造性劳动。但在目前这个不利于翻译的大环境下，文学翻译的形势并不令人乐观，因此翻译界的同仁应该付诸行动，努力促成多种翻译理论和实践共存的多元格局。

纵观全书丰富的内容和详细的史实描述，我们可以从中概括出两大革命性的思想：异化与归化的张力，以及译者主体性地位的弘扬和对殖民话语的解构式抵抗。所以就这一点而言，尽管异化和归化的翻译观念并非韦努蒂首创，但正是通过韦努蒂的理论阐述和创造性发挥，它们才成为当今这个后殖民语境下广为翻译研究者讨论的理论话题。下面我们就这两点展开讨论。

如前所述，翻译界的学者都知道，异化和归化说起始于德国神学家

翻译研究的文化转向（修订版）

和语言哲学家弗雷德里希·施莱尔玛赫（Friedrich Schleiermacher, 1768–1834）1813年6月24在柏林的皇家科学院作的一次演讲，题为《论翻译的不同方法》（"Ueber die versschiedenen Methoden des Uebersetzens"）。在那次演讲中，施莱尔玛赫正式提出了这两种既迥然不同但却又相辅相成的翻译方法：

> 但现在真正的译者，也即那些真想把这两种方法截然分开的人——他的作者和他的读者——拉到一起来的译者，往往帮助后者去获取对前者的最为正确和完整的理解和欣赏，但却没有迫使他走出自己的母语，这样一来，为了那个目标，对译者开放的是什么样的路径呢？依我之见，只有两种方法。要么译者尽可能地不去打扰作者，让读者屈就作者，要么他就尽可能地不去打扰读者，而让作者屈就读者。这两种方法彼此是十分不同的，因而必须严格地坚持其中的一种，因为如果忽视了它们就有可能产生极不可靠的结果，而且很可能，作者与读者是根本走不到一起来的。[1]

在这里，施莱尔玛赫从纷纭复杂的翻译方法中梳理出两种最具有代表性的方法，而且，他表明了自己是赞成异化翻译的，因此在韦努蒂看来，英语世界中异化翻译兴起之标志就始于这篇有着广泛持久影响的演讲。韦努蒂作为异化论的支持者和发扬者，在批判强势文化对翻译的归化策略的同时，试图强调一种异化式的后殖民抵抗策略，以抵抗归化对弱势语言文化的施暴和打压。国内有人将异化等同于直译，显然是远远不够的，因为直译主要是就翻译的语言层面的转换而言，而异化则含有深刻的文化转化、文化批判和解构的意义。照现有的研究之归纳，韦努蒂的异化翻译理论显然不能等同于传统翻译方法中的"直译"，它有着

---

[1] Quoted in English from Schulte, R. & Biguenet, J. (eds.) 1992. *Theories of Translation: An Anthology of Essays from Dryden to Derrida*. Chicago & London: The University of Chicago Press, 41–42.

第 3 章　解构与文化批判：翻译的归化与异化

更为丰富复杂的文化内涵，具体表现为七个方面：（1）异化之"异"表现为翻译的"选材之异"；（2）表现为翻译的"语言之异"和"文化之异"，而且后者的特点更加鲜明；（3）表现为译文的"文体之异"；（4）这种"异"有一个度的问题；（5）作为一种文化策略，异化翻译具有文化干预的功能；（6）作为一种少数人的尝试或小众的翻译策略，它有着强烈的"精英主义意识"；（7）异化翻译有着提升译者和译文的文化地位的企图。[1] 当然，由此我们还可以再总结出更多的特征，但这七点已足以说明异化翻译观的深刻文化意蕴。由此可见，韦努蒂对异化翻译的强调有着深刻的文化批判之含义，是整个翻译研究的文化转向中的一个重要阶段。但是在长期的翻译实践中，人们究竟是如何实施一种异化翻译的呢？它又是如何在漫长的西方翻译史上异军突起进而成为一个逐步带有普适意义的翻译方法和文化批判策略的呢？这些我们均可以通过仔细阅读韦努蒂的专著看出。

在《译者的隐身》的第一章，韦努蒂就指出了这样一个发人深省的现象："在英语翻译中占主导地位的通顺已成为报纸杂志上的评论之典范"，而且人们可以据此推论，"译文越是通顺，译者就越是不可见；因而外国文本的原作者或意义就越是显身。"[2] 这种规范是如何形成的呢？它的目的究竟何在？众所周知，当一个民族迫切地需要从外国文学中汲取营养来推进自己本民族的文学事业时，往往会表现出一种原作崇拜的心理，译者首先得承认原作的经典性和偶像性，努力使自己屈就原作，忠实原作，甚至在翻译中尽可能地模仿原作的一切。但另一方面，面对国内的图书市场和广大读者，译者又不得不屈就于另一个上帝，而不得不把自己在译作中有可能流露出的译者的痕迹抹擦干净，使译作呈现出"透明的"状态。韦努蒂接着指出，就是这种"透明"的幻象在作祟，"英语翻译中存在的这种透明的主导性反映了其他文化形式，包括其他写作

---

[1] 参阅蒋骁华、张景华.《重新解读韦努蒂的异化翻译理论——兼与郭建中教授商榷》，载《中国翻译》2007 年第 3 期，第 40-41 页。

[2] Venuti, L. 1995. *The Translator's Invisibility: A History of Translation*. London & New York: Routledge, 2.

翻译研究的文化转向（修订版）

形式中的相类似的趋势。20世纪的科学研究所带来的巨大的经济和政治权力，战后发达的传播技术的更新对广告业和娱乐业的发展以及商品生产和交换的经济循环的支持——所有这些发展均影响了每一种媒体，无论是印刷的或电子的，它们通过对语言和其他再现手段的纯粹工具性使用来对之进行估价，从而强调直接的清晰性和真实性的显现。"[1]这就深刻地揭示了隐于这种通顺的译作表象之背后的巨大政治和经济利益。在文化交流和传播中，译者充其量只是一个工具，他往往处于一个被"雇佣"的被动地位，因此他不可能与原作者享有同样的地位并受到同样的尊敬。更有甚者，有些科技和商业翻译的版权往往被使用方一次性买断，并迫使译者放弃署名权。但韦努蒂在书中想指出的恰恰是，这种现象出现在战后的后工业和后现代消费社会绝不是偶然的，它有着长期的历史延续性。因此要消解译作的透明性和译者的隐身性就得从历史和文化的根基来着手。通过仔细的考察和研究，韦努蒂发现，英语文化的强势和中心地位是它得以保持其文化霸权和对其他语言文化施加暴力的基础。

但是，在语言文化上施加暴力并不是单方面的，强势语言文化可以打压翻译，翻译也可以通过反打压的策略来抵抗强势语言文化的入侵，因而所呈现出的情况常常是一种后殖民式的"相互作用"和"相互渗透"，这一点尤其体现在文学和文化翻译的实践中："翻译的暴力效果在国内外都可以感觉到。一方面，翻译在建构与外国文化的民族认同方面掌握着巨大的权力，因而它潜在地介入了道德规范、区别对待、地缘政治对峙、殖民主义、恐怖主义和战争等。另一方面，翻译在目标语文化中对文学经典的维护或修正方面又可以利用外国文本，从而，例如，用目标语中竞相争夺文化主导地位的各种诗学的和叙述的话语来帮助诗歌和小说载入史册。"[2]中国"五四"时期大规模译介外国文学作品，从某种程度上就帮助建构了一种中国现代文学经典：它既不同于中国古典文学，

1　Venuti, L. 1995. *The Translator's Invisibility: A History of Translation*. London & New York: Routledge, 5.

2　Ibid., p. 19.

第 3 章 解构与文化批判：翻译的归化与异化

也不同于西方现代文学，因此它可以同时与这二者进行对话。[1] 我们从异化-归化翻译的角度来考察中国现代文学史上出现的翻译文学，完全可以肯定，这一新的现象的出现是异化和归化相结合的产物，而且最终的结果是归化占据上风。对于这种实践的成败得失，学术界至今仍有争论，但客观上说来，中国语言文化的现代化步伐却是无法被阻挡的。中国现代文学史上小说地位的不断提高大概就与翻译文学的冲击有着直接的影响。众所周知，中国古代曾有过"诗的王国"之称，即使到了"五四"时期，在大面积地翻译外国小说和上演外国戏剧的风潮之下，诗歌地位也依然不可动摇。而到了当今时代，尽管整个文学都处于不景气的状况，但相比而言，小说仍居于各文类之首，戏剧（主要是话剧和京剧）由于其表演性和能够吸引一些票友而位居第二，诗歌则被打入了冷宫。除了已经成名的诗人外，新崛起的青年诗人往往要支付可观的一笔资金自费出版诗集，但出版后充其量也只能在一个十分狭窄的小圈子内流行或自我欣赏。取而代之的是，包括纪实文学和传记作品在内的各种亚文学文类作品则充斥图书市场，并逐步地蚕食文学市场。近几年新崛起的网络文学更是对纸质出版物构成了严峻的挑战。理论的翻译也形成了一种独特的景观：尼采、海德格尔、萨特、弗洛伊德以及德里达的理论著作不仅是专业理论工作者的必读书，甚至一度成了稍有一些理论知识的人们的"消费品"。在研究现当代西方文学理论对中国当代文学批评话语的渗透和生成性影响时，有学者建议区分这两个概念：西方文论和汉译西方文论，因为这二者是不同的，其主要原因就在于翻译的中介。[2] 正是通过翻译的中介和革命性转化，中国当代文学理论批评中充斥了各种西方的话语，因此推而论之，有人竟认为中国当代文学理论批评患了"失语

---

1 关于翻译对中国现代文学经典建构的作用，可参阅拙作《现代性、翻译文学与中国现代文学经典重构》，载《文艺研究》2002 年第 6 期。

2 参阅代迅文章《新时期文学理论三十年：回顾与反思》，载《文学理论前沿》第五辑（2008），北京：北京大学出版社。

症",当代学者所使用的所有批评概念和理论模式都无一不来自西方。[1] 这在翻译研究界也有反响,对此我们将专门予以讨论。

为了反拨翻译史上归化翻译一统天下之局面,韦努蒂在消解了归化-通顺这个虚幻的中心意识之后,从自己的翻译实践出发,以便着手建构一种后殖民主义的抵抗式的异化翻译。但是正如他在书中所坦言的,即使是像他本人这样一位蜚声文坛的翻译大家,要尝试一种异化翻译也困难重重,当他完成了意大利诗人德安吉利斯的诗歌翻译后将译稿寄给出版社时,遭遇的结果竟然是先后被两家有一定名气的出版社(包括一家大学出版社)拒绝,其理由是读者不能接受这种不通顺的"抵抗式"异化译文,最后译稿几经周折才被一家很小的崇尚先锋派实验的出版社接受。因此韦努蒂深有体会地指出,"如果这种抵抗的策略有效地产生出一种与原作分离的翻译的话,那么外国的文本,也许在它得到读者发出的声音使它再领地化——被识别和透明——或屈从于英语世界中的主导美学的一些阅读之前,照样能享有摆脱目标语文化的短暂的解放。当这种抵抗式翻译的读者在目标语中经历了那种把语言与外国文本相分割的文化差异时,这一解放的时刻就将到来。"[2] 韦努蒂虽然认识到建构一种新的翻译模式并非一日之功,但为之付出一定的努力仍是值得的,因此,他在全书的最后一章"呼吁行动"中,在列举了一大批有着强烈精英意识的异化翻译实践者饱受挫折仍坚韧不拔地为之行动后,提出了自己的行动纲领:

> 然而,翻译的其他理论和实践依然值得恢复,因为这些理论和实践为当代英语世界的译者提供了文化抵抗的典范,不管它们多么优秀,但都必定要服务于一种新的十分不利的环

---

[1] 关于中国当代文学理论的"失语症"问题,可参阅这两篇文章:曹顺庆、李思屈的《重建中国文论话语的基本路径及其方法》,载《文艺研究》1996年第2期;曹顺庆、李思屈的《再论重建中国文论话语》,载《文学评论》1997年第4期。

[2] Venuti, L. 1995. *The Translator's Invisibility: A History of Translation*. London & New York: Routledge, 306.

第3章 解构与文化批判：翻译的归化与异化

境。当前仍主宰英美文学翻译文化界的精英的和大众的归化翻译，只有在一种更带有自我批判而非自我意识的实践发展起来时才能受到挑战。源语文化的知识不管多么专业化，都不足以产生一种对还原式归化的既可读又有抵抗性的翻译；译者必须掌握目标语过去的和当下的多种文化话语的广博知识。而且他们必须能够用这些话语来写作。挑选一部要翻译的外国文本以及创造一种用以翻译的话语策略都应当建立在对目标语文化、其等级差别和排他性、其与世界上各种文化他者的关系的批判性评价等立足点之上。[1]

当然，这只是韦努蒂的美好愿望，至于这一愿望如何才能实现，他自己也不得而知，但是无论如何，经过他在理论上和实践上的解构和冲击，归化-通顺的翻译至少不应该成为翻译的唯一标准，在民族文化的非殖民化进程中，一种异化的翻译在缓慢地从边缘向中心运动，并终将成为一种积极的批判性文化策略。

现在再来看看中国翻译理论界对异化-归化翻译策略的态度。中国的翻译研究界之所以对异化-归化问题的讨论抱以如此的热情也绝不是偶然的，它也与20世纪中国文学和文化的翻译实践以及围绕这种实践提出的各种理论观点密切相关。笔者认为，即使在今天看来，"五四"时期及在那之前的清末民初，大面积地译介西方文学作品和文化学术思想仍有着历史性的积极意义，即使"五四"先驱者们在大量译介外国文学和文化学术思想的同时，忽视了将中国传统文化和优秀的中国古典文学作品向外译介，但这也是可以理解的，因为在当时的西方和日本文化界，对中国的兴趣远没有现在这样浓厚，即使有好的译文也终归会被在归化-通顺的翻译观占上风的欧美和日本市场拒绝或被边缘化。而在今天，面对中国经济的飞速发展，中国政治大国和文化大国的地位也应当

---

1 Venuti, L. 1995. *The Translator's Invisibility: A History of Translation.* London & New York: Routledge, 309.

相应地得到确立，从西方读者对中国与日俱增的兴趣来看，我们完全应该并有能力将优秀的中国文学作品和文化理论通过翻译推介到国外，至少可以有助于真正的多元文化格局的形成，以便打破西方中心主义一枝独秀的文化生态。这样看来，中国翻译界对韦努蒂的异化-归化研究的兴趣就有着强烈的现实意义。而他本人在异化实践中所取得的初步成果也可供我们在实施中国文化以及哲学社会科学"走出去"的战略时参考和借鉴。

应该承认的是，尽管韦努蒂在书中提出了激进的抵抗式异化翻译观，但作为一位文学翻译者，他仍然注重必要的形式技巧，且更强调翻译的文化传播和重建作用，他认为，"翻译是要寻求语言与文化之间的相同点，尤其是在相同的信息和形式技巧方面，但它这样做只是因为它始终面临着不同的东西。翻译不可能而且也不应当去试图彻底地消除这些不同的东西。一个翻译的文本应该是这样一个场所，在这里出现一种不同的文化，读者可以窥见一个不同的文化他者，而且，抵抗，也即一种基于审美不连贯的翻译策略，才能提醒读者意识到翻译过程中的得与失以及不同文化之间不可逾越的鸿沟，从而最有效地保留那种差异和那种他性。"[1] 毫无疑问，在创造一个多元文化共存的国际文化生态新格局方面，韦努蒂的文化翻译策略十分接近后殖民理论家斯皮瓦克和巴巴的非殖民化努力，但在具体的翻译实践和研究方面，韦努蒂则走得更远。作为一位在第一线单枪匹马奋斗多年的翻译者和理论家，韦努蒂的努力既是悲壮的，同时也是令人钦佩的。他在把意大利文学作品译成英文时所遭遇的曲折经历对于我们今天把中国文学作品译成英文等世界主要语言也许是十分有用的经验：我们在这样实验时，为了达到有效地传播中国文学思想和文化理论之目的，一开始也许不得不寻找当地的母语合作者，甚至不惜沿袭归化翻译的传统并使译者隐身，但一旦占据了一定的市场份额，一旦目标语的读者对中国人固有的思维模式和文化成规有所

1　Venuti, L. 1995. *The Translator's Invisibility: A History of Translation*. London & New York: Routledge, 306.

第 3 章　解构与文化批判：翻译的归化与异化

了解，他们也会逐步习惯我们的异化翻译，从而通过阅读翻译过来的文学作品逐步把握中国文学和文化的真谛。这也许将是一个漫长的过程，但随着时间的推移，韦努蒂这一努力的历史功绩和意义将越来越得到彰显。由此可见，在中国的人文社会科学研究者大力实施哲学社会科学"走出去"的战略时，参考和借鉴韦努蒂的理论和实践无疑将使我们少走弯路，帮助我们尽快地将自己的学术研究成果推介到世界上，从而打破世界文化格局中实际上存在的"西方中心主义"霸权。值得欣慰的是，自从国家哲学社会科学规划办公室启动中华学术外译项目以来，已经有越来越多的中国学者的学术著作通过中外合作翻译的途径走向世界。

翻译的显身和译者主体意识的觉醒

我们在讨论韦努蒂的翻译理论对当代翻译研究的文化转向所做出的重要贡献时，如果仅仅停留在异化和归化这个貌似技术性的层面来争论，显然是远远不够的，因为这两个术语的背后隐含着深刻的后殖民文化批判意义。从他的专著标题来看，他在深刻批判并解构西方文学翻译史上袭来已久的打压翻译以及翻译者的传统的同时，也在呼吁译者自身主体意识的觉醒。当然，这种译者自身主体意识的觉醒取决于多方面的主客观因素，其中理论家的呼吁也有重要的作用，在这方面，韦努蒂始终站在斗争的第一线。正如他在书中所坦言揭露的：

> 本书的一个计划就是要以一种不同于当代英语翻译史的态度与译者的隐身状态进行争斗。就其作为一个有着鲜明的政治纲领的文化史而言，它依循了尼采和福柯发展起来的一种系谱方法，并且摒弃了两个制约诸多世俗的撰史学的原则：目的论和客观性。[1]

1　Venuti, L. 1995. *The Translator's Invisibility: A History of Translation*. London & New York: Routledge, 39.

翻译研究的文化转向（修订版）

这就说明，这本书对于彰显译者的主体创造性有着重大的政治纲领性意义，而他的解构出发点和讨论视角就是文化的翻译和传播中译者的作用及其发展演变。显然，尼采对上帝的至高无上地位的挑战和福柯对作者权威性的消解给了韦努蒂深刻的启示，但福柯只是从总体上消解了作者的权威性和唯一性，并没有涉及翻译文本中原作者的权威性。韦努蒂并没有沿用福柯的方法来全然消解作者的权威，他只是想在承认作者对译作拥有权利的同时彰显译者的作用，从而回到这样一个本雅明式的命题：一部优秀的（翻译）文学作品的诞生是作者和译者共同创造的结果，而不只是作者个人独立创造的产品。但是实际上这一事实并没有得到读者和研究者的广泛认可，甚至许多译者本人对此也不关注，他们已经对这种袭来已久的不可见的身份习以为常了。既然译者的隐身性已经成为一个人所共知的现象，那么自身也长期从事翻译实践的韦努蒂就无须回避这一不公正的现象，而是打破所谓撰史的客观性态度，以一种鲜明的政治立场和文化批判态度介入这场斗争。从他的这部"翻译史"的写作来看，他并没有像以往的史学家那样，按编年的顺序来"客观地"描述历史上的翻译事件和介绍主要的翻译家及其翻译方法，而是一开始就亮出了自己的观点，即历史的客观性也是虚幻的，它并非历史事件的真实记载，而是后人运用语言的力量将其叙述而成的一个"文本化"的历史。可以说，他在这方面也受到了新历史主义史学观的影响，同时，他也像当代英语文学批评界的新历史主义一样，强有力地解构了以往的翻译史对译者（接受者-阐释者）所抱有的偏见。

如前所述，造成译者隐身现象的原因是多方面的，除了隐匿在翻译背后的巨大经济和政治利益驱动以及翻译界流行的归化-通顺标准外，还有另一个重要的因素：译者自身的权利，也即究竟译者应该享有与作者同样的权利还是在翻译的过程中仅仅扮演一个微不足道的次要角色？这是如何看待译者的作用的关键。传统的归化翻译观认为，只有作者才是具有原创性的劳动者，译者的作用只是第二位的，译者的任务就是忠实地再现原作者的原意，他必须屈从于原作，不得对之加以任何阐释或

第 3 章　解构与文化批判：翻译的归化与异化

发挥，只能做一些语言文字上的调整，因此一部作品只能有一个人拥有权利，那就是原作者，翻译者或者像一个廉价劳动力一样，其劳动报酬可得到一次性支付，而不像作者那样可以一直享受版税的收益，或者更有甚者，甘愿隐名埋姓，以自己的隐身而获得一时的利益。韦努蒂认为这是问题的关键。因此他认为翻译研究者有必要为争取译者的正当权益而奋斗，于是他进一步指出：

> 译者的隐身同时也部分地决定于持续并至今仍在英美文化界流行的作者的个体性概念。按照这个概念，作者在作品中自由地表达了自己的思想和情感，因而这被看作是一种原创性的透明的自我再现，它并不受到也许会使作者的原创性更趋复杂的超个人（语言的、文化的和社会的）因素的制约。这种作者权益的观念为译者带来了两个不利的因素。一方面，翻译被界定为一种第二序列的再现：只有外国的文本才是原创的和本真的副本（copy），对作者的人格或意图的再现是真实的，而翻译则是衍生的，假的，而且潜在的就是一个伪劣的副本。另一方面，人们又要求翻译以一种透明的话语来抹去其第二序列的地位，从而产生出一种假借翻译文本塑造原作作者在场的幻觉。[1]

由此看来，译者所蒙受的耻辱就是显而易见的，他的地位因而也是十分尴尬的：他既不能像作者那样受到人们的尊敬，而且甚至有可能因为其译文的不甚流畅、可读性不强而备受指责，少数翻译名人名著的译者还有可能被认为是沽名钓誉，是站在名人肩膀上的侏儒，等等。究其原因，大概不外乎这样两个：其一，首先必须有一个原作，才能会有人去翻译；原作的内容本身以及市场的需求决定是否有价值将其翻译成另一种语言，因此原作的内容是第一位的，译者只是被雇佣的劳动力。当然这样的推论虽不无一定的道理，但却从本质上忽视了译者对原作的巨

---

[1] Venuti, L. 1995. *The Translator's Invisibility: A History of Translation*. London & New York: Routledge, 8.

翻译研究的文化转向（修订版）

大的反作用：当一部外国文学作品由一位在译入语中知名度很高的译者翻译时，其结果将是，不仅这部作品可获得巨大的市场价值，而且还可使得这位外国作家的知名度在译入语中大大地高于他在源语中的知名度。这里仅举两个例子：首先是英国文学史上匿名创作的史诗《贝奥武甫》，长期以来这部古典名著由于原文语言难懂或早先的现代英译文过于散文化而在当代英语世界不甚畅销，以至于一些大学的英国文学课教师干脆不讲授这部作品，而改从乔叟开始讲授英国文学。但到了二十一世纪之交，戏剧性的变化却发生了：爱尔兰著名诗人、诺贝尔文学奖获得者塞默斯·希尼（Seamus Heaney）推出的《贝奥武甫》现代英语诗体译本却一下子登上了畅销书排行榜，从而使得一部长期以来处于"死亡状态"的文学经典再度获得了新生。尽管希尼的翻译只是将古英语文本译成现代英语的"语内翻译"，但其难度却不亚于将一部外语作品译成现代英语。因此与其说是《贝奥武甫》抬高了希尼的身价，倒不如说是希尼的重新翻译才使得这部垂死的经典获得了它的来世生命。讽刺的是，人们至今仍不知道这部古典史诗究竟出自何人之手，但却知道他们现在读到的这个译本出自著名诗人希尼的手笔。这难道不是译者对原作产生的巨大反作用吗？在中国也不乏这样的例子：著名作家和翻译家傅雷早年翻译的巴尔扎克的小说不仅在广大读者中经久不衰，同时也使得巴尔扎克的经典作家地位在中国大大高于其在国外出版的法国文学史书中的地位。傅雷的名字从而也就和巴尔扎克的名字一样在广大中国读者中人尽皆知，受到中国读者的尊敬。虽然严格恪守语言学翻译成规的学者会指责傅雷的译文中创造性和美化的成分太多，他往往以自己的流畅通顺甚至高雅的风格替代了巴尔扎克原作的冗繁滞重的叙述风格，但至少后来的巴尔扎克作品重译本都远远没有达到傅雷译本的成功境地。那些后来的译本不是在印数上远不及傅译本，就是很少受到读者或研究者引证。虽然这些译者中并不乏名家，但较之傅雷的翻译大家之光环，他们的名字难免黯然失色。上述这两个例子不仅证明了译者可以促进原作在目标语中的经典化，同时也证明了原作者和译者所获得的双赢：因为这些译作是作者和译者配合默契共同产生出的结晶，它们既不等同于原

第 3 章　解构与文化批判：翻译的归化与异化

作，同时又具有与原作同样的价值。当然，对于傅雷的翻译韦努蒂也许不会赞同，因为他是一个典型的归化论翻译者，他对巴尔扎克原文施加的语言暴力实际上建构了一个中国语境中的"巴尔扎克"。但这一例子却雄辩地说明，译者对原作者及原作的巨大反作用是不可忽视的。原作者的盛名固然可以抬高译者的地位，扩大译者的名声，但是已经有了巨大声誉的译者反过来也可以使原作在不同的文化语境中获得经久不衰的"来世生命"。因此在这个意义上说，译者的作用是不可忽视的。但是在当代英语世界，译者的地位又是如何呢？韦努蒂进一步揭示到，"在英美文化中译者阴影般的存在得到了进一步的沿袭和维持，这体现于版权法和实际的合同签署中对翻译的模糊及获得的不利的法律地位……因而译者便从属于作者，因为作者能够在'原作'的版权期限内决定性地控制译作的出版，目前这种版权的期限是作者的有生之年再加上五十年。"[1] 当然，这种有利于保护作者权益的规定译者是享受不到的，所以在韦努蒂看来，译者的创造性劳动并没有得到社会的广泛认可。

确实，如果我们并不否认一部文学作品在目标语中的成功是原作者与译者配合默契的共同产物的话，那么我们肯定会看到，这样的版权法是大大有利于作者的，它根本就没有考虑到译者正当的、应有的权益。译者奋力拼搏，试图产生出高质量且同时拥有巨大市场价值的译作，而作者及其法定继承人则坐以等待版税的收益。更有甚者，"翻译的作者身份从来就没有得到充分的法律承认，其原因在于外国作者得到了控制翻译的优先权，甚至达到了危及作为英美公民的译者权利的地步……版权法并没有为译者的创作者身份划定一个空间，即译者与外国作者是平等的，同时应以任何方法限制外国作者的权益。然而，它却承认，有一个物质基础来保证这样的一些限制是正当的。"[2] 由此可见，面对原作者和本国的版权法的巨大阴影，译者所处的环境是极为不利的，他们只好

---

[1] Venuti, L. 1995. *The Translator's Invisibility: A History of Translation*. London & New York: Routledge, 8–9.

[2] Ibid., p. 9.

翻译研究的文化转向（修订版）

忍气吞声地埋头工作，挣得自己的劳动所得。一位著名的作家可以在文学史上留名，而翻译家则只能默默地为他人做嫁衣，最后以耗尽自己的精力为代价来维护原作的声誉。对于像韦努蒂这样成功的译者和翻译理论家来说，他不可能面对这样的境况而无动于衷，因此他呼吁译者要想争得自己的正当权益和地位，就必须付诸行动。在本书最后一章，他向广大译者发出了这样的呼吁：

> 译者必须强制性地修正这些文化上、经济上和法律上的法规，因为它们使译者被边缘化并受到剥削。他们可以努力修改作者身份的个体性概念，因为这个概念不仅发展了他们为之付出可见的努力的新的翻译实践，而且还为出现在序言、论文、演讲以及访谈中的这些实践展现了复杂精致的逻辑依据，从而把翻译放逐到了英美文化的边缘。这样的自我展现将表明，翻译的语言以一种决定性的方式来源于译者，但是译者却又不是其唯一的来源：译者的原创性就在于选择特定的某个外国文本以及从英美文学的历史上沿用的方言和话语的特殊结合来回应某种现存的文化情境。承认译者是作者实际上就质疑了当前的这种作者身份概念的个体性，从而暗示没有一种写作只能是自我表现，因为它始自一种具体的历史时刻的文化传统。[1]

当然，韦努蒂作为一位翻译者和研究者，他为译者的权益和地位的呼吁是颇为正当的，这无疑有着重要的现实意义。但是如果仅仅得出如此简单的结论，那就掩盖了他为之努力奋斗而试图实现的一个更为远大的目标：译者主体意识的觉醒和译者作为创造者的地位的建构。笔者认为这是韦努蒂这本专著的另一个贡献。

众所周知，译者的隐身现象一般表现在以下三个方面。首先是经济上受剥削。确实，无论在西方还是在中国，人们一个习以为常的看法就

1　Venuti, L. 1995. *The Translator's Invisibility: A History of Translation.* London & New York: Routledge, 311.

第3章 解构与文化批判：翻译的归化与异化

是，一本书的作者是具有原创性的劳动者，他之所以受到社会的尊敬是理所当然的，而将一个外国文本翻译成本族语言的译者则不能与作者的地位相等同，其原因是后者的创造性劳动是基于现成的原作的，因此他的地位不应当与前者相等同。当然，这在一般情况下是可以说得通的。但是也有一些特殊的例外，例如，一些已经成名的人物将自己的生活感受通过口授请别人代笔写出来，但却署上他本人的名字。当然有时是考虑市场的因素而为之，但人们不禁要问，难道传记主人也应该享有作者的特权吗？当然，这对作者来说是轻而易举之事，而对于译者来说，他则需付出加倍的劳动：首先，他必须对作者的生平和生活经历有所了解，其次，他必须对作者写这本书的背景和当时的境况有所了解，再者，他必须对作者的情感心态和表述方式有所了解以便以与之相近似的风格在译作中加以表达。更有甚者，他有时还必须为原作中表达模糊的地方作出清晰的翻译和阐释。可以肯定，译作的好坏往往直接影响到原作在另一种语言文化语境中的成功与否，有时译者不得不为之宣传甚至促销，才能使得这部作品收到巨大的市场效益。但其结果如何呢？原作者照样可以坐收版税，而译者收到的则是一次性支付的稿酬。这显然与译者付出的辛勤劳动是极不相称的。

其次是署名上受压制。如果说这种署名上受的压制在西方稍好一些的话，那么在中国，这种情况则十分严重。一些治学不严谨的学者在引用翻译过来的西方理论著作时，往往有意忽视译者的存在，仅仅用诸如"引自黑格尔《美学》中文版第XX页"的字样来作为注释。有时，如果译者是名人的话，情况还稍好些，比如，在引用黑格尔《美学》时，大多数引者都会标出"朱光潜译"的字样，但如果译者不甚出名，有些引者干脆就全然忽视了译者的存在。最近三十几年来，由于中国加入了伯尔尼版权公约并强化了与作、译者的合同，译者才有机会争取在译作的封面并列署上作者和译者名字的权利。但是在将中文文本译成外文时，往往情况就不那么理想了，《中国社会科学》英文版规定译者的名字署在文章的末尾，而有些国家政府文件或领导人讲话的外文版中则很少出现译者的名字。这种情况目前尚未改变，所以争取译者权益的努力仍将

翻译研究的文化转向（修订版）

是一个长期的任务。

再者，社会、学术地位低下。既然译作并未被当作是一种创造性的劳动，这就造成了文学创作和学术研究领域内的新的等级秩序的形成。从本书所讨论的几位翻译理论家的学术生涯来看，他/她们一开始都以翻译起家，比如德里达以翻译胡塞尔的《几何学的起源》、斯皮瓦克以翻译德里达的《论文字学》，但他/她们都不仅仅满足于扮演译者的单一角色，因此他/她们便借翻译之便写上一篇充满了自己的理解和阐释观点的"译者前言"，终于扮演了双重角色：译者和作者。一旦他/她们获得成功，便告别了翻译，走上了原创性理论家的道路。今天的本雅明研究者大概很少提及他所翻译的波德莱尔的诗集《巴黎风景》和普鲁斯特的《追忆似水年华》，但他们却不能不提及他的那篇《译者的任务》，因为后者预示了一种解构式翻译理论和方法的崛起。平心而论，在中国当代文学创作界，文学翻译家的地位还是不低的。中国作家协会就吸收了大量以翻译为主要工作的会员，有些还担任委员会主任或主席团成员，还有些著名翻译家利用自己的翻译"文化资本"不时地发表一些随笔和散文，讲述自己的翻译经历。这些都说明，译者在中国并没有处于全然隐身的地位，他们中的一些人完全可以利用翻译来发展自己的学术，提高自己的收入，甚至扩大自己的知名度和影响，但是作为代价，目前的图书市场充满了粗制滥造的"译著"，而国内学者的著作却被放逐到了边缘，这样便破坏了文化生态的平衡。这也许正是为什么有人指责翻译是导致文化殖民化的罪魁祸首的原因所在。当然，在另一方面，也应该承认，翻译著作在国内学术界并没有受到应有的重视，一些颇有学术造诣和理论素养的学者就因为花了许多时间和精力翻译国外的学术著作而较少写作自己的专著而在职称上得不到晋升，而相比之下，另一些投机取巧者则利用自己的外语优势将国外学者的观点编译改写成自己的专著而飞黄腾达，这样的例子在当今的中国学术界并不鲜见。

只有考虑到上述诸因素后，我们才有可能谈到弘扬译者主体意识的问题。就文学翻译而言，我们认为，译者首先是一部作品的读者和接受者，译者不被重视与文学长期以来不受重视的状况有着密切的关

第3章 解构与文化批判：翻译的归化与异化

系。以往的文学史写作依循的模式不外乎思想史加上作家评传和作品分析，几乎不提及作品出版之后被接受的情况。到了20世纪60年代后期的接受美学那里，文学史则作为指向文学理论的一种"挑战"之面目出现，这尤其体现在汉斯·罗伯特·尧斯（Hans Robert Jauss, 1922-1997）的那篇曾产生过振聋发聩效果的论文——《文学史对文学理论的挑战》("Literaturgeschichte als Provokation", 1967；英译文刊载于《新文学史》[*New Literary History*] 第二卷 [1970]，题为"Literary History as a Challenge to Literary Theory"）中。该文从读者接受的角度出发，提请人们注意一个长期被文学撰史学家所忽视的领域：读者对文学作品的接受。在接受美学理论家看来，只有考虑到读者的接受因素在构成一部文学史的过程中发挥的重要作用，这部文学史才是可信的、完备的。毫无疑问，接受美学理论家尧斯和伊瑟尔（Wolfgang Iser）分别从不同的角度向传统的忽视读者作用的文学史写作提出了挑战，他们的发难为我们从一个新的角度建构一种新文学史奠定了基础。正如尧斯针对把文学的进化与社会历史的过程相联系的做法所质疑的，"如此看来，把'文学系列'和'非文学系列'置于文学与历史之间的结合部，而又不牺牲文学的艺术特征……不也是可以办到的吗？"[1] 显然，尧斯等人的接受美学理论并不是出于反历史的目的，而是试图把文学的历史从与社会政治和意识形态的密切联系中剥离出来，加进文化和形式主义的因素，以强调文学作品的文学性和审美功能。他们的努力尝试虽然早已成为历史，但对我们今天重新审视既定的文学经典进而提出重构经典的积极策略仍有着重要的启迪意义。此外，既然译者首先是文学作品的能动接受者，他还扮演了用另一种语言将其再现的阐释者和创造性劳动者的角色，加之他通过自己的翻译有可能对原作在目标语中的经典化进程起到巨大的反作用，我们就更不能忽视译者的创造性主体作用了。

爱德温·根茨勒在《当代翻译理论》中，曾意味深长地将韦努蒂放

---

[1] Jauss, H. R. 1982. *Toward an Aesthetic of Reception*. Timothy B. (trans.) Minneapolis: University of Minnesota Press, 18.

翻译研究的文化转向（修订版）

在解构主义翻译以外的章节来讨论，他也许想说明韦努蒂翻译理论的多重源头，其中解构主义是其重要的资源，其次是福柯的史学理论、德国的接受美学以及英语世界的后殖民理论和文化研究等。他在承认韦努蒂的贡献时有一段话是颇为值得在此引证的：

> 按着这个思路重新思考翻译，我在这方面并不孤独。也许近十年内北美最有影响的翻译研究学者是劳伦斯·韦努蒂……韦努蒂对翻译研究的贡献是多重的。首先，这也许是最为重要的一点，他批判了美国许多文学翻译的人文主义理论基础，并表明了这些东西是如何强化各种流行的信念和意识形态的。其次，他为分析翻译提供了一套新的术语和方法。最后，他提供了一套试图让译者去尝试的多种策略。[1]

应该承认，根茨勒的这番评价显然具有一定的代表性，至少说明在当今的美国翻译理论界，韦努蒂从解构和后殖民主义文化批判的立场介入翻译和翻译研究，推进了翻译及其研究的文化转向，弘扬了翻译在文化传播和文化变革过程中不可缺少的作用。此外，韦努蒂本人也不断地与时俱进，近几年来，面对比较文学和文学理论界兴起的世界文学热，他又以极大的热情投入其中，并论述世界文学与翻译的关系。在《世界文学与翻译研究》（"World Literature and Translation Studies"）一文中，他也开宗明义地指出，"世界文学的概念化离不开翻译。在大多数历史时期及大多数地区，只有一小部分读者能够理解一两种语言，因此从读者的角度来看，世界文学与其说是原文，倒不如说是译文。"[2] 韦努蒂不仅是这样说的，同时也是这样做的，他在任何时候都不忘记弘扬译者的

---

1 cf. Gentzler, E. 2001. *Contemporary Translation Theories*. (2nd ed.) Clevedon: Multilingual Matters, 36.

2 Venuti, L. 2012. World literature and Translation Studies. In D'haen, T., et al. (eds.) *The Routledge Companion to World Literature*. London & New York: Routledge, 180.

第3章 解构与文化批判：翻译的归化与异化

主体性，强调翻译对于建构世界文学经典的重要作用。例如，在他的这篇文章中，他甚至在提及中国作家鲁迅对翻译"小民族文学之于改变中国在全球政治关系中的从属地位"[1]时，就引用了好几位汉学家的英文著述。因此就这一点而言，即使是专门研究翻译理论的学者，也深知自己在语言上的局限，而要想从事跨越文化传统的比较文学和世界文学研究，在大多数情况下还得依赖翻译。

---

1 Venuti, L. 2012. World literature and Translation Studies. In D'haen, T., et al. (eds.) *The Routledge Companion to World Literature.* London & New York: Routledge, 181.

第4章 后殖民主义翻译理论及实践

作为一种广义的具有强烈革命性和解构性的文化批判理论思潮，后殖民主义一度成为20世纪80年代以来最有影响力的一种跨学科、跨文化、跨文明的文化理论思潮，它在爱德华·赛义德（Edward Said, 1935-2003）、佳亚特里·斯皮瓦克（1942-）和霍米·巴巴（1949-）等批评家那里得到了最为全面和深入的阐释和实践。毫无疑问，后殖民主义对帝国主义文化霸权的消解和批判主要体现在文学和文化批评中，但也体现在文学翻译及其研究中，可以说，在某种意义上说来，后殖民主义翻译理论的形成就是在翻译研究领域内推广以解构主义为中心的各种后结构主义理论的一个直接结果，其中以德里达和福柯的理论最有影响。本章将主要讨论两位最有代表性的后殖民理论家斯皮瓦克和巴巴对文化翻译的理论与实践的贡献，但也对赛义德的一些与后殖民主义文化翻译有关的理论概念进行讨论。

东方主义批判和理论的旅行

毫无疑问，与上面提到的另两位后殖民理论家相比，赛义德一般被认为是后殖民理论思潮最杰出的代表和领军人物，他的知名度因而始终是最高的，其著述被人们讨论和引证的频率也一直居高不下，这与他的多产和在美国学术界的较早崛起不无关系。赛义德1935年11月1日出

翻译研究的文化转向（修订版）

身于耶路撒冷一个信奉基督教的有产阶级家庭，父亲是中东著名的文具商，母亲爱好文学与艺术，这些均对他日后音乐天资的发展有很大的影响。1951年，赛义德随全家移居美国，开始在美国接受教育。他先后于1957年、1960年和1964年获得普林斯顿大学文学学士、哈佛大学文学硕士和文学博士学位，1963年起任教于哥伦比亚大学，讲授英美文学和比较文学，自1992年起担任哥伦比亚大学英文和比较文学校级讲席教授（University Professor），并被选为美国艺术与科学院（American Academy of Arts and Sciences）院士。2003年9月24日，赛义德在患癌多年之后，在纽约逝世。

如果说，斯皮瓦克的后殖民主义理论带有明显的女权主义和解构色彩，霍米·巴巴的理论具有较强的"第三世界"文化批判和"少数族裔"研究之特色的话，那么毫无疑问，赛义德早期的理论则有着强烈的意识形态和文化政治批判色彩，其批判的锋芒直指西方的帝国主义文化霸权主义和强权政治，其批判的理论基石就是"东方主义"。他出版于20世纪70年代后期的那本富有挑战意味的专著《东方主义》（*Orientalism*, 1978）一般被认为是后殖民主义理论的奠基性著作。在这部著作中，赛义德在建构"东方主义"的同时，还强调指出：

> 东方主义不仅仅只是由文化、学术或机构被动地反映出来的一个政治主题或研究领域；它也并非只是由一些关于东方的文本所组成的结构庞大而又扩散的结合体；也并非只是反映并表现了某些企图制约"东方"世界的"西方"帝国主义的险恶阴谋……确实，我的确切的论点是，东方主义是——但不只表现了现代政治——知识（political-intellectual）文化的某个方面，而且它本身与其说是与东方有关，倒不如说与"我们"的这个世界有关。[1]

显然，赛义德在这里所说的东方主义并不是东方人建构出来的一个

---

[1] Said, E. 1979. *Orientalism*. New York: Doubleday Books, 12.

第 4 章　后殖民主义翻译理论及实践

概念，而是一个有着多重含义的不确定的概念，它是西方媒体和一系列再现手段长期建构出来的一个虚幻的东西。这个术语如果翻译成中文，至少可以译成"东方主义"和"东方学"，而且，从赛义德写这本书的本意来看，他是为了批判自 18 世纪以来西方的东方学研究。但是一旦 Orientalism 在中文中表现为一个学科，就有可能掩盖其鲜明的意识形态含义。因此，大多数中文语境下的研究者倾向于将其译成"东方主义"，以突出其鲜明的意识形态意义。但是即使如此，如不加以进一步阐释，仍有可能造成理论上的误解。对此，赛义德试图阐明这一点，即"东方主义"至少包括这样两层含义，第一层含义指的是一种基于对（想象的、诗性的）"东方"（Orient）与"西方"（Occident）的本体论与认识论之差异的思维方式，在这方面，东西方在地理上分别居于地球的东西两半球，在其他诸方面也处于长期的对立状态，其原因不外乎双方在政治上、经济上，乃至语言文化上一直存在着的难以弥合的巨大差异。第二层含义则指处于强势地位的西方对处于弱势地位的东方长期以来的主宰、重构和话语权力压迫的方式，这样一来，西方与东方的关系往往表现为纯粹的影响与被影响、制约与受制约、施予与接受的关系。基于这种不平等的关系，所谓"东方主义"便成了西方人出于对广大东方或第三世界的无知、偏见和猎奇而虚构出来的某种"东方神话"。也就是说，所谓"东方主义"本身与地理学意义上的东方（east）并无甚关系，而只是一个被人为地"建构出来的"（constructed）概念。但赛义德同时又指出，东方主义可以在三个领域里重合：长达四千年之久的欧亚文化关系史；自 19 世纪以来不断培养造就东方语言文化专家的学科；一代又一代的西方学者所形成的"东方"的"他者"形象。[1] 由于习来已久的这种对东方的偏见，因而在西方人眼中，东方人一方面有着"懒惰""愚昧"的习性，另一方面，东方本身又不无某种令人向往的"神秘"色彩。说到底，东方主义在本质上是西方殖民主义者试图制约东方而制造出的一种政治教义，它作为西方人对东方的一种根深蒂固的认识论体系，始终充

---

[1] Said, E. 1979. *Orientalism*. New York: Doubleday Books, 1–28.

当着西方殖民主义的意识形态支柱。显然，通过这种"再现式"的文化翻译，赛义德建构了一个供他批判和消解的对象。可以说，后来的所有后殖民主义翻译理论和实践都从这里获得启示。

赛义德的东方主义建构和批判确实为跨学科的文化学术研究开辟了一个崭新的理论视野，即将研究的触角直接指向历来被西方主流学术界所忽视，并且故意边缘化了的一个领地：东方或第三世界，它在地理环境上与西方世界分别处于地球的两个部分，但这个"东方"并非仅指涉其地理位置，同时它本身还具有深刻的政治和文化内涵。因此赛义德的尝试还具有强烈的"非中心化"（de-centralization）和"解构"的作用，实际上是后现代主义大潮衰落之后出现在西方学界的"非边缘化"现象的先声。

但是，正如不少东西方学者已经注意到的那样，赛义德所批判和建构的"东方"和"东方主义"也不无其局限性，这种局限性具体体现在地理上、文化上和文学上，这也使第三世界的学者和批评家有了可据以进行质疑和重新思考的理论基点。诚然，《东方主义》一书的出版，不仅奠定了赛义德本人的学术声誉和地位，同时也标志着他的后殖民理论体系建构的开始。之后，他虽然在其他场合曾对"东方主义"的内涵和外延做过一些补充和修正，但其理论核心并未有所突破。

鉴于《东方主义》一书出版后引来的颇多争议，尤其是来自东方学家阵营的争议，赛义德在不同的场合作了一些回应，但其中最有力且观点最鲜明的当推发表于《种族和阶级》（*Race and Class*）1985年秋季号上的论文《东方主义重新思考》（"Orientalism Reconsidered"），这篇论文后收入出版于2000年的专题研究文集《流亡的反思及其他论文》（*Reflections on Exile and Other Essays*）。在这篇论文中，赛义德首先简要地重申了他对东方主义的三重定义："作为思想和专业的一个分支，东方主义当然包括几个相互交叠的方面：首先，欧亚之间不断变化的历史和文化关系，这是一种有着4000年历史的关系；其次，西方的一个学术研究的学科，始于19世纪初，专门研究各种东方文化和传统；最后，

第4章　后殖民主义翻译理论及实践

有关被称为'东方'的世界的各种意识形态构想、形象和幻想。"但他紧接着又补充道，"但是这并不意味着东西方之间的划分是一成不变的，也不意味着这种划分只是一种虚构。"[1] 由于这其中的种种复杂因素，东方主义概念的提出和建构便带有各种主客观的因素，所引来的非议和争议自然也就是在所难免的了。对此，赛义德并不回避，而是透过各种表面的现象究其本质，对东方主义作进一步的界定和描述：

> 由于对东方主义的重新思考始终与我早先提及的另外许多这类活动密切相关，因此在此有必要较为详尽地进行阐述。我们现在可以将东方主义视为一种如同都市社会中的男性主宰或父权制一样的实践：东方被人们习以为常地描绘为女性化，它的财富是丰润的，它的主要象征是性感女郎、妻妾和霸道的——但又是令人奇怪地有着吸引力的统治者。此外，东方就像家庭主妇一样，忍受着沉默和无限丰富的生产。这种材料中的不少都显然与由现代西方主流文化支撑的性别、种族和政治的不对称结构相关联，这一点正如同女权主义者、黑人研究批评家以及反帝国主义的活动分子所表明的那样。[2]

我们完全可以从赛义德本人对东方主义建构的重新反思发现，经过学界多年来围绕东方主义或东方学展开的争论，他在某种程度上已经吸纳了批评者的部分意见，并对自己过去的建构作了某些修正。尽管赛义德本人并不专门讨论翻译问题，但他在这里却涉及了文化翻译的一个重要概念：文化再现，或者说广义的文化翻译，也即西方人究竟出自何种目的将东方翻译并再现为一个不同于其自身的"他者"。从他的分析批判我们可以看出，西方人眼中关于东方及东方人的"妖魔化"形象是根深蒂固的，这既有西方媒体和表现手段的蓄意歪曲，同时也有在西方生

---

[1] Said, E. 2000. *Reflections on Exile and Other Essays*. Cambridge, Mass.: Harvard University Press, 199.

[2] Ibid., p. 212.

翻译研究的文化转向（修订版）

活的具有东方文化背景的作家及知识分子的"自我东方化"实践，其中的一个重要因素就是翻译，或者通过翻译而达到的文化再现。[1] 这样，东方在西方人眼中就始终扮演着一个"他者"的角色。

赛义德对文化翻译的涉及还体现于他的重要概念"理论的旅行"。他在20世纪80年代初出版的论文集《世界、文本和批评家》(The World, the Text and the Critic, 1983) 收入了他的一篇著名论文，也即那篇广为人们引证的《旅行中的理论》("Traveling Theory")。这篇文章最初于1982年发表于《拉利坦季刊》(Raritan Quarterly)，后收入该论文集。在这篇文章中，赛义德通过匈牙利马克思主义理论家卢卡契的"物化"(reification) 理论在不同时代和不同地区的翻译和传播以及由此引来的种种不同的理解和阐释，说明了这样一个道理：理论有时可以"旅行"到另一个时代和场景中，而在这一旅行的过程中，它们往往会失去某些原有的力量和反叛性。这种情况的出现多半受制于那种理论在被彼时彼地的人们接受时所作出的修正、篡改甚至归化，因此理论的变形是完全有可能发生的。在这里，翻译的中介是不可忽视的，对此，不仅是赛义德，包括解构主义者米勒也作了说明。在赛义德看来，理论或观念的旅行一般有四个阶段，并呈现出四种形式：

> 第一，它有一个起点，或类似起点的一整套起始的环境，在这样的环境中观念才得以产生或进入话语之中。第二，有一段需要穿行的距离，也即一个穿越各种语境压力的通道，因为观念从早先的起点移向后面的时间和地点，使其重要性再度显示出来。第三，还须有一系列条件，我们可以称之为接受条件或作为接受所不可避免的部分抵制条件，正是这些条件才使得被移植的理论或观念无论显得多么异类，最终都能被引进或包

---

[1] 对于西方人眼中的东方或东方人的形象的形成，居住在西方的华裔作家的一些作品也扮演了一种"自我东方化"的角色，甚至参与了西方媒体"妖魔化东方"的大合唱，因而实际上起到了一种与殖民主义"共谋"的作用。这方面可参阅陆薇的专著《走向文化研究的华裔美国文学》（北京：中华书局，2007年版）中的有关章节。

第 4 章 后殖民主义翻译理论及实践

容。第四，完全或部分地被包容或吸纳进来的观念因其在新的时间和地点的新的位置和新的用法而受到某种程度的转化。[1]

这实际上旨在说明，理论的翻译和传播很难做到忠实，而且也没有必要做到这样的忠实，有时一种理论在另一民族-国家的文化土壤里植根时发生的变异甚至有可能对建立该民族-国家的新文化产生某种催生的作用。这一点我们已经在上一章讨论米勒的翻译理论时做过阐述，在这里我们不妨将其再扩展到中国文化的语境中加以进一步讨论。

毫无疑问，赛义德试图赋予其"理论的旅行"之概念以某种普世的意义。确实，若将其运用于中国现代文学的个案，我们则完全可以得出这样的结论："五四运动"以来的中国新文化和新文学乃至现代汉语的形成在很大程度上就是包括理论在内的西方文化通过翻译的中介旅行到中国的产物。关于这一点本书在后面还要专门讨论。因此用这一概念来解释包括后现代主义和后殖民主义在内的各种西方理论在第三世界和东方诸国的传播和接受及其产生的误读和误构状况也是十分恰当的。就"后殖民主义"（postcolonianism）这个概念本身而言，它也包含双重意义：在时间上，它是继殖民主义解体之后而出现的一个新的时期，在这一时期，殖民主义改头换面，以新殖民主义的形式在文化上向第三世界进行渗透和入侵，因此后殖民主义既具有"超越殖民主义"之含义，又带有"新殖民主义"的含义。我们在将这个术语翻译成中文时一定要解释它复杂的双重含义，否则就会造成不必要的误解。由此可见，"理论的旅行"这一论点所产生的影响是巨大的，对此赛义德虽然十分明白，但他总认为有必要对此作进一步的反思和阐述。在出版于 2000 年的论文集《流亡的反思及其他论文》中收入了他写于 1994 年的一篇论文《理论的旅行重新思考》（"Traveling Theory Reconsidered"）。在这篇论文中，他强调了卢卡契的理论对阿多诺的启迪，接着指出了它与后殖民批评理

---

[1] Said, E. 1983. *The World, the Text, and the Critic*. Cambridge, Mass.: Harvard University Press, 226–227.

论的关系，这个中介就是当代后殖民批评的先驱弗朗兹·法农。这无疑是卢卡契的理论通过翻译的中介旅行到另一些地方并发生变异的一个例证。在追溯了法农的后殖民批评思想与卢卡契理论的关联之后，赛义德总结道，"在这里，一方面在法农与较为激进的卢卡契（也许只是暂时的）之间，另一方面在卢卡契与阿多诺之间存在着某种接合点。它们所隐含的理论、批评、非神秘化和非中心化事业从来就未完成。因此理论的观点便始终在旅行，它超越了自身的局限，向外扩展，并在某种意义上处于一种流亡的状态中。"[1] 这就在某种程度上重复了解构主义的翻译和阐释原则：理论的内涵是不可穷尽的，因而对意义的翻译和阐释也是没有终结的。理论的旅行所到之处必然会和彼时彼地的文化接受土壤及环境发生作用进而产生新的意义。可以说，赛义德本人以东方主义文化批判为核心的后殖民批评理论在第三世界，尤其是在中国，产生的共鸣和反响就证明了"旅行中的理论"的有效性。[2] 同时也影响了当代的后殖民主义翻译和翻译研究，这方面我们可以从对下面两位后殖民文化翻译理论家的讨论中见出端倪。

解构式的翻译与阐释

在当今西方后殖民主义理论思潮以及女权主义运动中，斯皮瓦克的名字越来越引人瞩目，随着赛义德于 2003 年去世，斯皮瓦克当之无愧地成了后殖民理论批评最杰出的代表。再加之她本人既是一位优秀的文学和理论翻译者，同时也十分关注翻译研究问题并发表了一些译作和批评性文字，因此她也是后殖民主义翻译最重要的理论家和实践者之

---

[1] Said, E. 2000. *Reflections on Exile and Other Essays.* Cambridge, Mass.: Harvard University Press, 451.

[2] 关于后殖民主义理论思潮在中国的翻译和接受，参阅生安锋的论文《理论的旅行与变异：后殖民理论在中国》，载《文学理论前沿》2008 年第五辑，北京：北京大学出版社，第 121–164 页。

第4章　后殖民主义翻译理论及实践

一。她对后殖民主义翻译理论和实践的主要贡献体现在两篇著述中：为德里达的《论文字学》撰写的长达80多页的"译者前言"（"Translator's Preface"）和论文《翻译的政治》（"The Politics of Translation"），尤其是后者已成为后殖民主义翻译理论的经典之作。此外她还在杂志上发表了一些讨论广义的文化翻译的单篇论文，并为自己翻译的印度孟加拉语女作家和活动家马哈斯维塔·德维（Mahasweta Devi）的小说集《想象的地图》（*Imaginary Maps*）撰写了前言和后记，[1] 对翻译的文化政治转向起到了推波助澜的作用。

　　佳亚特里·斯皮瓦克1942年出身于印度加尔各答一个知识分子家庭，父亲是医生，母亲早早结婚生育，但仍一直坚持学习，直至1937年在加尔各答大学获得孟加拉语文学硕士学位。斯皮瓦克对自己的祖国怀有深厚的感情，至今仍持有印度护照，并拒绝加入美国籍，以便保持其第三世界知识分子的独特身份。斯皮瓦克1959年毕业于加尔各答大学，获得英国文学学士学位。她和许多生活在前大英帝国殖民地的青年学子一样，渴望赴英美名牌大学继续深造。就这样，她大学毕业后来到美国，进入了康奈尔大学，1962年获得英文硕士学位，后于1967年获得比较文学博士学位，她的导师就是当时大名鼎鼎的耶鲁大学教授保罗·德曼——浪漫主义文学研究权威，解构主义批评在美国的最杰出代表和旗帜性人物。斯皮瓦克毕业后没有回到印度，她曾先后在美国爱荷华大学、爱默瑞大学、奥斯汀德克萨斯大学、加州大学、匹茨堡大学等多所大学任教，自1991年以来，执教于哥伦比亚大学，长期担任该校阿维龙基金会人文学科讲席教授、比较文学与社会研究所所长。自2008年以来，她又接替赛义德的空缺担任哥伦比亚大学校级讲席教授。斯皮瓦克著述甚丰，同时也翻译了大量文学作品和理论著作，其中最有

---

[1] 实际上，斯皮瓦克在不同的场合使用的"翻译"（translation）这个概念范围极广，大大超过了传统意义上的翻译之内涵，带有文化转化（cultural transformation）的意义。这方面可参阅她的另两篇论文：Spivak, G. C. 2000. Translation as culture. *Parallax*, 6(1): 13–24; Spivak, G. C. 2001. Questioned on translation: Adrift. *Public Culture*, 13(1): 13–22.

翻译研究的文化转向（修订版）

代表性的著译包括：《在他者的世界：文化政治论集》(*In Other Worlds: Essays in Cultural Politics,* 1987)、《外在于教学机器之内》(*Outside in the Teaching Machine,* 1993)、《后殖民理性批判：走向行将消解的当下历史》(*A Critique of Postcolonial Reason: Towards a History of the Vanishing Present,* 1999)、《一门学科的死亡》(*Death of a Discipline,* 2003)、德里达的《论文字学》英译等。此外，她还发表了大量的论文和翻译文学作品。

  毫无疑问，在后殖民主义"三剑客"中，与翻译和翻译研究最有渊源关系的理论家当推斯皮瓦克，她就翻译发表的一些文字也得到了传统的翻译研究学者的认可，不少学者只是觉得她过于强调翻译的政治方面，而较少注重翻译学科本身的学术性和语言再现性。这一点实际上正是后殖民主义翻译的一大特征，同时也说明，对于有着多学科知识和造诣的斯皮瓦克来说，翻译只是她学术研究的一个很小的方面，她的目的并非是要介入翻译研究学科，而是要通过翻译来达到她对殖民主义文化和语言的解构和批判之目的。斯皮瓦克本人的学术生涯就是以翻译德里达的《论文字学》开始的。她不仅是德里达著作的主要英译者和阐释者，而且也是后殖民理论家中对德里达的理论把握最准确、解释最透彻者，这主要体现在那篇"译者前言"中。在斯皮瓦克看来，德里达在西方哲学界的出现绝不是偶然的，而是有着深远的理论渊源。这个理论源头至少可以追溯到康德，因此她对德里达的阐释就从这个理论源头开始。通过对康德、尼采以及海德格尔等人的思想的比较，斯皮瓦克总结道，自康德以来，哲学已经意识到得为自己的话语负责，"如果为自己的话语负责这一假想可导致这一结论的话，也即所有的结论都实实在在地是临时凑成的并且具有包容性，那么所有的原文也同样缺乏独创性，责任必定与轻佻浮躁相共存，它没有必要成为阴郁的原因。"[1] 这就从某种意义上肯定了德里达对西方形而上学的批判和消解，并对其解构的合法性作了解释和辩护。

---

[1] Spivak, G. C. 1974. Translator's preface. In Derrida J. *Of Grammatology*. Baltimore: The Johns Hopkins University Press, 13.

第 4 章　后殖民主义翻译理论及实践

　　解构理论的一个重要观点就在于其对西方哲学界和语言史上长期占统治地位的"逻各斯中心主义"进行有力的批判和消解，这种消解策略的一个重要依据就是对一切假想的中心意识和形而上学的整体性进行质疑，在后殖民主义论争中，这种中心意识显然指的就是帝国主义的文化霸权，自然也包括语言上的霸权。在翻译实践中，人们所关心的一个问题就是，翻译究竟应该以谁为中心？传统的语言学翻译研究认为，翻译是一种语言转变为另一种语言的实践，因此应该以原作为中心，译者除了对原作忠实以外别无选择。而本雅明则认为，一部原作如果不经过翻译的介入，有可能处于死亡的状态，只有被人翻译，尤其是被优秀的译者翻译，原作才有可能焕发出新的生命或来世生命。有时，优秀的翻译甚至能促进原作在目标语中的经典化，反之，拙劣的翻译也可能使本来十分出色的原作在目标语中黯然失色。因此翻译的中介作用是十分重要的，解构主义翻译就是依循这一思路来进行的。作为德里达著作的主要英译者，斯皮瓦克当然也不例外。既然在德里达看来，所有的结论都不再是绝对可靠和具有终极价值的，那么对文本的阅读和解释就必然是不可终极的，最后的结论永远也无法得出，这就是解构式的阅读和解释为人们规定的一个开放的原则，这一原则也被德里达用于翻译研究。在解构主义那里，意义的终极阐释始终是缺席和不在场的，因而呈现在读者面前的就只能是一种缺席的在场（absent presence）。正是这种缺席的在场致使意义得以不断地延缓。斯皮瓦克对此深深领悟，她在仔细阅读了德里达的著述后指出，德里达"对在场并不抱怀旧的态度，他在传统的符号概念中窥见了一种多样性特征……对于在场来说，正是这种不可避免的怀旧才使这种多样性得以成为一个统一体的，其实现的方式就是宣布符号引出了所指（signified）的出场。"[1] 而能指的不确定性和所指的多重取向以及这二者之间的相互滑动便导致了终极意义的不可能获得，这就是解构批评家对文本阅读和阐释所抱的态度。可以说，后殖民主义翻

1　Spivak, G. C. 1974. Translator's preface. In Derrida J. *Of Grammatology*. Baltimore: The Johns Hopkins University Press, 16.

译的原则就是解构和去中心化,其强烈的针对殖民主义和帝国主义的政治意识形态性和文化批判性则更加鲜明。

众所周知,解构主义翻译理论的一个重要特征就是诉诸差异,对此,斯皮瓦克也情有独钟,并作了自己的阐释。在她看来,"用这种简单但却有力的洞见作武器——有力得足以'消解超验的所指'——符号、音符以及字符都只是一种差异的结构,于是德里达便表明,打开思想的可能性的东西不仅仅是存在的问题,同时也是不同于'完全的他者'的无法抹去的差异。"[1]这样看来,差异便是始终存在的,踪迹也是无法抹去的,因此结构主义者所主张的结构的整一性显然是过时了。运用于翻译实践,也即语言符号的意义都是不确定的,因此在翻译过来的目标语中,表达的忠实性也是大可置疑的。

虽然在这篇"译者前言"中,斯皮瓦克没有专门讨论传统意义上的翻译问题,但通过她的细心梳理和阐释性评述,实际上已经对这本艰深晦涩的《论文字学》提纲挈领式地点出了其要义:"《论文字学》是这篇前言暂时的源文本,但我们并没有依循这本书的发展轨迹去评述。我们思考的恰恰是德里达的文本中被抹擦的文字的重要性;提供了思考德里达、尼采、海德格尔、弗洛伊德、胡塞尔之间的互文性的一些成分;指出了德里达关于结构主义的见解,尤其是他对雅克·拉康的元心理学实践的看法;对'写作'在德里达的思想中所处的地位作了些评价,暗示出其替代之链,并提供了解构的良方。"[2]这就提醒人们,由于《论文字学》所含有的互文性特征,我们在阅读这部著作时就要同时涉及另一些思想家的著述。因而在翻译这部理论著作的过程中,译者实际上扮演了"双重读者"的角色:原作的能动接受者和目标语中的翻译-阐释者。

斯皮瓦克在这篇长长的"译者前言"中还从一种独特的文化理论阐释的角度解释并发挥了德里达的重要理论概念:延异、差异、播撒、逻

---

[1] Spivak, G. C. 1974. Translator's preface. In Derrida J. *Of Grammatology*. Baltimore: The Johns Hopkins University Press, 17.

[2] Ibid., pp. 78–79.

第4章 后殖民主义翻译理论及实践

各斯中心主义、语音中心主义、结构、痕迹、踪迹等,其中涉及的德里达的著作包括《写作与差异》《言语与现象》《播撒》《哲学的边缘》《丧钟》等,以及他的先驱者海德格尔的《存在与时间》和他早年翻译的胡塞尔的《几何学的起源》。可以说,正是这篇"译者前言"开启了人文科学著作翻译的一种新的可能性:阐释。这是一种形而上的文化和理论的阐释,它不拘泥于原作中具体的文字、段落甚至结构,而是从一个宏观的视角引领读者进入一部深奥的理论著作。因此我们在阅读《论文字学》英译本时,最好要同时读一读斯皮瓦克的这篇"译者前言",因为就其理论深度和影响力而言,德里达的法文原著与斯皮瓦克的英译本加上她的"译者前言"应该具有同等的价值,而德里达的解构主义在全世界的风行则主要靠的是美国翻译界-学术界的中介。在这方面,斯皮瓦克立下的汗马功劳自然是不可忽视的。如前所说,今天的法文读者若碰到《论文字学》原著中难以理解的地方,总可以通过查阅斯皮瓦克的英译本而获得解答。这大概是一般的理论著作翻译很难达到的高度。

　　当然,任何翻译都难以避免误读,斯皮瓦克对此也十分清楚。她在指出德里达本人对胡塞尔的误读的同时,不禁扪心自问:她自己有没有对德里达的著作进行误读呢?这一点恐怕是不可避免的,因为根据解构主义的翻译原则,原作同时具有可译性和不可译性,而之于德里达的著作,恐怕不可译性大大地多于可译性。但是德里达的著作要想通过英语世界的中介进而在全世界产生影响,那就不得不经历翻译,斯皮瓦克可以说正是那个时代英语学术界所能选中的最好的翻译者。从她撰写这篇"译者前言"所下的功夫来看,她几乎读遍了德里达书中所提到的所有西方哲学理论著作以及德里达本人70年代中期以前出版的所有著作,因此可以说,在翻译的过程中,译者与原作者确实在很多问题上产生了共鸣,并且配合得十分默契。再者,斯皮瓦克也坦然承认,德里达的英文比她的法文要好,因此对他的思想有没有误读,德里达本人最清楚。但德里达也明白,他的理论若要在英语世界推广和普及,也许更需要一种误读式的翻译和创造性的阐释,也许正是这种有意识的误读和"过度的"阐释才使得德里达更能够直接地进入英语人文科学界,尤其是美国的文学理论批评界,进而产生巨大和深远的影响。和斯皮瓦克本人一样,德里达开始其著述生涯也是以翻译作为跳板的,但他出手不凡,而且一鸣惊人,以其长篇译者前言几乎盖过了胡塞尔原著的光彩,因此他必定对翻译的功过得失有自己的看法。对于德里达的翻译观,斯皮瓦克在这篇前言的结尾处作了如下概括:

> ……德里达的理论接受——同时也否定——对文本的绝对重复性的质疑的序言。现在应该通过质疑原文具有绝对的特权来承认,德里达的理论对翻译同样也是既接受又否认。任何阅读行为都被互文性的不定状态所纠缠和表达。但是毕竟,翻译是互文性的一种形式。如果没有独特的语词来表达的话,如果一旦享有特权的概念性语词出现,它就必然被交付给替代之链和"共同的语言",那么为什么作为翻译的替代行为就要受到怀疑呢?如果专有名称或作者的主权地位既是障碍又是一种权利的话,那么为什么译者的地位就成了次要的呢?[1]

显然,斯皮瓦克又回到了本雅明的立场:译者与原作者具有同等的重要性,他/她绝不只是一个次要的角色。而正是在这一点上,斯皮瓦克同时达到了对德里达著作的文化翻译和文字翻译的两种境地,并显示出她本人的理论资质,这也为她专门讨论理论翻译问题奠定了基础。

翻译的文化政治策略

如果说,斯皮瓦克仅仅停留在对德里达等大师级理论家的著作的翻译阐释之层面的话,那她就不会像今天这样有着如此广泛的影响了。确

---

[1] Spivak, G. C. 1974. Translator's preface. In Derrida J. *Of Grammatology*. Baltimore: The Johns Hopkins University Press, 86.

第 4 章 后殖民主义翻译理论及实践

实,诚如她的不少学界同行所言,斯皮瓦克的学术生涯是以翻译德里达的著作起家并作为跳板的,因为在此之后她再也没有翻译德里达的第二部著作,也没有集中对他的理论进行专门的阐释和批评。她在其后的学术生涯中,同时接受了解构主义和马克思主义的影响,并以一位第三世界和后殖民地女性学者的身份介入国际性的女权主义论争和批评,而且在这三个领域内都得到了同行的承认。因此在她自己的著述中我们完全可以见到这三种成分的共存和互动,这当然也见于她讨论翻译的文字中。斯皮瓦克专门讨论翻译的观点主要集中体现于她的论文《翻译的政治》("The Politics of Translation")等单篇论文和译者序跋中。《翻译的政治》最初写于 1992 年,是为一部讨论女权主义论争的文集撰写的,后收入她自己的论文集《外在于教学机器之内》。该文试图强调的一个观点就是,一切翻译都不只是语言文字上的转换,而是充满了政治和意识形态等文化批判意义,尤其是将第三世界妇女作家的作品翻译成帝国主义的霸权语言时就更是如此。诚然,作为一位比较文学学者介入翻译研究,斯皮瓦克十分重视掌握多种东西方语言,并且每学习一种语言都十分认真,不仅能够做到流畅地阅读,甚至还能达到简单交流的程度。但是她学习语言也不仅仅是为了翻译,而更是为了研究一些具有普遍意义的理论问题。2002 年,已经声名赫赫的斯皮瓦克毅然开始以一个普通学生的身份选修了哥伦比亚大学东亚系的中文课程,并坚持参加考试。她认为,从事东西方文学和文化的比较研究,不懂中文至少是一个很大的缺憾,她本人掌握了英、法、德等数种西方语言,并精通孟加拉语、印地语等多种东方语言,再加上中文知识,完全有资格从事东西方文学的比较研究了。但她认为仅仅是东西方文学的比较还不够,还应该包括南北文学之间的比较,也即用"那些注定要灭绝的"次要语言写作的文学。在她看来,从事比较文学研究实际上也在实践翻译,而且是更高层次上的文化翻译。斯皮瓦克始终认为,"语言也许是使我们表达我们自己对事物的理解的诸多因素之一。当然,我也在考虑手势、停顿,但还包括机会以及次个体(subindividuals)存在的力场,这些都在不同的情境中进入自己的位置，并背离思想中的语言的直接或真实的思路。理解我们自己实际上就产生出了认同。"[1] 但是，语言对她来说只是翻译的一种形式，关键是谁在何种场合使用不同的语言来表达意义。在这方面，斯皮瓦克不否认女性写作的独特视角，并试图对之与男性写作的差异作出辨析。

同样，女性译者从事翻译实践，也与男性译者有着身份上的不同，斯皮瓦克从一开始就意识到了自己所处位置的双重边缘性：来自前殖民地印度的知识分子和第三世界妇女。因而这样的翻译实践就不只是语言上的抵抗和非殖民化实践，还包括鲜明的性别色彩和种族色彩。她认为，"女权主义翻译者的任务就是要把语言当作带有性别色彩的中介这样一个线索来考虑。当然，作家是被她的语言所书写的。但是作家的作品却以一种或许不同于英国女权主义史上的英国妇女／公民的方式书写了中介，它致力于使自己摆脱大英帝国的过去、其经常带有种族主义色彩的当下，以及由男性主宰的'英国制造'的历史这一任务。"[2] 这样看来，译者的任务就不只是本雅明所说的仅仅赋予原作以来世的生命，他／她还要承担消解性别压迫和殖民主义文化霸权的双重历史重任。显然，这一点单在语言的层面上是无法实现的。但是通过作为一种话语实践的翻译，至少可以部分地实现其非殖民化的目的。可以说她本人的翻译实践就是一种典型范例。

因此，斯皮瓦克也从自己的双重性别／种族的边缘视角为后殖民地妇女译者的任务作了规定："译者的任务就是要促成这种居于原作与其影子之间的爱，也即一种允许争论、掌握译者的中介和她想象的或实际读者所要求的爱。翻译一位非欧洲妇女的文本的政治倾向性常常会压制这种可能性，因为译者不可能深深地介入，或不太关注原作的语言风

---

[1] Spivak, G. C. 1993. The politics of translation. In *Outside in the Teaching Machine*. London & New York: Routledge, 179.

[2] Ibid., pp. 179–180.

第 4 章 后殖民主义翻译理论及实践

格。"[1] 因此这样的翻译只能是隔靴搔痒，只有深深地同情和热爱后殖民地女性作家的作品，才有可能准确地再现原作的语言风格和修辞特征。应该承认，对译者的这种要求只有像斯皮瓦克本人这样有着第三世界背景的后殖民地知识分子才能做到，因为她在将第三世界文本译成霸权话语时已经自觉地带有了一种后殖民主义的抵抗和非殖民化意识。而那些没有第三世界背景的白人译者则很难做到与原作者及其作品的共鸣和默契的配合。

当然，仅仅强调翻译的政治性显然会流于偏激，对此斯皮瓦克认为，翻译的政治学与翻译的伦理学是密不可分的，"修辞与逻辑之间，也即条件与认知效果之间的这种程度不同的关系实际上是这样一种关系，通过这种关系为中介者建立了一个世界，这样中介者便能以一种伦理的方式、政治的方式和日常的方式来行动；这样中介者也就能以一种人的方式鲜活地存在于这个世界上。除非人们至少也能为另一种语言建构这样一种模式，否则真正的翻译就不存在。"[2] 诚然，不同的译者对原作的态度是不同的，除了对后殖民地文学作品抱有深深的爱心之外，斯皮瓦克还认为，在翻译和再现的过程中，译者也应该以一种"伦理的态度"忠实地理解原作，他/她不应当在译作中任意添加原作中没有的东西，这样他/她才有可能在目标语中建构一个近似原作的世界，才能忠实地再现后殖民地文学原作中内涵的风土人情和表达方式。这一点，对于那些居高临下俯视第三世界文学作品的第一世界译者，显然是难以做到的。

如果说本雅明和德里达所从事的翻译实践都是把一种帝国语言译成另一种帝国语言，因此并没有超越西方的文化语境，那么斯皮瓦克的翻译除了《论文字学》以外，大都是把用第三世界的次要语言写作的文本翻译成第一世界的霸权语言，因此在这方面，"首先，译者必须臣服于文本。她必须吁请文本表明其语言的极限，因为修辞的那个方面将以自

---

1 Spivak, G. C. 1993. The politics of translation. In *Outside in the Teaching Machine*. London & New York: Routledge, 181.

2 Ibid.

翻译研究的文化转向（修订版）

己独特的方式指明文本要避免的关于语言存在的绝对的争论的沉寂。有人认为这只是谈论文学或哲学的一个微妙方式。但是任何一种生硬的讨论都无法回避这一事实：翻译是一种最亲密的阅读行为。除非译者争得成为亲密读者的权利，否则她就无法臣服于文本，无法对文本的特殊召唤作出响应。"[1] 只有进入原作的特殊语境，或者说进入作者的独特视角，分享作者的悲欢和哀乐，译者才能达到原作的亲密读者的境地去深刻地理解原作。对于这一点，那些站在居高临下的位置来俯视原作、指责原作的语言不规范和不纯正的殖民主义译者是无法做到的。

由此可见，由带有第三世界背景的译者来翻译第三世界的文本，就有其独特的优势，但是能够做到这一点的人毕竟太少。作为一位来自第三世界的女性知识分子和后殖民批评家，斯皮瓦克始终保持与自己的祖国印度学术界的密切联系，并以自己的独特方式介入了"底层研究"（subaltern studies）小组的活动。她几乎每年都要到印度去演讲或出席学术会议，并公开宣称自己是一位后殖民批评家和底层研究学者。她指出，"在我看来，来自第三世界语言背景的译者应当与以那种语言写作的文学创作现状保持充分的接触，以便能区分妇女创作的优秀作品与拙劣之作，区分妇女创作出的抵抗式的作品与墨守成规之作。"[2] 可以说，正是在斯皮瓦克等人的努力下，印度的后殖民研究者才得以在西方乃至国际学术界发出自己的声音。可以说，斯皮瓦克的文化政治翻译策略基本上达到了预期的效果。

在当今的翻译界和翻译研究界，一些从事翻译研究的学者往往脱离翻译实践，或者根本不屑于从事翻译实践，认为那是浅层次的一种语言转换技能，对此斯皮瓦克有着不同的看法。她几乎同时在两条战线从事翻译实践：早年将（用第一世界帝国语言撰写的）德里达的著作翻译成另一种更为普及的第一世界帝国语言，这也许被许多人看作是她进入学

---

[1] Spivak, G. C. 1993. The politics of translation. In *Outside in the Teaching Machine*. London & New York: Routledge, 183.

[2] Ibid., p. 188.

第4章 后殖民主义翻译理论及实践

术界的一个跳板，但是她并没有就此止步，而是迅速地从解构主义那里汲取理论资源，用于反抗殖民主义话语的抵抗式翻译；这尤其体现在她将印度孟加拉语女作家德维用第三世界小语种写作的作品翻译成第一世界的帝国语言。因此她对翻译理论和实践都有亲身的体会和经验。她在谈到自己是如何处理这二者之关系时指出，"对译者任务的理解和对翻译技巧的实践是相关联的，但是也有差别。我来总结一下我是如何做的。首先，我很快地翻译，如果我停下来思考英语读者将会如何反应，如果我假想有一个读者，如果我把我意欲从事的工作当作比跳板更重要的东西，我就不可能跳跃过去，也不可能缴械投降。"[1] 也就是说，她对德维作品的翻译经历了这样一个过程：首先是热爱它，同情它，进而和它产生共鸣，然后在深刻理解它的基础上考虑到目标语读者的接受程度。在这一点上，她和本雅明对译者作用的弘扬还是有一定差别的。也许这就是她所说的后殖民主义翻译的政治吧。

但是，翻译出来的译文必须面对目标语读者，如果目标语读者不认可，这样的译作不但不能赋予原作以来世的生命，甚至还会使得本来写得很好的原作也失去其固有的光彩，对此，斯皮瓦克深有体会，因而在她看来，译作也应当考虑到读者的接受因素。她在德维的《想象的地图》英译本前言中坦言，"我意识到，我的译文的英语与其说属于我年轻时所学的较为带有次大陆特色的习语，倒不如说更属于那种漂泊无根的美国学者的散文体英文。这是一个很有意思的问题，对于印度来说尤其独特：印度的文本应该被译成次大陆的英文吗？"[2] 显然，这在斯皮瓦克看来是不可能的，因为根据她的后殖民主义文化政治战略，她之所以要把德维的孟加拉文小说译成英文，就是要使之顺利地进入主流英语世界，从

---

1 Spivak, G. C. 1993. The politics of translation. In *Outside in the Teaching Machine*. London & New York: Routledge, 189.

2 Spivak, G. C. 1996. Translator's Preface and Afterword to Mahasweta Devi, *Imaginary Maps*. In Landry D. & G. MacLean. (eds.) *The Spivak Reader*. New York & London: Routledge, 272.

而消解殖民主义的文化霸权。所以这也是她不得已而为之的一个实用性策略。由于她同时从事两种语言的英译,也即把德里达的法文著作译成面对美国读者的英文,和把德维的孟加拉文作品译成主要面对英语世界读者但同时也面对印度本国的英语读者的英文,有人指责她既没有掌握德里达的法文之精髓,也没有把握德维的印度精神,实际上,斯皮瓦克对此自有她的政治和文化策略。确实,对于斯皮瓦克的著述对西方理论的熟悉和依赖,她也受到了一些学界人士的责难,对此,她的心态十分平静,并且给予了这样的回答:"我并不想为后殖民地知识分子对西方模式的依赖性进行辩护:我所做的工作是要搞清楚我所属的学科的困境。我本人的位置是灵活的。马克思主义者认为我太代码化了,女权主义者则嫌我太向男性认同了,本土理论家认为我太专注西方理论。我对此倒是心神不安,但却感到高兴。人们的警惕性由于她被人注意的方式而一下子提高了,但却不必为自己进行辩护。"[1] 应该承认,除去她本人的深厚学养和渊博知识外,斯皮瓦克之所以能在群星璀璨的美国文学理论界和比较文学界异军突起并很快独树一帜,与她的后殖民地知识分子和第三世界女性学者的双重身份不无关系。在美国这样一个多元文化社会,学界并不主张趋同,而是追求差异:完全跟在西方白人的话语后面亦步亦趋者必将失去自我身份,并受到西方主流学者的鄙夷;而远离主流话语我行我素者,则充其量只能在一个狭窄的小圈子内进行自恋式的独白,更不用说产生广泛的影响了。因此斯皮瓦克的成功在很大程度上也取决于她的后殖民主义文化翻译策略,也即她既活跃在教学机器和学术体制之内,不断地从处于边缘地位的大学向常春藤名校迈进,进而逐步在蜚声世界的哥伦比亚大学获得高位;另一方面,她又"外在于"教学机器和学术体制,以公共知识分子特有的社会责任感和使命感,热情关注并积极参与第三世界知识分子的"底层研究",为他们的"非边缘化"和"非殖民化"努力推波助澜。这也许是所有后殖民主义翻译者和研究

---

[1] Spivak, G. C. 1990. *The Post-Colonial Critic: Interviews, Strategies, Dialogues*. Harasym, S. (ed.) New York & London: Routledge, 69–70.

第 4 章　后殖民主义翻译理论及实践

者几乎共有的一个特点，在这方面，斯皮瓦克的巨大影响是不可忽视的。

《作为文化的翻译》是 1999 年斯皮瓦克为三位西班牙学者编辑的文集《翻译文化》撰写的一篇文章，后于 2000 年转载于《视差》(*Parallax*)杂志第 6 卷第 1 期。在这篇文章中，斯皮瓦克从维也纳精神分析学家梅兰妮·克兰（Melanie Klein）的翻译观谈起，开宗明义地指出，"在所有可能的意义上，翻译都是必要的但也是不可能的"，这实际上重复了德里达的巴别塔原则，即翻译具有二重性，而且是一个悖论。但她接着阐述道，"为了进行这样一种编排组合——按照我的估计，克兰在严格的弗洛伊德主义意义上充其量只是一个读者，而非一位精神分析者——将这一连续不断的穿梭行为翻译成可读物的译者必须对再现规则有最为熟悉的认识，且能够译出一种文化要素可接受的叙述，同时，也必须为预设的原作的写作/翻译负起责任。"[1] 这就相当明确地指出了翻译的几个最重要的方面：把握原作中的可译性与不可译性之间的张力关系，在将其转换为目标语时充分考虑到读者的接受因素，最后回过头来还要考虑是否履行了对原作和译作的双重责任。应该说，这些都没有距离传统的翻译观甚远，因而比较容易为翻译研究学者所接受。

在谈到译者与原作的关系时，斯皮瓦克指出，"在我始自克兰这一点上，翻译确实在直译的意义上会失去其支柱。一般意义上的翻译并不处于译者的控制之下，而且确实，人的主体就是随着这种从内到外、从暴力到良知的穿梭转换而发生的某种东西：伦理主体的产生。这种始源性的（originary）翻译因而就从其形成的外部扭曲了翻译的这个英语词的原意。"[2] 既然有一个原作放在那里对照，作为翻译主体的译者往往便无法控制自己的译作，他/她必须依照原作内涵的可译性和不可译性之张力的规律，以一种伦理的方式臣服于原作，但又不得不按照自己的理解和再现风格去在目标语中表达原作的意思和风貌。这样看来，作为一种文化的翻译有时也不得不背离传统意义上的翻译之原意，带有译者更

1　Spivak, G. C. 2000. Translation as culture. *Parallax*, 6(1): 13.

2　Ibid., p. 14.

翻译研究的文化转向（修订版）

大的主体性和创造性建构。这也许正是后殖民主义文化翻译不同于一般意义上的文字翻译的特征。

对于斯皮瓦克的翻译理论和实践，西方翻译研究学者虽然有不同的看法，但一般还是比较认可的，并给予了高度的评价，但他们也指出了她的文化政治翻译观的偏颇性和局限性。这方面我们可以从爱德温·根茨勒的一段总结性评价见出端倪：

> 因此从理论方面来说，斯皮瓦克在自己的翻译中完成了一种双重写作，既批判了西方形而上学和人文思想，同时又创造了想象始终存在着的真正的文化差异的开始。她还揭示了使"原作"的文化具有特征的那些带有鲜明多元价值和多元文化的条件。她清楚地意识到她的译作对源语文化所产生的影响；就在斯皮瓦克的翻译之后，德维从一个边缘作家成为一个全国乃至国际知名的人物。斯皮瓦克的翻译著作和理论著述都意在干预（intervene）和转化（transform）。因而她翻译的德维的作品便弥补了关于德里达著作的不足，因为她发现后者的著作并没有足够的力量去讨论诸如印度的部落这样具体的政治形势。而她关于德里达的著作则弥补了她的译著，提出了关于再现、意义和"原作"文化及文本的可译性问题。这二者都旨在开启一些新的想象和负责方式。[1]

应该说，根茨勒的上述评论是比较实事求是的，同时也表明了翻译研究圈内人士对斯皮瓦克的翻译理论和实践的认可和重视。由此可见，在当代翻译研究的文化转向方面，后殖民主义翻译的理论与实践是不可忽视的，它不仅具有强有力的冲击力，同时也有着强大的生命力和广泛的影响力。在这方面，斯皮瓦克的贡献是举足轻重的，同时，她本人的独特民族、性别和文化身份也与之不无关系。

---

1 Gentzler, E. 2001. *Contemporary Translation Theories*. (2nd ed.) Clevedon: Multilingual Matters, 186.

第4章 后殖民主义翻译理论及实践

模拟、混杂、第三空间与文化翻译的策略

当今研究后殖民主义翻译的学者在讨论后殖民翻译理论时，往往总要提到霍米·巴巴的文化翻译概念。虽然这一概念并非巴巴首创，但巴巴对之的阐释和重新建构却赋予其鲜明的后殖民和解构意义。原先因为年轻和不甚多产而名气相对小一些的巴巴近十多年来却十分活跃，他的后殖民理论批评著述在当今的欧美文学理论和文化批评界、文化研究界乃至文化翻译界的引用率都是相当高的，这一点不禁令他的同辈学者望其项背。尽管巴巴迄今只出版了一本自己的专著，而且还是一本根据已发表的论文改写而成的专题研究文集，但令人不得不佩服的是，这本书的引用率之高很少有人能与之比拟。确实，近二十年来，几乎巴巴每发表一篇重要论文或编辑出版一本文集，都会有成千上万的读者和批评家争相阅读、引证并讨论，这对一个处于当代学术前沿的后殖民批评家来说，确实是难以做到的。

作为当代英语文化学术界最具有冲击力和批判锋芒的后殖民理论家之一，霍米·巴巴在理论上的建树主要体现在这几个方面：（1）他创造性地将马克思主义、精神分析学和（福柯的）后结构主义理论糅为一体，并且颇为有效地将其运用于自己的文化和艺术批评实践，从而发展了一种颇具挑战性和解构性的后殖民文化研究和文化批判风格；（2）他的混杂和第三空间的理论概念影响了当今全球性后殖民语境下的民族和文化身份研究，提出了第三世界批评家进入学术主流并发出自己声音的具体策略；（3）他的模拟概念以及对一些殖民地题材的作品的细读则对第三世界批评家反对西方文化霸权的努力有着巨大的启迪作用，对文学经典的重构也有着一定的推进作用；（4）他所发展出的一种文化翻译理论强有力地冲击了翻译研究领域内长期占统治地位的以语言转述为主的文字翻译，从文化的层面消解了以语言为中心的逻各斯中心主义，为翻译研究领域内出现的文化转向起到了重要的推波助澜之作用。

霍米·巴巴（1949-）出生于印度孟买邦的一个商人家庭，从小受的是印度学校的教育，据说他还有波斯血统，这种"混杂"的民族身份

倒使得他在研究民族和文化身份以及少数族裔文学和文化方面具有切身的经历，因而有很大的发言权。巴巴后来到英国求学，师从著名的马克思主义理论家特里·伊格尔顿，在著名学府牛津大学获得博士学位，毕业后长期在萨塞克斯大学任教，但其间却不断地应邀赴美国的一些名牌大学讲学。1994年，巴巴被芝加哥大学聘请担任该校切斯特·D. 特里帕人文科学讲席教授（Chester F. Tripp Chair of the Humanities），其间常以客座教授的身份在伦敦大学讲学。自2000年底起，巴巴应邀来到哈佛大学，担任安娜·F. 罗森伯格英美语言文学讲席教授（Anne F. Rothenberg Professor of English and American Literature and Language），并兼任该校专为他设立的历史与文学研究中心主任，现任哈佛大学人文科学研究中心主任和负责文科的副教务长。可以说，巴巴也和他的后殖民批评同行一样，实现了自己多年来的"非边缘化"和跻身学术主流的愿望。

与当今十分活跃和多产的另两位后殖民理论家赛义德和斯皮瓦克相比，巴巴的著作确实少了一些。除了那些并不算很多的论文外，他至今只出版了一本著作《文化的定位》（*The Location of Culture*, 1994），在此之前，还出过一本编选的论文集《民族和叙述》（*Nation and Narration*, 1990），但是他的巨大学术声誉和影响力在很大程度上就基于这两本书。《民族和叙述》虽是一本编著著作，但这也足以说明巴巴独具慧眼的编辑眼光，这是他首次介入并批判那些试图通过假设有趋同性和历史连续性传统之方法来界定并归化第三世界民族性的"本质主义"文字，其中福柯的影响十分明显。在他看来，这些文字虚假地界定并保证了它们的从属地位，因而是不可靠的。他在导言中开宗明义地指出，"民族就如同叙述一样，在神话的时代往往失去自己的源头，只有在心灵的目光中才能全然意识到自己的视野。这样一种民族或叙述的形象似乎显得不可能地罗曼蒂克并且极具隐喻性，但正是从政治思想和文学语言的那些传统中，西方才出现了作为强有力的历史观念的民族。"[1] 这就是说，民

1　Bhabha, H. K. (ed.) 1990. *Nation and Narration*. London & New York: Routledge, 1.

第4章 后殖民主义翻译理论及实践

族本身就是一种叙述，它的不确定性和"非本真性"也如同叙述的不可靠性一样。如果说赛义德的后殖民批评始于对东方主义的批判，那么巴巴的后殖民批评可以说始于对民族之神话的消解，正是这种对民族之本真性的消解从某种程度上奠定了巴巴的后殖民批评理论的基础。在这之前及其后，巴巴一直坚持其"混杂"（hybridity）的文化策略，在自己的著述中发展了一整套具有强有力的解构性的"含混"或"模棱两可"（ambivalence）的术语，可以说，巴巴在其后的一系列著述中都不同程度地发展了这种文化批判策略，而且也正是这种反本质主义和反文化本真性的"混杂"批评策略使得巴巴在自己的批评生涯中一直处于一种能动的和具有创造性活力的境地。

和斯皮瓦克不一样的是，巴巴很少从事翻译实践，除了经常在《艺术论坛》（*Artforum*）杂志上发表一些艺术评论文章外，几乎很少专门讨论翻译问题。实际上，若按照雅各布森的翻译之三个方面的定义，巴巴用文字对艺术作品的阐释也近似一种符际翻译，其成败得失足以供翻译研究者借鉴。但由于他的符际翻译基本上仍局限于西方的语言文化语境，并未达到跨东西方文化的境地，因而不在本书的讨论范围。他唯一一篇广为人们讨论的以文化翻译为核心的文章就是《新鲜的东西是如何进入世界的：后现代空间、后殖民时代和文化翻译的试验》（"How Newness Enters the World: Postmodern Space, Postcolonial Times and the Trials of Cultural Translation"），该文收入《文化的定位》一书。

在这篇论文的第一部分，巴巴从宏观理论的视角讨论了马克思主义理论家弗雷德里克·詹姆逊（Fredric Jameson）关于后现代主义与晚期资本主义文化逻辑的著述，从詹姆逊关于跨国资本主义时代的阶级分析和文化再现问题逐步拓展涉及一种广义的文化翻译。他认为在这样一个后现代空间中，出现一些新的东西是不可避免的。但这些新的东西是突然冒出来的，还是新旧两个时代交替的产物？这是巴巴最为关心的问题。在巴巴看来，历史的发展和时代的交替，以及民族疆界的拓展甚至模糊，均使得一些新的东西可以在这一个个历史和民族文化的"间隙"

或"夹缝"中出现，这就使得文化翻译的试验成为可能。在这里，文化翻译近似一种文化之间的转化，作为文化翻译者的任务就是重新定位自己的民族文化。因此这样的一种翻译的使命显然具有鲜明的政治和意识形态性。在这一部分的结尾处，巴巴指出，"这种介于'两者之间'（in-between）的漂泊流动的文化，这种少数族的位置便使得文化不可译性的活动变得戏剧化了；在这样做的时候，它使得文化的挪用问题超越了民族同化主义者的梦想，或者一种充分传达了'主题'的种族主义者的梦魇，趋向于与分类和混杂的模棱两可的过程相接触，因为这一过程标志着与文化差异的认同。"[1]巴巴对全球化的认识显然不同于那些欧洲中心主义或西方中心主义论者，他认为，一方面，全球化使得民族文化之间的差异变得模糊了，霸权文化以自己的价值观念影响弱势文化，但另一方面，处于弱势的第三世界文化也不甘示弱，它们无时无刻不在进行默默的、无形的反抗，这种抵制和反抗主要表现在文化上的反渗透，因此文化上的多样性潮流是不可阻挡的。毫无疑问，在后现代空间和后殖民时代，文化的差异变得更为突出了，即使是最为纯洁的白人霸权文化和殖民话语也被后殖民主义者弄得"混杂"和"模棱两可"了，正是在这种混杂造成的间隙（interstices）出现了一些新的东西，并形成了一种既非彼亦非此的"第三空间"（third space），应该说这正是文化翻译可赖以进行试验的基础。此外，他的"第三空间"概念还对艺术批评和阐释产生了极大的影响和启迪。

但另一方面，巴巴的这种后殖民主义文化翻译也和解构主义翻译一样，对原作的本真性是持怀疑态度的，它千方百计地试图从边缘发起冲击，通过混杂和含混等策略首先使其失去神圣的光环，然后再通过精神分析意义上的"再度阐释"（secondary elaboration）建构起新的东西。在巴巴看来，"如果混杂是异端邪说的话，那么亵渎则是梦想了。但梦想的并不是过去或当下，也不是连续不断的当下；这并不是那种对传统的怀旧式的梦想，也不是对现代进步的乌托邦式的梦想；那是一种作为

1　Bhabha, H. K. 1994. *The Location of Culture*. London & New York: Routledge, 224.

第 4 章　后殖民主义翻译理论及实践

'生存'（survival）的翻译的梦想，正如德里达将本雅明翻译的'来世生命'（afterlife）之概念的'时间'翻译成 *sur-vivre*，也即'生存在两可之间的行为'"。[1] 在具体的翻译实践中，这种现象若用于描述具体的原作与译作之间的关系，则意味着译作既非原作的被动再现，也非译者全然创造出来的新的东西，它实际上是一个介于二者之间的既与原作相近似但又与之保持一定距离的新的东西。这就从一个后殖民理论的角度再次重申了本雅明的翻译之"来世生命"说。

从解构的多元差异和全球化对民族和国家疆界的消解之角度，巴巴还提出了一种文化"边界"（borderline）说，也即"从后殖民的视角来修正全球空间的问题就使得文化差异的定位脱离人口学意义上的多元空间，被放到文化翻译的边界谈判（borderline negotiations）上"。[2] 毫无疑问，这种"边界"指的是处于文化渗透之复杂状态中的不同文化之间的你中有我、我中有你的那种不确定的、模棱两可间的界线，也正是在这样一个"临界"的场所才有可能建构一种后殖民意义上的"第三空间"和新的东西。而边界谈判则是建构这些新东西的必要手段，其具体表现就是巴巴所谓的文化翻译。显然，在这里，巴巴赋予文化翻译的使命确实是传统意义上的文字翻译所无法完成的。那么，什么是巴巴心目中的文化翻译呢？它的解构和反殖民主义霸权的特征又体现在何处呢？对此，巴巴指出：

> 翻译就是文化交流中的施为（performative）性，它是语言的阐发（enunciation, positionality），而不是语言的命题（*énoncé*, propositionality）。翻译的符号不断地分辨出或"表明"文化权威和它的施为性实践的不同时间和空间。翻译的"时间"就在于意义的运动、交流的原则和实践，用德曼的话说，"让原作运动起来，使其非经典化，使其分裂、游荡，甚至是一种

---

[1] Bhabha, H. K. 1994. *The Location of Culture*. London & New York: Routledge, 226–227.

[2] Ibid., p. 223.

永远的放逐。"[1]

在巴巴看来，在文化翻译的施为性过程中，原作的整体性被消解成了碎片，译者的任务就是在这碎片之中提取最为接近原作的成分加以重新组合，最终建构成一种新的东西。这种新的东西来自于原作，但又不同于原作，它是基于原作重新创造出来的一个"译作"，但它又不同于传统意义上的对原作十分忠实的"译作"，它是一个既接近原作又对之有所叛逆的"第三者"。由此看来，巴巴对原作的态度显然不同于斯皮瓦克对原作的"臣服"和充当原作之"亲密读者"的态度，因为后者主要用于把第三世界作品译成帝国主义的霸权语言，因而译者必须首先对之抱有同情甚至亲情；而巴巴则主要指的是对帝国主义霸权文化的"翻译"（translation）和"变异"（transformation）。

既然这篇文章讨论了新的东西如何进入世界的，那么巴巴就得从文化翻译的角度来描述这一新的东西的具体特征。为此，他提出了一种"另类性"的概念，它近似于传统翻译理论中的"异化"论：

这种漂泊流动的"新鲜东西"或少数族话语不得不直截了当地（in medias res）被发现：它不是"进步论者"对过去与现在，或古老与现代之划分的一种新东西；也不是可以包含在对"原作与复制"的模仿中的新东西。在这两种情况下，新的形象总是偶像般的，而非清晰明确的；在这两个例子中，时间上的差异被再现为远离一个原始出处的认识论或模仿论的距离。文化翻译的新颖性就像本雅明所描述为"语言的另类性"（foreignness of languages）的东西——那个再现的问题对于再现本身也是天然存在的。如果保罗·德曼聚焦于翻译的"转喻"（metonymy）的话，那我倒要突出文化翻译的"另类性"。[2]

1　Bhabha, H. K. 1994. *The Location of Culture*. London & New York: Routledge, 228.
2　Ibid., p. 227.

第4章　后殖民主义翻译理论及实践

那么，什么是文化翻译的"另类性"呢？在巴巴看来，它既不是之于古老的那种现代性，也不是之于原作的那种模仿性，而是既介于这二者之间同时又共有这二者之主要特征的"第三种成分"。它也许一开始出现时显得"另类"，但细心的读者一下子就可以看出其中文化母体的影子和与之不同的特征。这样看来，"文化翻译便消解了文化霸权地位的透明假想的神话，而且就在那样一个行动中，同时也要求在少数族的地位之内保有语境的特殊性和历史的差异性"。[1] "文化翻译的行为通过'连续不断的变化'（the continua of transformation）而发挥作用，最终产生出一种文化归属性的意义。"[2] 显然，从传统的翻译观来看，巴巴的这种文化翻译属于"异化"翻译，它并不主张向原作趋同，而是要确保译作与原作的差异，从而使得译作与原作具有同等的价值。因此，毫不奇怪，巴巴的文化翻译和第三空间等概念对当代艺术创作的影响之大也是人们始料不及的。

由此可见，巴巴所鼓吹的文化翻译之含义远远超过了本雅明在《译者的任务》中赋予翻译的使命，达到了一种文化非殖民性的政治和意识形态意义。巴巴始终认为，全球化的大潮是不可阻挡的，但这只是世界潮流的一个方面。正如他十几年前在北京的一次演讲中所中肯地指出的，"杜波依斯的核心洞见在于强调少数族形成的'邻接的'和偶然的性质；在这里，是否能够团结一致要有赖于超越自主性和主权，而赞同一种跨文化的差异的表达。这是一个有关少数族群体的富有生气的、辩证的概念，它是一个亲善契合的过程，是正在进行的目的和兴趣的转化；通过这种转化，社会群体和政治团体开始将它们的信息播向临近的公众领域。'少数族化'（minoritization）这一理性概念远比'少数族'的人类学概念优越，后者在国际民权与政治权利大会的第二十七条中有规定。

1　Bhabha, H. K. 1994. *The Location of Culture*. London & New York: Routledge, 228.
2　Ibid., p. 235.

它实际上是另一种类似全球化的过程。"[1] 因此，针对全球化时代文化的趋同性特征愈来愈明显，巴巴便从另一个角度提出"少数族化"（又译"弱势群体化"），并认为这是另一种类似全球化的历史进程。这实际上是在强调文化的差异性，弘扬少数族群体的话语权。在这方面，传统的翻译是无法完成这一历史使命的，只有他所宣扬的这种以解构和非殖民化为宗旨的文化翻译才能承担。

对于后殖民主义翻译理论与实践，文化研究学者始终给予高度重视，并将其纳入文化研究的大背景下进行考察研究。而在翻译研究领域内，学者们则意见纷呈，观点各异。一方面，他们对后殖民主义翻译实践给文学翻译界吹来的一股新风感到清新；但另一方面，则对其过分强调翻译的政治性和文化批判精神持保留的态度。在一般从语言学角度研究翻译的学者那里，后殖民主义翻译理论与实践很少得到讨论和研究。而从比较文学和文化研究的视角来研究翻译的学者则在重视解构主义翻译的同时，将后殖民主义翻译一带而过，对其历史功绩往往多有所忽视。根茨勒在《当代翻译理论》（第二版修订本）中，虽有长长的一章讨论解构主义翻译，但对后殖民主义翻译的讨论并没有专辟一节，只是在"解构和后殖民翻译"这一节里用了十页多一点的篇幅讨论了特佳思维尼·尼兰佳纳（Tejaswini Niranjana）和佳亚特里·斯皮瓦克这两位深受解构理论影响的后殖民翻译理论家。[2] 虽然根茨勒对斯皮瓦克在翻译理论和实践上的建树给予了一定的肯定，但在总体上却没有对后殖民主义翻译的意义和价值给予充分的评价。他在为苏珊·巴斯耐特和安德列·勒弗菲尔合著的论文集《文化建构：文学翻译论集》撰写的前言中，在褒扬两位作者在翻译的文化建构方面所做的贡献的同时，还这样写道，"当我阅读雅克·德里达、霍米·巴巴或爱德华·赛义德的著作时，我常常

---

[1] 关于巴巴近十多年来的学术思想之转向，参见他于2002年6月25日在清华−哈佛后殖民理论高级论坛上的主题发言《黑人学者和印度公主》（"The Black Savant and the Dark Princess"），中译文见《文学评论》2002年第5期。

[2] Cf. Gentzler, E. 1993. *Contemporary Translation Theories*. London & New York: Routledge, 176–186.

第4章 后殖民主义翻译理论及实践

感到吃惊的是，与翻译研究学者所提供的详细的分析相比，他们就翻译所提出的观点听起来是多么的天真幼稚。"[1] 这一粗略的评价虽然不无几分道理，但却在一个更深的文化层次上忽视了解构主义和后殖民主义理论对当代翻译研究中文化转向的巨大的、深层次的贡献。这一点，不仅是根茨勒的局限，也是大多数传统的翻译研究者的知识和理论局限。这也是为什么传统的翻译研究长期以来始终被排斥在人文社会科学主流之外的一个重要原因。诚然，在上述三位理论家中，除了赛义德只是在谈到理论的旅行和流散现象时才偶尔提到文化翻译的作用外，德里达、巴巴都比较重视文化翻译，并且发表了数量不算多但却带有深刻哲理的洞见：前者在一个更高的形而上语言哲学的层次上对翻译有着指导意义，而后者则在具体的非殖民化策略方面对译者有着不可忽视的指导作用。此外，就他们的理论观点在整个人文科学领域内所产生的实际影响而言，任何一位专业的翻译研究学者都是无法与之比拟的。只有认识到这一点，我们才能充分认识后殖民主义翻译理论与实践的历史功绩和现实意义。

---

1 Gentzler, E. 1998. Foreword. In Bassnett, S. & A. Lefevere. *Constructing Cultures: Essays on Literary Translation.* Clevedon & London: Multilingual Matters，xxi.

第 5 章 比较文学和文化研究的干预

正如我们已经注意到的，翻译研究长期以来一直在三个领域内得到学者们的关注和推进：对比语言学，比较文学和文化研究。但长期以来，传统的翻译研究一直都由语言中心主义的思维模式占据主导地位，受这种思想影响的学者认为，翻译只是两种语言之间的转换，因此译者唯一的选择就是忠实于原作，并流畅地将其在目标语中加以表达。随着比较文学学者的干预，翻译中的接受因素开始受到重视，不少翻译研究者在考察两种或两种以上的文学存在的事实上的关系时，自觉地关注某一文学文本通过翻译的中介在另一文化语境中的接受和传播，从而使得翻译研究中的比较文学和文化的因素大大地增多了。随着这种研究的深入，他们还发现，所谓一国文学对另一国文学的影响在很大程度上取决于另一国的读者对之的主动接受和创造性阐释，因此在接受美学的影响下，新一代比较文学学者更为关注的是这种创造性的接受所导致的文化上的变异。而文化研究学者，特别是后殖民理论批评家的努力则使得翻译研究更为关注这样一些带有文化研究成分的现象：再现、话语、霸权、操控、性别、种族、殖民、身份认同等，从而大大地推进了翻译研究的文化转向。这一系列的努力至少使得翻译研究的疆界扩展了，翻译学的学科地位也得到了相应的提高。今天的翻译研究确实呈现出一种多元共生的繁荣格局，语言学与文化学的边界被打破了，这当然与一大批来自比较文学和文化研究的学者的著述和努力是分不开的，同时也与语言学界的一些具有开放观念和宽阔胸襟的学者的推波助澜不可分割。对于这一新的气象以及其在未来的发展,我们将在最后一章进行总结。本章主要讨论比较文学和文化研究学者是如何干预翻译研究进而推动其文化转向的。

比较文学与文化研究:对峙还是对话?

也许在局外人看来,比较文学与文化研究应该有着密切的亲缘关系,因为当今十分活跃的一大批文化研究者就是早先的文学研究者,他们宽阔的跨学科和跨文化视野和丰富的世界文学知识使人们很容易将他们当作比较文学学者。但事实并非如此,比较文学与文化研究显然是两个不同的学科领域,而且随着各自的发展,前者的领地越来越被后者侵占,因而有人惊呼文化研究的兴盛为日益萎缩的比较文学学科敲响了丧钟。作为两个相对独立的学科领域和研究方法,比较文学与文化研究究竟应该是一种什么样的关系呢?它们为何都如此关注翻译的作用和翻译研究呢?我认为,对此至少有如下不同的看法和因素。

关于文化研究在西方的发展和现状,我们已经在本书导言中作过概述,这里仅就中国的文化研究现状进行讨论。早在20世纪80年代,各种西方理论思潮蜂拥进入中国,致使有着自己独立人文传统的中国当代文学批评发生了深刻的变化。这在很大程度上促进了中国比较文学和文学理论的复兴。进入90年代以来,文化研究也进入中国,对文学研究产生了较大的冲击。当然,单方面的由西向东的"理论的旅行"(赛义德语)并不是我们的最终目的,我们所需要的是理论的双向旅行和交流。由此来看当前全球化时代的比较文学研究,我们发现它面临着来自多方面的挑战,尤其是来自长期被压抑的边缘文化甚或大众文化的文化研究。面对经济全球化的强有力冲击,消费文化和文学也不得不成为比较文学和文化研究学者们必须正视的一个热门课题。照乔纳森·卡勒的描述,比较文学界确实出现了漫无边际的"泛文化"倾向:除了跨文化、跨文明语境的文学之比较研究外,还涉及文学以外的哲学、精神分析学、政治学、医学等话语。在当今的比较文学青年学者中,以影视和大众文

第 5 章 比较文学和文化研究的干预

化为题撰写博士论文者,不仅在西方学界不足为奇,就是在中国比较文学界也开始出现。这样一来,确实使得比较文学的学科界限变得越来越宽泛,甚至大有以文化来吞没传统意义的文学研究之趋势,因此卡勒呼吁,"把文学当作其他话语中的一种似乎是有效的和值得称道的策略。"[1] 显然,卡勒这位美国文学批评界德里达解构主义的忠实阐释者,已经感觉到了比较文学学科所受到的侵害,并在思考摆脱这种危机的对策。但另一些学者则认为,比较文学与文化研究可以达到互补的境地,因而没有必要与后者形成对立关系。[2] 显然,在当前的语境下,后一种态度应当更值得提倡,但关键的问题是如何才能有效地使比较文学既保持自己的开放性和包容性学科特征,同时又不至于在众多学科的冲击下全然解体。十多年前由汉学家和比较文学学者苏源熙(Haun Saussy)主编的美国比较文学学会最新十年报告《全球化时代的比较文学》就可算作是美国比较文学界对全球化所导致的后果做出的最新反应。[3] 当然,中国学者也在不少国际场合结合比较文学在中国的研究现状做出了自己的积极反应。[4]

既然比较文学受到了严峻的挑战因而陷入了新的危机,那么我们是

---

1 关于比较文学所面临的新的危机,参阅:Culler, J. 1995. Comparative literature, at last! In Berheimer, C. (ed.) *Comparative Literature in the Age of Multiculturalism*. Baltimore & London: The Johns Hopkins University Press, 117.

2 关于比较文学与文化研究可能达到的互动和互补关系,参阅:Riffaterre, M. 1995. On the complementarity of Comparative Literature and Cultural Studies. In Berheimer, C. (ed.) *Comparative Literature in the Age of Multiculturalism*. Baltimore & London: The Johns Hopkins University Press, 66-73.

3 Cf. Saussy, H. (ed.) 2006. *Comparative Literature in an Age of Globalization*. Baltimore & London: The Johns Hopkins University Press. 尤其是主编者那篇带有导论性的长文。

4 这方面尤其可参见笔者的几篇英文论文:"Confronting Globalization: Cultural Studies versus Comparative Literature Studies?", *Neohelicon*, XXXVIII/1 (2001): 55-66; "Comparative Literature and Globalism: A Chinese Cultural and Literary Strategy", *Comparative Literature Studies*, 41.4 (2004): 584-602; "Comparative Literature", in Roland Robertson & Jan Aart Scholte, (eds.) *Encyclopedia of Globalization*. New York & London: Routledge, 2006, pp. 196-198.

翻译研究的文化转向（修订版）

不是就此可以否认比较文学存在的价值呢？显然不是。毫无疑问，比较文学"泛文化"倾向的出现并不是偶然的，它与全球化之于文化和文学的作用有着密切的关系。文化上出现的全球化趋向，与后现代主义在文化和文学中的反映有着直接的联系。在后现代时代，高雅文化产品和艺术品被当成消费品：对文化产品无节制的复制、对文学经典的模拟和改写、增殖甚至大宗制作，取代了现代主义时代对艺术品的精雕细琢。平面化的人物形象取代了现代主义艺术对人物心理的深入刻画，碎片或精神分裂式的结构取代了现代主义艺术的深度结构，如此等等，不一而足。所有这些现象的出现，无疑都引起了有着强烈社会使命感的人文学者和文学理论批评家的关注。在这方面，比较文学学者并没有回避，而是以积极的姿态介入国际性的后现代主义理论争鸣，发表了大量的理论著述。而文化研究的崛起则为比较文学提供了另一个独特的视角，通过对这些现象的分析和阐释，我们也许能够提出一些积极的策略，从而促使二者共存乃至达到互补的境地。这样，比较文学与文化研究之间的关系，就不一定是一种非此即彼的对立关系，而是一种共存共融的和谐关系。所谓返回比较文学的"本真性"在当前这个时代实在是无法实现的，而有效的策略应该是将比较文学研究置于广阔的跨文化语境：从文学现象出发，通过对文学文本的文化透视再返回文学现象的文化阐释，这也许才是一种实事求是的积极态度。比较文学和文化研究的学者都十分关注翻译，并且有志于对翻译研究的文化转向进行干预，因此他们在这一结合点上走到了一起，并为之发展共同努力。

应该承认，由以色列比较文学学者伊塔马·埃文-左哈（Itama Even-Zohar）提出的多元系统理论（polysystem theory）对比较文学视野下的翻译研究也起到了一定的推进作用。但由于这一理论在运用于翻译研究后并未对翻译研究的文化转向产生广泛影响，而且其形式主义色彩还相当明显，因此本书不打算专门对之进行讨论。比较文学和文化研究学者都十分关注文化认同或文化身份问题，在今天的全球后殖民语境之下来探讨文化身份问题，对我们的比较文学学者也提出了一个新的任务：如何从一个新的视角来重写文学史？在这方面，我们的国际同行已

第5章 比较文学和文化研究的干预

经取得了一批扎实的研究成果。[1]我认为，从比较文学的角度来重写文学史，必须达到国别文学研究达不到的境地，如果做不到这一点，就说明我们的研究并没有取得进展，同时也说明我们的文学史写作并没有超出既定的模式。正如国外学者不约而同地认识到的那样，包括美国华裔文学作家在内的亚裔文学写作以及黑人文学等少数族裔写作，已经融入了当代美国文化和文学的主流，他们的文学实践对于重写这一时期的美国文学史，有着不可忽视的作用。对这一批成果进行研究，自然也是比较文学和文化研究者义不容辞的任务。

再者，几乎所有的比较文学和文化研究者都对后现代性和后现代主义问题颇感兴趣，詹姆逊2002年7月31日在中国社会科学院发表的公开演讲中，颇有见地地对后现代主义与现代性之间的关系做出了新的阐释。在他看来，在全球化的语境下，后现代主义也出现了新的变体，它与现代性形成了一种悖论，即是说，一件事物要想具有现代性特征，首先它必须是后现代的，或与后现代相关联。[2]在中国的语境下，后现代主义既是一种外来的东西，同时也产生于本土文化和文学发展的内在逻辑，它实际上是在融合外来文化与本土文化之基础上杂交的一个产物，这一点尤其体现在西方文化影响下逐渐形成的中国现代文学传统。毫无疑问，中国现代文学传统的形成在很大程度上得助于翻译这一中介，或者说是一种文化翻译的必然产物。而在全球化的大背景下，由于文化交流的日益频繁，文化和文学话语的混杂性日益明显，这倒使得我们的比较文学研究又有了新的课题："全球本土化"语境下中西比较文学重点的转移。

面对中西比较文学重点的转移，我们的策略是，不妨取全球化的另

---

1 这方面研究的一个突出成果就是由国际比较文学协会主持的大型国际合作项目多卷本《用欧洲语言撰写的比较文学史》(*The Comparative History of Literature in European Languages*)，由荷兰约翰·本杰明出版公司出版，目前24卷已全部出齐。

2 见詹姆逊文章《当前时代的倒退》，王逢振译，载《中华读书报》2002年8月14日。

翻译研究的文化转向（修订版）

一极致，也即借助于全球化的大背景，大力向全世界推广中国乃至整个东方文化。要实现这一远大目标，我们毫无疑问要依赖翻译。在过去的相当长一段时期，我们的中西比较文学研究者花费了很多时间和精力探讨追溯中国文学受到的外来影响，这当然是十分必要的，但我们似乎忘记了另一个事实：全球化若作为一种旅行的过程，它的路线是双向的，既有从中心到边缘的流动，又有边缘向中心的渗透。从事比较文学研究，我们既应当避免一种带有帝国主义霸气的全球主义策略，同时也要克服带有狭隘民族主义情绪的本土主义态度。如前所述，一种"全球本土化"的策略，也许能防止我们的学科再度陷入危机之境地。诚然，保持我们民族的身份和认同是十分必要的，但是若将本土化夸大到一个不恰当的地步，以至于全然排斥任何外来影响，结果便会导致民族主义情绪的恶性膨胀，使我们宽松的文化氛围再度蒙上一层阴影。因此我们提倡以一种开放的胸襟来面对全球化的影响：首先在不牺牲我们民族文化精神的基础上顺应这一潮流，然后，借助于全球化的大趋势来扩展我们与国际社会的文化学术交流和对话，在这种对话的过程中，逐步影响我们的国际同行。我们从事比较文学研究，也绝不仅仅局限于中西方文学的比较，还应包括中国与亚洲邻国及其他兄弟民族的文学的比较，甚至包括与非洲后殖民地文学的比较研究，当然也应包括跨文化语境下的精英文学与大众文学的比较。总之，这种比较应是跨语言、跨文化、跨文明和跨学科的，从而使得我们的文学研究真正是一种全方位和立体式的。在这方面的任何比较和跨文化研究都离不开翻译这一中介，这也是比较文学和文化研究者都积极参与翻译研究的一个重要原因。

如前所述，比较文学和文化研究者都十分关注文化身份（cultural identity）或认同问题。由全球化现象带来的民族文化身份的不确定和认同的多元性，促使文化研究和文学研究者纷纷把注意力放在对文化身份的研究上。跨国公司雇员们的民族身份自不待言，同样在知识界和文化学术界，知识领域的扩展和理论的旅行也打破了传统的学科领域之间的疆界，来自不同国家和民族的学者们的文化身份也因此变得模糊和不确定。这一方面对传统学科是一个挑战，但另一方面却为跨越学科界限的

第 5 章 比较文学和文化研究的干预

文化研究的勃兴奠定了基础。此外，一些有着第三世界文化背景的学者在西方主流学界的扎根和成名，也造成了这些知识精英有意识地"忘却"或"模糊"自己固有的民族和文化身份。但是具有讽刺意味的恰恰是，他们第三世界民族文化的背景使他们有可能在一个多元文化主义的社会发出一种不和谐的声音，而这种不和谐的声音恰恰又是他们得以取得创新的源泉。这方面的例子，除了赛义德、斯皮瓦克、霍米·巴巴等后殖民理论家从"边缘"进入"中心"的成功经验，还可以从另一位非西方的文学理论家和思想家——米哈伊·巴赫金的"被发现"和在西方语境下的重新阐释之范例中见出。早在 20 世纪 80 年代初，随着俄苏思想家和文化理论家巴赫金的主要著作英译本的问世，巴赫金本人也被认为是一位世界级的思想家和文学理论大师，因为他的理论涉及语言学、精神分析学、神学、社会理论、历史诗学以及人的哲学等多个领域，因而在西方学术界，巴赫金研究曾一度是一门"显学"，而巴赫金的学说也同时被结构主义、后结构主义和后现代主义、文化研究等理论思潮当作自己的重要资源。这一事实颇值得我们中国的比较文学和文化研究者深思。

就文化研究在整个西方文化理论界的新近发展来看，它经过一段时间的内部分化和整合，基本上可分为这样两种取向：一种是完全脱离传统的文学研究，面向整个大众文化，并且越来越与当代传媒关系密切。另一种取向则是把传统的文学研究的疆界逐渐扩大，使之变得越来越包容和具有跨学科和跨文化的性质，它当然也切入大众文化，但它的态度是对之进行批判性的分析和阐释，并在很大程度上保持其固有的精英文化批评立场。早先的精英文学研究者，例如一批围绕《新文学史》杂志的精英学者所从事的文学研究，实际上就是扩大了学科范围的文学的文化研究。[1] 由此可见，文化研究的不少理论课题都来自文学研究，因而它

---

1 尤其应该指出的是，《新文学史》近二十多年来所发表的论文大多有着宽阔的文化视野，有些专辑，如《生态批评》（第 30 卷，1999）、《生态文化》（第 38 卷，2007）实际上就是文学的文化研究。这些均对文学研究和文化研究的互动和互补有着较大的影响。

翻译研究的文化转向（修订版）

的一些探讨对象完全可以反过来成为文学研究的对象，并且对激活文学研究、扩大文学经典的范围产生出积极的建设性作用。而比较文学研究也有充分理由从纯粹的经验领地解脱出来，与文学的文化批评相融合并达到互补的境地。

所以我们现在面临的问题是，比较文学研究与文化研究究竟应该是对峙还是共存？任何熟悉20世纪西方文学研究历史的学者都不难否认，进入20世纪以来，广义的文学研究已经受到了几次大的冲击和挑战，其中比较主要的冲击不外乎来自这样两种思潮：其一是崛起于20世纪初的以俄国形式主义批评为代表的科学主义思潮的冲击，其结果造成了文学研究越来越走向科学化和形式化，虽然在此期间，具有人文性质的阐释学理论仍有着相当的活动空间，但直到后来后结构主义思潮的反拨，这种形式主义占主导地位的情况才有所改观。另一个就是起始于50年代的英语文学界并在80年代后期迅速进入学术前沿的文化研究。文化研究使得原有的学科界限被打破了，精英文化和大众文化的界限也日渐模糊，东方和第三世界的文化也纷纷从边缘向中心运动，进而进入文学研究的话语圈。传统的文学研究越来越走出精英学者的象牙塔，其当代指向和非精英倾向逐渐显露出来，其研究成果也日益打上了文化和社会分析的印记，始自新批评的那一套形式结构分析逐渐让位于更为广阔的文化学分析和理论阐释。近十多年来比较文学和文化研究领域内出现的"人类学转向"，就近似当年的"语言学转向"的一种新的研究方向和发展趋势。它表明，一种新的注重社会文化分析的批评方法，已经占据了当代批评的主导地位，传统意义上的比较文学研究也逐步从两种和两种以上的文学的相互影响、内在审美规律和平行关系的研究，逐步发展为跨越学科界限的两种以上的文化和文明的比较研究。面对这股大潮的冲击，经典文学和比较文学研究的领地毫无疑问地变得狭窄了，其传统的方法论也受到挑战，因而相当一部分传统派学者对纯文学及其研究的前途表示怀疑。持这种态度的主要代表是当年耶鲁学派的主将之一哈罗德·布鲁姆（Harold Bloom），他对文化研究和文化批评的敌视态

第 5 章　比较文学和文化研究的干预

度早已见于他的著述中,但与那些悲观论者不同的是,布鲁姆在一切场合均勇敢地捍卫愈益狭窄的文学研究。也有学者对比较文学的未来持悲观态度,如当年曾对基于美国学派立场的比较文学定义作过权威性描述的亨利·雷马克(Henry Remak),也对自己十多年来的"被边缘化"感到极度不满。在 1999 年 8 月成都举行的中国比较文学学会第六届年会暨国际学术研讨会上,他作了一个题为《比较文学:再次面对选择》的大会发言,对形形色色的新理论思潮予以了强烈的抨击,对比较文学的未来前途充满了忧虑。

但是另一些思想观念开放的比较文学学者则在迎接文化研究的挑战,期望借助这一来自文学圈以外的冲击,将文化研究的某些合理因素和有意义的课题引进文学研究,这样既可以扩大文学研究的范围,同时也可以为未来的跨东西方文化的文学研究提供一些新的课题或理论思考的视角。这部分学者以老一辈的文学理论家拉尔夫·科恩(Ralph Cohen)为代表,他本人不仅不反对文化研究进入文学研究,而且密切关注文化研究的新发展,并及时地在自己主编的权威性刊物《新文学史》上发表若干具有理论导向意义的文章(例如第 28 卷 [1997] 第 1 期的专辑《文化研究:中国与西方》)以及不赞同文化研究甚至对之进行批判的意见(例如第 29 卷 [1998] 第 1 期的一组以《修正主义专题讨论》为议题的文章)。在这方面,我们愿意持第二种态度。

文化研究显然有其不同的学科和理论来源,而且英国的文化研究与美国的文化研究也有着一定的差异。但我们如果立足伯明翰学派的文化研究传统,就很容易把握它与文学研究的渊源关系以及这二者的密不可分性。一些公认的文学研究大师,如英国的 F. R. 利维斯、雷蒙德·威廉斯(Raymond Williams)和特里·伊格尔顿、俄罗斯-苏联的米哈依尔·巴赫金、加拿大的诺斯洛普·弗莱(Northrop Frye)以及美国的弗雷德里克·詹姆逊、爱德华·赛义德、加亚特里·斯皮瓦克、希利斯·米勒等,现已被公认为(来自文学研究领域的)文化研究的先驱者或重要代表,他们的著述不仅没有排斥文学研究,反而对扩大文学研究的范围

翻译研究的文化转向（修订版）

多有裨益，因而对当代文学研究也产生了重大的影响。因此我们可以断定，文化研究的一些理论方法完全可以引进文学研究，并产生出一些新的成果。文化研究自20世纪90年代初率先在中国港台地区登陆以来，目前已经在整个中国成为继后现代主义和后殖民主义理论思潮之后逐渐普及的又一个热门话题。应当说，文化研究的引进不仅打破了精英文化和大众文化之间的天然界限，为二者的对话铺平了道路，它的跨文化性和跨学科性，也突破了西方中心主义的思维模式和观察视角。对于文化研究的作用和影响，澳洲学者透纳（G. Turner）作过这样的总结：

> 文化研究确实对人文学科和社会科学的正统提出了激进的挑战。它促进跨越学科的界限，也重新建立我们认识方式的框架，让我们确认"文化"这个概念的复杂性和重要性。文化研究的使命之一，便是了解日常生活的建构情形，其最终目标就是借此改善我们的生活。并不是所有学术的追求，都具有这样的政治实践目标的。[1]

这样的评论无疑是比较客观的。今天围绕中西比较文学和文化研究的论著、译著和论文日益增多，在中国举行的此类国际研讨会也逐年增多。一大批曾经活跃在文学理论界、比较文学界和传媒研究界的学者也受到这一颇有诱惑力的理论课题的吸引。他们一方面跟踪西方文化研究领域内的最新进展，向国内学术同行介绍最新的研究成果；一方面致力于将这一从西方语境中"翻译"过来的文化研究话语应用于中国的文化和文学批评实践。其结果是明显地推进了中国文学的文化批评、大众文化研究和传媒研究的国际化。

这样看来，文化研究学者对翻译的重视和对翻译研究的关注也不是偶然的，呼唤当代文化研究中出现一种"翻译的转向"也并非空穴来风。在今天全球性的文化转型时期，对于翻译研究这门长期以来被压抑在学

---

[1] 戈莱梅·透纳，《英国文化研究导论》，唐维敏译，台北：亚太图书出版社，1998年版，第298页。

第5章　比较文学和文化研究的干预

术理论话语边缘地带的"亚学科"的前途如何把握，正是文化研究学者需要正视并予以认真思考的问题。就翻译研究所受到的各方面影响而言，将我们所处的时代描绘为全球化的时代是比较恰当的。这一特征不仅体现在经济上，同时也体现文化上。既然不少翻译研究者都认为翻译首先是一个文化问题，那么我们就更有理由将翻译研究纳入广义的文化研究语境之下来考察，尤其是研究文学翻译问题，更是无法摆脱文化的因素。正是在这一基点上，我们才能对有跨文化和跨学科特征的中国翻译研究之现状和未来，作出较为准确的把握。

毫无疑问，文化传播的一个重要媒介是语言，而翻译研究的切入点首先也自然是语言，只是在这里，不带有任何意识形态意义的"语言"，应当扩展到带有文化霸权和意识形态色彩的"话语"（discourse）之范围，因为当今时代"翻译"的内涵，显然已经涉及了后者。此外，当代文化研究的传媒特征已经变得越来越明显，它几乎与传媒现象成了不可分割的整体，而与传统文化的精英文学研究的距离则渐行渐远。既然翻译属于广义的传播媒介范畴，那么将翻译研究纳入文化研究的大语境下，无疑也是比较恰当的。

文化研究既然有着学科界限的不确定性，那么即使在欧美国家，它也具有不同的形态。即使在同样操持英语的英美两国，文化研究事实上也有很大的差别，更不用说英美和欧陆学术界之间的差别了。就欧陆观念的保守特征而言，尽管文化研究的一些理论奠基者身处欧陆，但他们的理论是被翻译介绍到美国之后才得到最热烈的响应的，而在欧陆本土，他们的理论在相当一段时间内仍受到相对沉默的待遇。因此文化研究在美国的风行，在很大程度上同样取决于翻译的功能，只是翻译在这里已不仅仅局限于语言层面上的转述功能，而带有了范围更广的文化翻译和理论阐释功能。

的确，在文化研究的语境中，翻译正在从字面转述走向文化阐释和再现。文化全球化既打破了文化的疆界，同时也打破了学科的疆界，这对传统势力较强的老学科无疑有着强有力的颠覆作用，而对于翻译这门

翻译研究的文化转向（修订版）

长期以来处于边缘地带的"亚学科"的崛起倒是提供了一个很好的发展契机。近几年来大量的新理论和新方法开始被引进翻译研究领域，其中就包括文化研究的视角和方法。

我们说翻译研究与文化研究有着密不可分的关系，这一点也可以用文学理论和批评的例子来证实。一般说来，能够被翻译家选中的文学作品，大多数都应该是经典文学作品，属于精英文化的范畴，当然也有人不惜花费时间重复劳动牟取暴利，"重译"早已有人译过而且质量上乘的文学名著，或者粗制滥造，赶译一些质量低劣的通俗文学作品。尽管如此，考察和研究翻译仍然要把翻译者的选择和译介这两个因素都包括进来。由此翻译研究实际上又起到了一个中介作用：属于不同的语言、不同的文化背景和不同的文学等级的作品，首先须经过翻译者的选择，因而翻译者本人的意识形态背景和鉴赏力，就起到了至关重要的作用。这尤其体现于一部作品的首次译介。在当今"欧洲中心主义"或"西方中心主义"的思维模式破产，文化本身已出现某种难以摆脱的危机时，西方的一些有识之士便开始逐步认识到东方文化的价值和精深内涵，因而弘扬东方文化并使之与西方文化得以进行平等和深层次的对话，已成为翻译工作者义不容辞的义务。可以说，文化的交流和文化的对话离不开文化的翻译。

由于中外文化和文学交流方面长期以来存在的逆差现象，今天我们有必要进行适当的反拨，更注重把中国文化和文学介绍到国外，让世界更多地了解中国，以达到这种相互之间了解和交流的平衡。而要想从事不同文化之间的比较，或从事基于不同文化背景的文学作品的比较研究，特别是东西方之间的跨文化比较，翻译作为其中一个不可缺少的中介，其作用远不只是限于语言文字层面上的转述。文化研究是使各民族-国家和地区的文化、各不同的学科以及各艺术门类得以进行对话的基点。特别是关于后殖民理论的讨论和后殖民地文学的研究，更是加速了东方和第三世界国家的"非殖民化"进程，对传统文学经典的构成以及其权威性进行了质疑和重写，使得东方文化逐步从边缘步入中心，进而

第 5 章 比较文学和文化研究的干预

打破单一的西方中心之神话,使世界进入一个真正的多元共生、互相交流和对话而非对峙的时代。因此,把东方文化翻译介绍给世界,将是一件有意义的工作。

在学科的分布上,翻译研究长期以来依附于对比语言学或比较文学研究,在有的学科内,甚至连翻译研究都不容存在,翻译研究的刊物也面临着市场经济的筛选而难以生存。20世纪80年代初比较文学在中国的再度勃兴倒是使翻译研究成为该学科领域内的一个分支,即媒介学或媒介研究。现在,文化研究打破了语言学和文学之间的天然界限,实际上也就认可了作为一门相对独立的学科——翻译学或翻译研究——得以存在的合法性。文化研究至少可以给我们的翻译学研究提供理论武器和观察视角,使我们站开一段距离,超越单一的思维模式,最终使我们得出的结论更具有普遍的理论意义和学科意义,而不仅仅是解决几个具体操作技巧性的问题。因此,文化研究语境下的翻译研究,必定有助于中国的翻译研究早日与国际翻译研究接轨,同时也有助于翻译研究在分支学科领域众多的人文社会科学领地中能够占有重要一席。

文化研究对翻译研究的意义还体现在它对权力,尤其是语言和文化上的霸权主义的批判,有助于消除一系列人为的二元对立和等级界限、消除大众文化和精英文化的界限,使往日高高在上,自命肩负启蒙使命的知识分子走出知识的象牙塔,投身到广大人民群众之中,首先成为社会的一分子,然后方可实现其"后启蒙"(post-enlightenment)的理想;它也有助于消除东西方文化的天然屏障,使文化全球化成为不同文化可赖以进行对话的广阔背景。文化全球化的一个重要标志,就是信息的无限度传播和扩张,这一切均可通过国际互联网来实现,而目前人们在网上联络和获取信息则基本上是以英语为媒介。由此可见,在一个大部分人都不能自由地运用英语来交流的国家,人们获取信息的主要手段还是通过翻译,这样便造成了翻译上的"逆差",这也是长期以来的中国文化,特别是文学翻译上的逆差,即把外国尤其是西方文化和文学译介到中国,无论从质量上或数量上说来,都大大胜过把中国文化和文学翻

翻译研究的文化转向（修订版）

译介绍到国外。以至于我们对西方的了解，大大甚于西方人对中国的了解。因而"西方主义"在相当一部分中国人中，仍是一个十分神秘（而非带有贬义）的概念。此外，从文化翻译的高要求来看，光是掌握语言本身的技能，并不能圆满地完成把中国文化译介到世界的重任，这又将涉及一系列复杂的文化问题，因此从事翻译研究必须超越语言的局限，将纯语言层面上的转述，上升为文化内涵的翻译和阐释。由此可见，弘扬一种文化翻译和跨文化传统的翻译研究，实在是势在必行了。

对于比较文学的未来前景，不少学者仍感到悲观。确实，在世界进入全球化时代以来，属于精英学科的比较文学必然面临更严峻的挑战：经济上的全球化压力主要体现在市场经济法则的制约，文化上的全球化压力则明显地体现在大众传媒的崛起和精英文化市场的萎缩。就这一点而言，翻译及其研究将起到不可替代的历史性作用，这也是任何其他人文社会科学分支学科所无法起到的作用：在一个全球化和信息无限扩张的时代，人们对翻译的需求越来越大，它无疑有着广大的市场，因而市场的萎缩并不会对翻译产生副作用；另一方面，作为一种重要的传播媒介，它也可以借助于传媒地位的提高来发展自己。此外，全球化时代对语言的信息化、电脑化和数字化的高要求，也对我们的翻译工作者提出了更高的要求。再者，翻译研究本身也将逐步经历非边缘化的运动，最终达到成为一门相对独立的既具有人文社会科学性质，同时又与自然科学密切相关的边缘学科之目的。

本章所讨论的文化翻译理论和思想，就是由两位比较文学学者提出的，由于他们研究翻译的独特文化视角远远地超出了传统的居于语言层面的翻译研究而带有了更多的文化因素，因此他们又被后来的研究者称为（文化）"翻译研究学派"的创始人。不管这一标签是否恰当，但至少已经说明了他们的客观影响，因此，毫不奇怪，他们的著述的出发点和讨论问题的视角都是比较文学和文化研究；他们所关注的翻译也不再是传统意义上的语言的转换，而更多的是跨文化视野下的文学的翻译与接受。因此他们的努力实际上也反映了比较文学和文化研究学者对翻译

第 5 章　比较文学和文化研究的干预

研究的文化转向的干预。

勒弗菲尔：翻译与文学的操控

一般认为，已故比利时裔美国比较文学和翻译研究学者安德列·勒弗菲尔（André Lefevere, 1946-1996）是从比较文学的角度进入翻译研究的主要代表，因此他的英年早逝对于翻译研究的文化转向无疑是一个重大的损失。他也和巴斯耐特一道被称为翻译研究学派的代表人物。不管这一"翻译研究学派"是否存在，他们对这一学科从无到有进而不断地从边缘向中心的运动都起到了极大的推进作用。勒弗菲尔通晓多种欧洲语言，并对中国文学和文化也颇感兴趣，他曾一度在香港中文大学任教，并业余从事翻译多年，生前任美国奥斯汀德克萨斯大学比较文学教授。他在逝世前曾指导过一名中国学者的博士论文，专门讨论中国的翻译思想，这也激发了他对中国文学和文化的兴趣。勒弗菲尔著述甚丰，其主要著作包括：《翻译诗歌：七种策略及一幅蓝图》(*Translating Poetry: Seven Strategies and a Blueprint*, 1975)、《文学知识：对其性质、发展、关联及传播的论辩性和纲领性讨论》(*Literary Knowledge: A Polemical and Programmatic Essay on Its Nature, Growth, Relevance and Transmission*, 1977)、《翻译文学：从路德到罗森茨维格的德国传统》(*Translating Literature: The German Tradition: From Luther to Rosenzweig*, 1977)、《翻译/历史/文化：论集》(*Translation/History/Culture: A Source Book*, 1992)、《翻译文学：比较文学语境下的实践和理论》(*Translating Literature: Practice and Theory in a Comparative Literature Context*, 1992)、《翻译、改写和文学名声的操控》(*Translation, Rewriting and the Manipulation of Literary Fame*, 1992)等，他还和苏珊·巴斯耐特合著《文化的建构：文学翻译论集》(*Constructing Cultures: Essays on Literary Translation*, 1998)，并合编有翻译研究丛书等。此外，勒弗菲尔还在一些学术期刊上发表了大量的论文，

翻译研究的文化转向（修订版）

广泛涉及比较文学的接受与影响研究、文学经典的形成及重构问题、文学翻译的操控和权力关系以及翻译研究的文化转向等前沿理论课题。其中至今仍对翻译研究的文化转向有着重要影响的是上述最后三本书。本节所讨论的话题主要就出自这三本书。

《翻译、改写和文学名声的操控》讨论了本人并不从事原创性写作但是专事改写别人作品的那些人的写作（翻译）实践。该书从文学接受的角度出发，认为翻译是一种改写，勒弗菲尔试图表明，改写——翻译、选文、撰史、批评及编辑——是如何影响文学作品的接受和经典化进程的。他指出，有四种主要的改写形式，而在这四种形式中，翻译的地位是举足轻重的，也是作者讨论的重点。勒弗菲尔同时也揭示了这些改写的实践是如何出于各种意识形态和诗学目的而对文学作品的生产和传播起着操控作用的。应该说，这部专著是一部典型的比较文学研究性著作。但是作者并不满足于传统的比较文学的接受-影响研究和平行研究方法，而是引入了文化研究的一些论题，诸如霸权和话语等。勒弗菲尔将文学生产和接受置于一个广阔的文化和历史参照系，并从西方马克思主义的文学生产理论视角对文学的社会历史语境作了重新估价。他还从文学研究的立场讨论了这样一些颇有争议的观点：原创性（originality）、灵感（inspiration）、审美卓越性（aesthetic excellence）等。作为一位比较文学学者，作者不仅跨越了语言的疆界，同时也跨越了国别和民族的界限，在一个广阔的欧洲文化语境下来考察这些古典的和现代的文学在今天的文化语境中的境遇以及翻译对之的能动和"操控"作用。

勒弗菲尔首先指出，所有的翻译实际上都是对原作的改写，但改写者绝不是没有自己主张的模仿者。既然改写者是生活在特定的文化语境和意识形态环境中的人，那么他们就有自己明确的意识形态目的和审美理想，因而在某种程度上，"改写起着操控的作用，它同时也能奏效。因此人们有更多的理由对之进行研究。实际上，研究改写甚至可以产生某种超越教育体制壁垒森严的小集团的重要意义，因而是一种使文学研究总体上失去的某些较为直接的社会意义恢复到某种文学研究的途

第 5 章　比较文学和文化研究的干预

径。"[1] 那么改写究竟是什么样的一个过程？它要达到何种目的呢？勒弗菲尔指出，"改写的同一基本过程就是翻译、撰史、选文、批评及编辑的作用。显然，其他形式的改写也发挥作用，例如电影和电视的改编……既然翻译是最明显地得到认可的一种改写形式，既然由于它能使一位作者或一部或一系列作品的形象在另一种文化中得到成功的表现，那么它就具有潜在的最大影响，从而可以把那位作者或那些作品提高到超越其始源文化之界限的境地。"[2] 这段叙述形象地再现了福柯对知识、权力和话语三位一体之关系的描述：知识产生于权力，而权力又是通过话语来得到表达的，因此话语实际上占据了知识传播和再现的中心地位。按照福柯的这一理论，翻译也就是一种"跨语际的"话语实践活动（discursive practice）。翻译者往往涉及两种话语：源语的话语和目标语的话语，因此成功的译者实际上在操控原作在目标语中的接受和传播。显然，勒弗菲尔对改写的看重与本雅明的翻译赋予原作以来世生命的观点不仅一脉相承，而且还将其推向了新的极致。

　　但是，另一方面，由于翻译是一种改写形式，那么出于不同的目的，译者完全有可能根据自己的需要对原作进行任意的改写。正是由于译者可以对原作进行任意的改写，因此人们长期以来对翻译者的一个偏见可以用一句意大利格言来概括：翻译者，背叛者也。但是对曾经也从事过翻译实践的勒弗菲尔来说，这种背叛的行为首先是不得已而为之的，因此，他为之辩护道，"永远地消除那句格言吧，翻译者不得不成为背叛者，但是在大多数场合下，他们本人却不知道这一点，而且在几乎所有的时候，他们别无选择，只要他们还留在自己生来就驻足或后来移入的那一文化的疆域里就无法不这样做，因此，只要他们试图去影响那种文化的

---

[1] Lefevere, A. 1992. *Translation, Rewriting and the Manipulation of Literary Fame*, London & New York: Routledge, 9.

[2] Ibid.

翻译研究的文化转向（修订版）

演进，他们也无法不这样做，因为这是他们想做的极具逻辑性的事情。"[1] 对于译者来说，既然已经不得已而走上了这条"背叛"之路，那就要把这项"背叛"工作做得更好，因为确实诚如勒弗菲尔所意识到的，一位真正具有主体意识的译者是不甘心屈尊于原作的，他/她总想以各种方式彰显自己的语言个性特征和表达风格，因此在翻译实践中，他/她便不得不扮演一个对原作进行改写的"叛逆者"的角色，这一点尤其体现在文学翻译中。一切有着自己独立意识形态主张和美学/诗学理想的译者/改写者都试图以自己的译作去影响目标语的文化进程，因此这种形式的改写也就演变成了主动的"操控"。勒弗菲尔以及和他的研究方式相近的一些学者就被称为翻译研究的"操控学派"，其实他们并不是一个学派，而是代表了从文化研究的视角来研究翻译的一种倾向。

在勒弗菲尔看来，对译者的改写有着主要影响的另一因素还有诗学，"一种诗学的功能性组成部分显然紧密地附着来自这种诗学本身之外部领域的意识形态影响，因而它可以在文学体系的环境中由意识形态的力量产生出来。"[2] 出于不同的诗学目的，译者/改写者就可以取得不同的效果。有时，译者通过翻译还可以将一种新的文类引入目标语，诚如勒弗菲尔所注意到的，在中国现代文学史上，冯至的十四行诗翻译不仅为他自己的十四行诗创作确立了合法性，同时也把这一古老的欧洲文学文类引进了中国现代文学，而这一点恰恰是其他形式的改写者所做不到的。因此，从文学经典的构成和重构着眼，改写所起到的作用就远远超越了语言转换的浅层次作用，达到了对目标语中文学经典进行重构的目的。

毫无疑问，改写也许会操控作家的文学名声在目标语文化中的传播，对此勒弗菲尔认为，"对文学的改写在这种进化中起着至关重要的作用。互相对立的诗学之间的斗争常常是由作家挑起的，但最后却是改

---

[1] Lefevere, A. 1992. *Translation, Rewriting and the Manipulation of Literary Fame*, London & New York: Routledge, 13.

[2] Ibid., p. 27.

第5章 比较文学和文化研究的干预

写者进行斗争并且取胜或者失败。改写也是一种可用以测量在何种程度上一种诗学得到内在化的完美的标准……改写，主要是翻译，深深地影响了文学体系的相互渗透，而不仅仅是使一位作家或作品的形象在另一种文学中得到表现，或无法达到这种境地。"[1] 由此看来，改写所达到的并非只是操控作家名声这一表面的目的，它更在深层次上影响了一位作家及其作品在另一种文学中的传播和接受。诚然，每一部优秀的文学作品都同时蕴含着可译性和不可译性，而翻译者的任务就是要找到平衡这种可译性和不可译性之间的张力并将其内在的可译性发挥到最完美的境地。这样，翻译者所传达的就不仅仅是原作的基本信息，他/她还通过自己的表达风格在目标语中再现了原作者的意识形态和诗学主张。

因此，勒弗菲尔在书中反复强调，"有两个因素可以从根本上决定一部文学作品的形象被翻译并成功地表现"，这两个因素就是"译者的意识形态"和"在译文形成的时代接受文学中占主导地位的诗学"。但另一方面，他又指出，这两者并不矛盾，最后仍会殊途同归，因为"意识形态规定了译者准备使用的基本策略，因而同时也规定了解决问题的方法，而这些问题恰恰都是关涉原作中所表达的'话语世界'（universe of discourse）（客体、概念、属于原作者所熟悉的世界的习俗）以及原作本身所据以表达的语言。"[2] 由于翻译的表达媒介是语言，所以最后都要回归到语言上来，他据此提出了"话语世界"的概念，并以此来消除意识形态和诗学形态之间的二元对立。在这方面，他并没有太远地偏离传统的翻译对语言的重视，而是把语言表达的作用大大地扩大了。他将翻译/改写过程中语言的作用总结如下：

　　语言都是具有差异的，任何程度的译者训练都不可能消减那种差异。然而，译者训练却能够使译者认识到翻译诗学的相对性以及那些无法用来"克服"（overcome）语言之间差异

---

[1] Lefevere, A. 1992. *Translation, Rewriting and the Manipulation of Literary Fame*, London & New York: Routledge, 38.

[2] Ibid., p. 41.

的策略，因为这些都是无法否定和给定的，但是这些策略却可以使"它们的"原作形象得到成功的表现，因为它们受到各种考虑的影响，这种影响不仅仅来自意识形态或诗学，同时也来自译作的意向性读者（intended audience）。这些策略绝不只限于语言学的领域，它们同时在意识形态、诗学、话语世界以及语言学的层面上发挥功能。[1]

由此可见，在勒弗菲尔看来，通过翻译的中介，一部文学作品得以在另一种文化语境中被接受，而这个接受者就是所谓的"意向性读者"。在此，勒弗菲尔完成了对翻译研究的四种因素的描述，他在下面这本书中对这四种因素又作了等级排序：(1)意识形态；(2)诗学；(3)话语世界；(4)语言。[2]

作为一位长期在大学从事比较文学教学的学者，勒弗菲尔始终把翻译放在一个很重要的位置上，并身体力行，将这种主张传达给广大学生。《翻译文学：比较文学语境下的实践和理论》就是他应美国现代语言学会邀请为大学的文学系科（包括英文系、比较文学系以及各国别文学研究系科）撰写的一部翻译教科书，这其中的一些观点散见于他早先的著作和论文中。但是对于有着建立翻译学学科并使之独立于比较文学学科之使命的勒弗菲尔来说，这不失为一个向年轻大学生和研究生进行翻译启蒙教育的极好机会。因此他把"翻译研究"作为该书的第一章，并开宗明义地描述了该书的写作目的：

> 本书试图以一种超越对与错的方式来讨论翻译。在这篇导言中，我试图解释为什么要这样做，并且试图表明，我所提倡的方法可以包容一些老的方法，对之有所补充并使之对未来

---

[1] Lefevere, A. 1992. *Translation, Rewriting and the Manipulation of Literary Fame*, London & New York: Routledge, 100.

[2] Lefevere, A. 1992. *Translating Literature: Practice and Theory in a Comparative Literature Context*. New York: The Modern Language Association of America, 87.

第 5 章　比较文学和文化研究的干预

的研究更有成效。我首先必须让读者去设想，文学翻译绝非发生在两种语言相遇的一个真空中，而是在一个两种文学所具有的传统的大语境之中。文学翻译也发生在作家与其译者相遇的时刻，在这相遇中，至少有一方是一个活生生的有着自己工作计划的人。译者往往在不同的文学传统中协调，而且他们这样做时头脑中一定带有自己的目的，而不只是以一种客观中性的方式"再现原作"。译作并不是在完美的实验室条件下产生出来的。原作确实可以再现，但是却要按照译者的方式来再现，即使这些方式有时凑巧会产生出最为直译（忠实）的译作。[1]

在这里，他十分清楚，翻译的再现作用是通过人来实现的，而人绝不是一个被动的接受者，有着不同意识形态和诗学主张的译者对原作的改写程度显然是不同的，因此同一部原作在不同的语言文化语境中被"改写"和被接受的状况就不尽相同。这就是文学翻译不同于一般意义上的翻译的原因所在。

他在接下来的篇幅中讨论了近几十年西方翻译研究领域出现的一些理论家及其主要理论，其中包括尤金·奈达、约翰·凯特福德（John C. Catford）、彼德·纽马克（Peter Newmark）、玛丽·斯奈尔-霍恩比（Mary Snell-Hornby）、基登·图里（Giddeon Toury）、乔治·斯坦纳（George Steiner）、伊塔马·埃文-左哈等。虽然这些理论家或研究者对翻译的定义不同，所据以研究的角度也大相径庭，但是，作为一部教科书的编写者，勒弗菲尔觉得有必要让学生自己在这众说纷纭的翻译理论中作出自己的判断和选择。最后他才毫不隐讳地亮出了自己的"翻译研究"旗号，并果断地陈述了自己的文化翻译观点，"具有悖论意义的是，也许这一翻译研究产生出的最具有创造性的洞见就在于这一结论：不可能有任何完美的翻译。如果情况确实如此的话，那么在一个特定的文化中对翻译

1　Lefevere, A. 1992. *Translating Literature: Practice and Theory in a Comparative Literature Context*. New York: The Modern Language Association of America, 6.

的承认或拒绝完全可能与权力和操控有更多的关系,并超过了与知识和智慧的关系。"[1] 由此可见,在勒弗菲尔那里,译者总是有着自己的独立意识形态和诗学主张的,即使在教学中他也不隐瞒自己的观点,而是通过自己的翻译教学培养出一批这样的译者。

我们说,勒弗菲尔和巴斯耐特对翻译研究的文化转向起到了很大的推进作用,这也具体地体现在他们对文学翻译过程中文化的作用的强调。正如勒弗菲尔所指出的,"本书赞同这一论点,即翻译确实是一种文化适应和同化的过程。它拒绝陈腐的规范性方法的终极目的论,然而却热情地包容其中的一些技巧方面的遗产,诸如成分和功能分析。由于无须尽到为翻译提供法则和为判断译文提供标准的义务,因此本书主张文学翻译研究的三个领域:过程、产品和接受。它也并非以任何方式冷落非文学翻译的研究:集中探讨一个现象的某一方面并不含有任何价值判断之意。"[2] 应该说,他的这种开放式的翻译研究与德里达的解构主义翻译理论有着某种相通之处:二者都反对翻译标准的固定化,前者反对做出价值判断,后者则有一个理想的最为确当的翻译之标准;前者对翻译的研究包括了过程、产品和接受诸方面,后者则突出过程。但二者在强调翻译中文化的因素方面则是一致的。

当然,反对价值判断并不排除翻译批评,相反,勒弗菲尔十分重视来自读者对译者及其译作的批评,他指出,"译者必须在意识形态、诗学和话语世界的层面反复作出决定,而且那些决定始终对来自赞同某种不同意识形态的读者的批评开放;这些读者确信在他们的时代和文化中占主导地位的这种诗学的至高无上性;同时,他们也对译者所选择的使话语世界的成分明白易懂或仅凭直觉就知道的策略感到不满。"[3] 既然文学翻译涉及文学生产和接受研究的各个方面,那么它就带有鲜明的意识

---

1 Lefevere, A. 1992. *Translating Literature: Practice and Theory in a Comparative Literature Context*. New York: The Modern Language Association of America, 11.

2 Ibid., p. 12.

3 Ibid., p. 88.

第 5 章 比较文学和文化研究的干预

形态倾向性,所引起的批评性争议就不足为奇了。对此,勒弗菲尔肯定是十分清楚的。

作为翻译研究这门学科的倡导者和开拓者之一,勒弗菲尔和巴斯耐特一样,在任何时候都十分关心这门学科的定位、研究现状及未来前景。虽然他的主要专业是比较文学,但是他始终认为,从事任何形式的比较文学研究,研究者都必须涉及翻译问题,但是实际上,研究者往往将翻译仅仅当成研究的一个工具或手段,而不给予它以应有的重视,因此这就导致了翻译研究这门学科长期以来被边缘化的境遇。勒弗菲尔试图通过教学和研究两方面来改变这一现状:

> 我试图提出一种文学翻译的教学方法以便打破产品教学与过程教学之间的平衡。我也冒昧地考虑到,这种文学翻译的教学方法可能有助于使翻译研究从比较文学和文学理论的边缘运动到一个更接近其中心的位置。总之,我简要地说明了为什么翻译被打压乃至仅在文学理论和比较文学的外围生长,然后又指出,为什么这一状况不仅要改变,而且要通过使用本书所提出的这种课程去促成这种变革。
>
> 翻译研究已经被边缘化了,而且翻译生产的地位也是很低下的,在文学的国度里这至少是由四个因素造成的:作为"世俗经典"(secular scripture)的浪漫主义观点及其对原创性的强调、浪漫主义对文学和语言的同等重视以及随之而来的对语言和民族的同等重视、19 世纪及 20 世纪初的语文学家对阅读原文文本的强调,以及新批评派几乎专一地强调解释所产生的巨大影响。[1]

确实,上面这段引文中所提及的四个因素至少有三个因素都对翻译研究中的语言中心主义的形成起到了重要作用,因此,他认为,要想根

---

[1] Lefevere, A. 1992. *Translating Literature: Practice and Theory in a Comparative Literature Context*. New York: The Modern Language Association of America, 134.

本改变这种状况，呼唤一种翻译的文化转向就势在必行。这实际上也为后来巴斯耐特对翻译研究和比较文学之等级序列的颠覆起到了某种先声作用。

比较文学与翻译研究：等级秩序的颠覆

作为勒弗菲尔的亲密合作者，巴斯耐特的著述也极大地推进了翻译研究的文化转向。巴斯耐特的才能表现在多方面，她在意大利开始其学术生涯，之后辗转多地，通过美国中转最后定居英国，长期担任华威大学翻译和比较文化研究中心教授，这个中心是她于 1980 年创立的，并且出任首任主任多年，她曾一度担任华威大学副校长，活跃在学术界和媒体界。巴斯耐特著述甚丰，共出版有近二十种著作或编著，其中最主要的著作包括:《翻译研究》(*Translation Studies*, 1980)、《女权主义的经历：四种文化中的妇女运动》(*Feminist Experiences: The Women's Movement in Four Cultures*, 1986)、《塞尔维亚·普拉斯》(*Sylvia Plath*, 1987)、《比较文学：批判性导论》(*Comparative Literature: A Critical Introduction*, 1993) 等，她还独立或和别人合编了《超越翻译》(*Beyond Translation*, 1989)、《屠刀与天使：拉丁美洲妇女写作》(*Knives and Angels: Latin American Women's Writing*, 1990)、《文学与翻译》(*Literature and Translation*, 1997)、《后殖民翻译:理论与实践》(*Post-Colonial Translation: Theory and Practice*, 1999) 等。但从这些著述的题目就可以看出，她所涉猎的领域之广泛和讨论的课题之前沿，确实在翻译研究学者中罕见。此外，她还和勒弗菲尔等合作编著了一些专著和文集。作为一位诗人和翻译家，巴斯耐特还发表了许多诗歌和译著。一般认为，巴斯耐特在比较文学和翻译研究领域内的主要贡献体现于《比较文学：批判性导论》和《翻译研究》(2002，第三版) 这两部专著。

《比较文学：批判性导论》一书出版于 1993 年，当时的比较文学学

第 5 章　比较文学和文化研究的干预

科正受到来自各种新理论思潮的冲击,其疆界变得越来越不确定,尤其是文化研究的崛起更是对比较文学构成了有力的挑战。众所周知,作为一个已经有一百多年历史的学科,比较文学至少在 20 世纪经历了三次大的危机:第一次是方法论和学派方面的危机,其结果是长期由法国学派的影响研究一统天下的比较文学界出现了新的转机:美国学派迅速崛起,并从边缘运动到中心。美国学派所弘扬的平行研究和跨学科研究大大地拓展了比较文学研究的疆界,引入了美学分析与跨学科和跨文化研究的因素。第二次则是新的理论思潮的冲击,尤其是后现代主义/后结构主义和后殖民主义理论思潮的冲击:在前者的冲击面前,一大批比较文学学者以积极的姿态介入了国际性的后现代主义问题的讨论,而在后者的冲击面前,比较文学的"欧洲中心主义"或"西方中心主义"的既定模式则发生了动摇,比较文学学者不得不开始对东方和第三世界文学予以关注,而接踵而来的文化研究的冲击则更是使比较文学的精英地位发生了动摇。本书出版之前,人们曾对巴斯耐特抱以很大的期待,希望她能力挽狂澜,挽救比较文学学科所面临的危机。但是读了该书之后,人们才感到作者的解构和建构策略的强大冲击力:对传统的比较文学学科的解构和对翻译研究学科的建构。十年后,比较文学又经历了第三次危机,这次危机来自后殖民理论家斯皮瓦克的冲击,她于 2003 年出版了一本题为《一门学科的死亡》的书,正式宣告传统的欧洲中心主义意义上的比较文学学科的死亡和新的比较文学的诞生。[1] 所以巴斯耐特这本书的出版在当时的比较文学圈内酿起的轩然大波是可想而知的。尽管如此,本书作者对比较文学这门学科的现状和发展并没有抱一种虚无主义的态度,而是从历史的追溯开始探讨了比较文学的诞生、对欧洲疆域的突破、在英国的驻足、第二次世界大战后的多重比较性身份、文化研究的冲击以及性别研究和主题学研究的介入等问题,最后作者考虑到比较文学学科的现状,干脆直截了当地呼吁人们的兴趣应从比较文学转向翻

1　Cf. Spivak, G. C. 2003. *Death of a Discipline*. New York: Columbia University Press,Chapters 1 and 3.

译研究，因为在她看来，广义的文化翻译实际上涵盖了比较文学研究。所以说，这本书既是从比较文学的角度干预了翻译研究，同时更是借助翻译研究的发展势头冲击了日益僵化的比较文学研究。

我们说，比较文学学科经历了一系列的危机，那么它与翻译研究的密不可分的关系又具体体现在何处呢？巴斯耐特指出了几个方面，其中来自翻译方面的冲击也不可忽视："英语的传播和古典语言的衰落也意味着比较的课程越来越需要通过翻译来研读文本了，这就引发了另一些方法论方面的问题。如果用各种不同的语言写出的文本通过翻译来阅读的话，那么这种结果就可能是还原性的，那样一来，这些文本就可能显得如同同一个文学体系的一部分。"[1] 确实，正如许多比较文学学者所意识到的，英语的普及使得每一种古典欧洲文学文本都有了英译本，这些英译本大多是归化式的翻译，至少在语言表达方面具有某种"趋同性"，因此读起来就像用英文写作的原作一样，既然相同多于差异，这样的比较又有何意义？

因此，巴斯耐特干脆直白地宣布，"今天，比较文学在某种意义上说来已经死亡了。二元差别的狭隘性、非历史方法的无助性以及作为普世文明力量的文学（Literature-as-universal-civilizing-force）这一看法的沾沾自喜的短视性都为这一死亡推波助澜。"但是另一方面，具有悖论意义的则是，比较文学学者在当今这个全球化的时代又十分活跃，他们出没于各个领域的学术会议，著书立说，各大学里的比较文学系所也不断地举行各种学术活动，并对整个人文学科都产生了一定的影响，对于这种状况又作何解释呢？巴斯耐特接着指出，"但是它是在另一些旗号下存活的：当前在世界许多地方进行的对西方文化模式的激进的重估，通过性别研究或文化研究提供的新的方法论洞见超越了学科的界限，以

---

[1] Bassnett, S. 1993. *Comparative Literature: A Critical Introduction*. Oxford: Wiley-Blackwell, 45.

第 5 章　比较文学和文化研究的干预

及对发生在翻译研究内部的跨文化传播过程的审视。"[1] 所有这些现象均说明，自 20 世纪 90 年代以来的比较文学研究确实陷入了一个悖论式的危机：作为一门学科，它的领地变得越来越狭窄，许多原有的领地不是被文化研究所占领就是被批评理论侵吞；但另一方面，比较文学学者广博的多学科知识和对前沿理论的敏锐感觉，加之他们训练有素的写作能力又使得他们很容易越界进入一些跨学科的新领域并发出独特的声音。这正好与这门学科本身的衰落形成了鲜明的对照。当然，这带来的一个必然结果就是，相当一大批比较文学学者今天并不在研究文学，而是在从比较的视角研究其他学科的论题，比如传媒研究、性别研究、影视研究以及少数族裔研究等。但另一方面，他们又不得不在体制上依附于比较文学学科，例如已故的勒弗菲尔和仍十分活跃的根茨勒等人就一直在比较文学专业内授课并指导研究生。对于这一现象，巴斯耐特自然也十分清楚，所以她一直在寻找各种机缘来为翻译研究的学科地位的确立而努力。

当然，全球化进程的加快也使得世界语言体系发生了裂变：原先处于强势的语言，如英语，变得越来越强势，并充当了世界普通话的角色，而原先处于弱势的语言不是消亡就是日益萎缩，这就导致了这样一个现象的出现："英文写作应当被视为占主导地位的中心。确实，那些母语是英语变体的非英语作家的影响正在逐步形成术语上的一个转变：我们此时应区分'英国文学'（English Literature）和'英语文学'（Literature in English），这一转向虽说发生在近二十年里，但对未来也是极其重要的。"[2] 在后殖民理论思潮的冲击下，国际英语文学（International English Literature）研究已经成为一门相对独立的学科。同样，如果我们将其用于描述当今汉语发展的状况的话，也不难发现，由于汉语在全世界范围内的普及，它本身也发生了裂变，中国领土以外的汉语写作正在长足地

1　Bassnett, S. 1993. *Comparative Literature: A Critical Introduction*. Oxford: Wiley-Blackwell, 47.

2　Ibid., p. 67.

翻译研究的文化转向(修订版)

发展,汉语正在从一个民族/国别语言逐渐变成一种使用范围更广的区域性语言,并进而成为一种主要的国际性语言。中国领土以外用汉语写作的人越来越多,海外汉语文学或华文文学已经显示出与中国文学的差异,因此,国际汉语文学研究也将成为一门学科,编写一部汉语文学史也将是今后中国比较文学学者的一个任务。对于这一点,受到西方中心主义视野局限的巴斯耐特当时是不可能看到的,但她对比较文学研究中的翻译转向的呼吁在今天看来仍是具有前瞻性的。

作为身兼翻译实践者和研究者的巴斯耐特,自然十分关心译者地位的提高,她和韦努蒂一样,也为之做出了不懈的努力,她在本书中指出,"激烈地进行了数百年的关于翻译的辩论经常关涉译者的隐身或缺席。译者究竟是一个透明的管道,也即一种可供源语文本神奇般地在其通道中发生变化并进入目标语的玻璃管,还是这一变化过程中的一分子?关于地图绘制者也有人提出这类问题,这些问题向假想的地图的客观性提出了挑战,并且问道,这一地图究竟有何用途?它试图再现什么东西?"[1] 但和韦努蒂不一样的是,她并没有专门为译者主体性的彰显而呐喊,她更关心的是作为一门学科的翻译研究在近几十年内的发展,而随着翻译研究学科地位的提高,译者的地位自然也会得到相应的提高。

因此,在平行讨论了比较文学和翻译研究之间的关系之后,巴斯耐特在该书最后一章"从比较文学到翻译研究"中,大胆并直白地指出,有鉴于比较文学的衰落,"然而,形成对照的是,翻译研究却赢得了地盘,并且自20世纪70年代以来凭借其本身的实力而逐步被看作是一门学科,它有一些专业学术团体、期刊和出版书目以及大量的博士论文"。[2] 因此,"我们从现在起应当把翻译研究看作一门主干学科,而把比较文学当作一个有价值但却是辅助性的研究领域"。[3] 可以说,巴斯耐特的这本书至

---

[1] Bassnett, S. 1993. *Comparative Literature: A Critical Introduction*. Oxford: Wiley-Blackwell, 99.

[2] Ibid., p. 138.

[3] Ibid., p. 161.

第 5 章　比较文学和文化研究的干预

少在理论上完成了对比较文学学科的解构和对翻译研究学科的建构。如果从翻译研究今天在世界各地的长足发展来看，她的预言确实具有一定的前瞻性，但另一方面，也应该指出，在全球化的时代，比较文学并没有消亡，旧的欧洲中心主义意义上的比较文学虽然日益萎缩，但扩大了疆界并引入文化研究课题的新的比较文学学科仍然有着较大的活力，并在欧美国家以外的东方诸国呈现出繁荣的态势。这一现象恐怕出乎巴斯耐特的意料。

《翻译研究》可以说是奠定巴斯耐特作为一位主要的翻译研究学者地位的重要著作，同时也是近二十年内比较普及的一本翻译研究教科书。在本书的三大部分中，她首先概述了近几十年来翻译研究的核心问题，如意义、可译性和不可译性、对应论以及跨文化交际翻译等；第二部分从历史的发展角度追溯了翻译理论的演变以及不同时期的学者对翻译概念的不同理解；第三部分则涉及具体的文学文类的翻译及其存在的问题，涉及诗歌、小说和戏剧文学的翻译，对欧洲语言文学的翻译者和研究者有一定的指导作用。但若从全书所涉及的不同文化语境中的文学来看，它应该是一部从比较文学的视角研究翻译的重要著作。

当然，从该书 1980 年出版第一版直到 2002 年第三版的问世，国际翻译研究领域发生了巨大的变化，由她本人参与推进的翻译研究的文化转向使其逐步步入当代文化学术的主流。因此她在第三版"序言"中，首先开宗明义地对语言学和文化视角的翻译研究作了区分：

> 具有 20 世纪 80 年代前翻译研究之特征的文化和语言学方法虽然有着明显的区别，但此时这一分野正在逐渐消失，部分原因在于语言学中的一个转变，即学科内出现了一个公开的文化转向，部分原因则在于那些积极探讨植根于文化史的翻译的学者不那么积极地去捍卫自己的地位了。早几年，当翻译研究正在确立自己的地位时，其鼓吹者将自己定位在既反对语言学家又反对文学研究者的位置，他们论证道，语言学家未能考虑更为广阔的语境纬度，而文学研究者则沉迷于毫无意义的价值

翻译研究的文化转向（修订版）

判断。使翻译研究走出比较文学或应用语言学的保护伞被认为是重要的，因此颇为正常的是，激烈的论辩要确立翻译研究的自主性。今天，这种狂热的立场似乎已过时了，翻译研究不大感到受压了，它更有能力致力于从其他学科借用技巧和方法，同时也能够向那些学科提供技巧和方法。[1]

实际上，巴斯耐特早已经注意到，随着文化研究的崛起，翻译研究的文化转向致使翻译的本来意义发生了变化，来自不同学科的学者对翻译的作用作了全新的阐释，尤其是后殖民理论家对文化翻译策略的使用更是具有鲜明的政治和意识形态批判性，例如，"具有重要意义的是，霍米·巴巴用'翻译'这一术语并不是去描述文本和语言之间的相互作用，而是从一个地方传载到另一个地方的词源学意义。他隐喻般地使用翻译来描述当代世界的条件，在这个世界中数百万人每天移居各地并改变自己的位置。"[2] 毫无疑问，这种大规模的移民导致了人们的民族和文化身份越来越不确定，来自不同文化语境中的人需要协调和沟通，因此翻译的文化特征和功能就越来越明显。另一方面，她也肯定了仍带有形式主义特征的多元系统理论的功绩："多元系统理论弥合了20世纪70年代造成的语言学和文学研究之间的这一鸿沟，并提供了新的跨学科的翻译研究可能建立的基础。对多元系统理论至关重要的是对目标语文化中的诗学的强调。"[3] 毫无疑问，如果从历史的角度来看，多元系统理论也对翻译研究走出语言的囚笼做出过一定的贡献，但这样的贡献很快就被更带有文化转向冲击力的解构主义和后殖民翻译理论所湮没了。

在"导言"中，巴斯耐特回顾了翻译研究的发展历程，指出，尽管翻译研究涉猎很广阔的领域，但仍然可以清晰地划分为四个领域或者说四个范畴：（1）翻译史的研究；（2）目标语文化的翻译；（3）翻译与语言学；

1　Bassnett, S. 2002. *Translation Studies*. (3rd ed.) London & New York: Routledge, 3.

2　Ibid., p. 6.

3　Ibid., p. 7.

第 5 章　比较文学和文化研究的干预

（4）翻译与诗学。[1] 在她看来，前两个范畴是今天的翻译研究学者讨论最多的话题，因为它们与文化的关系尤为密切。

对于翻译学科之外的学者对翻译研究的种种看法，巴斯耐特十分清楚，她认识到，作为一门依然十分年轻的学科，翻译研究仍缺乏深厚的理论积淀，"翻译中的评价问题与先前讨论的翻译地位的低下问题密切关联，这就使批评家得以从一个假想的居高临下的位置来对翻译文本说三道四。然而，作为一门学科的翻译研究的成长则应当朝着提高翻译讨论水平的方向发展，如果要为翻译的评价确立某些标准的话，那么就要从学科内部而非外部来确立那些标准。"[2] 以往的文学-语言学翻译之争的一个最大的缺陷就是争论的双方都仅从自己的学科领域出发，而没有考虑到翻译研究的独特性和独立性，她认为这是导致关于翻译问题的讨论的水平始终提不高的一个重要原因。

在这本书中，巴斯耐特还花费了相当的篇幅回顾了翻译的发展史，但她的切入点是问题。她总结道，"通过这一简略的描述，我们可以清楚地看到不同时代流行着不同的翻译概念，而且译者的功能和作用也发生了剧烈的变化。对这些转向的解释是文化史研究的范围，但改变翻译的概念对翻译本身的过程的影响则将在今后漫长的时期成为研究者关注的重点。"[3]

作为一位翻译实践者，巴斯耐特也十分关心具体文学文类的翻译，包括诗歌、戏剧和小说的翻译。但是她依然从中找出一些带有普遍规律性的东西，并从理论上加以阐释。她认为，"译者首先在源语中阅读和翻译，然后，通过进一步的破译过程，才将文本译成目标语。在这方面，他不仅仅几乎和源语文本的读者做的工作一样，而且实际上做的工作更多，因为源语文本通过不止一套系统而得到了探讨。所以，硬要说译者

1　Bassnett, S. 2002. *Translation Studies*. (3rd ed.) London & New York: Routledge, 16–17.

2　Ibid., p. 20.

3　Ibid., pp. 79–80.

的任务是翻译而不是解释就是十分愚蠢的，似乎这二者是两种截然分开的练习一样。语际翻译必定要反映译者本人对源语文本的创造性阐释。此外，译者再现源语文本的形式、格律、节奏、声调、表达等的程度就像它要被源语系统决定那样也要被目标语的系统所决定，同时也取决于翻译的功能。"[1]应该说，这是她从自己的翻译实践中总结出的感受，因此，她也和斯皮瓦克一样，绝不满足于对原文的浮于表面的忠实再现，她心目中的译者的作用还包括从自己的独特角度和期待视野来对原作进行能动的阐释，这样的结果也许会导致语言对等上的不忠实，但在再现原作的文化内涵方面则更为确当，甚至对原作潜在的意义也有所发掘。在这方面，她也和勒弗菲尔一样，认为翻译对原作在目标语中的经典化进程有着不可忽视的重要意义和作用。

在考察了一些用欧洲语言撰写的诗歌在英语中的翻译之后，巴斯耐特还对翻译的现代性作了阐发，她认为，"所有的翻译都反映了个体译者的阅读、阐释和对由翻译和原作文本之功能的概念决定的标准的选取。因此从我们审视的这些诗来看，我们便可看到在某些情况下，语言和声调的现代化已经得到特别的对待，而在另一些情况下，有意识的仿古却一直是占主导地位的决定性特征。"[2]无论是从译者的视角还是从读者的视角来看，翻译都不可脱离自己的时代，因此每一个时代的译者都应该生产出与之相适应的译作。

对于译者的能动作用，虽然巴斯耐特反复做了强调，但是，她依然通过对具体翻译文本的分析指出，"让译者保证自己摆脱那些在不同的时刻流行并主宰翻译的成规的限制是可能的，而且负责任地把文本当作元文本或翻译-阅读（语际阅读）可据以开始的出发点来看待也是可能的……各种不同的标准在翻译的过程中都发挥了作用，而且都必不可少地包含了表达上的转变，因为译者始终在为将自己的实用性阅读和目标

---

[1] Bassnett, S. 2002. *Translation Studies.* (3rd ed.) London & New York: Routledge, 86.

[2] Ibid., p. 106.

第 5 章 比较文学和文化研究的干预

语文化系统的要求相结合而奋斗。"[1] 这样，译者的任务就不仅仅是从语言上再现原作，他还要对目标语文化的建构做出自己的贡献。应该说，这正是所谓的"文化学派"翻译研究者的一个重要使命，在这方面，巴斯耐特的开拓性贡献是不可忽视的。

最后，在本书结语中，巴斯耐特在承认翻译研究仍是一门年轻的学科的同时进一步指出，"来自一种更容易理解的术语的一大好处就是，我们可以通过伴随而来的价值判断来摆脱陈腐和含混不清的直译与意译之间的冲突。我们还可以摆脱作者指向的（author-directed）翻译与读者指向的（audience-directed）翻译之间的不确定的区分。"[2] 在这方面，巴斯耐特显然吸取了一些多元系统理论和解构主义的翻译原则，其目的在于使这门学科关注的问题越来越朝着文化的方向发展，而不必拘泥于具体的语言文字上的无端争论。应该说，这也是大多数来自比较文学和文化研究的翻译研究者所坚持的立场。

今天，在全球化的语境下，文学的疆界已经大大地扩展了，许多过去的形式主义文论家认为不属于文学的东西今天已经堂而皇之地进入了文学的殿堂，这导致的一个后果便是，不仅比较文学的面目发生了根本的变化，文化研究也在朝着新的方向发展。人们也许会关心，巴斯耐特是否仍坚持翻译研究应有的学科地位呢？她是否还会像当年那样为翻译学的合法性大声疾呼呢？但出人意料的是，她于 2006 年在《比较批评研究》(Comparative Critical Studies)丛刊第三卷第 1—2 期上发表了一篇令人震惊的文章:《21 世纪比较文学反思》("Reflection on Comparative Literature in the Twenty-First Century")，在这篇文章中，她改变了过去的厚此薄彼（比）的激进立场，而是更为激进地宣称，她当年写作《比较文学：批判性导论》一书的主要动机，"一是要宣布比较文学的死亡，一是要提升翻译研究的形象。今天，反观那个主张，看来基本上是错误

---

[1] Bassnett, S. 2002. *Translation Studies*. (3rd ed.) London & New York: Routledge, 109.

[2] Ibid., pp. 136–137.

的：翻译研究在过去30年里发展并不快，对比依然是翻译研究学术的核心。要是我今天来写这本书，我会说比较文学和翻译研究都不应该看作是学科：它们都是研究文学的方法，是相互受益的阅读文学的方法。比较文学的危机，源自于过分规定性与明显具有文化特殊性的方法论的结合，它们实际上并不具有普遍适用性，也互不相关。"[1]这样，关于比较文学危机的话题就再次被提了出来，而且也隐含着翻译研究的内在危机。研究者们将如何从理论上来回应这一现象带来的新的挑战？确实，在一个文化理论的黄金时代已成过去的年代，理论的功能无疑也发生了转变，它不仅要指向有文字组成的文学文本，同时也须关注由图像和符号构成的视觉文本。比较文学研究者的越界行为早已不足为奇，而文化研究学者也在逐步地摆脱"纸上谈兵"的传统方法，他们越来越关注产生于我们日常生活中的视觉文化，而在这方面，翻译研究将有何作为？它如何走出封闭的"语言的囚笼"？它是否也应该关注围绕我们身边的各种图像和语符组成的文本的翻译和阐释呢？对此我们将在下一章予以讨论。

---

[1] 参见苏珊·巴斯耐特文章《21世纪比较文学反思》（黄德先译），载《中国比较文学》2008年第4期，第6页。同时也可参考该刊2009年第1期发表的几篇中国学者对该文的讨论。

第 6 章 符际翻译与文化研究的"视觉转向"

翻译研究学者虽然至今仍记得雅各布森近五十年前从语言学的角度提出的翻译的三个方面,但是他们往往在具体讨论翻译文本时,却仅仅关注不同语言之间的转换,认为这才是真正的翻译,因此我们在讨论语符翻译之前,首先再回顾一下当年雅各布森是如何对翻译的三个方面进行界定的:

1. 语内翻译或改用其他说法是通过同一语言的另一些符号对文字符号作出的解释。
2. 语际翻译或翻译本身是通过另一种语言来对文字符号作出的解释。
3. 符际翻译或变异是通过非语词符号系统对文字符号作出的解释。[1]

显然,雅各布森做出这一描述时指的是广义的翻译,当然,他随之又亮出了自己的底牌:从形式主义语言学的角度,认为只有第二种形式的文字翻译才是人们所讨论的翻译的本体。尽管如此,实际文学翻译实践中出现的案例却向翻译研究学者提出了新的问题:爱尔兰诗人希尼把英国文学古典名著《贝奥武甫》从古英语译成当代英语,其难度绝不亚

---

[1] Jakobson, R. 1992. On linguistic aspects of translation. In Schulte, R. & J. Biguenet. (eds.) *Theories of Translation: An Anthology of Essays from Dryden to Derrida*. Chicago & London: The University of Chicago Press, 145.

翻译研究的文化转向（修订版）

于把一部外国古典名著译成英文，这算不算翻译？另外，一些中国学者把古典文论名著《文心雕龙》译成现代汉语算不算翻译？如果答案是肯定的话，那么传统的语言学意义上的翻译之疆界实际上已经拓宽了。

最近几年来，伴随着全球化进入中国，文化的疆界变得越来越宽泛甚至越来越不确定。过去一度被精英知识分子奉若神明的"高雅文化"曾几何时已被放逐到当代生活的边缘，大众文化越来越深入地渗透到人们的日常生活中，不仅影响着人们的知识生活和娱乐生活，而且也大大地影响了人们的审美趣味和消费取向，并且使我们这个时代越来越显露出消费社会的特征。曾几何时在人们的审美对象中占据主导地位的语言文字也受到了有力挑战，更不用说由那些语言文字组成的精英文学作品了。毫无疑问，这种挑战来自两个方面：大众文化和消费文化的崛起，它们从根本上改变了人们固有的精英文化观，为大多数人得以欣赏和"消费"高雅的文化产品提供了可能性；而另一种写作和批评媒介——图像的崛起，则从根本上改变了人们的审美趣味和价值取向，而当今的后现代消费社会则促使人们得以以审美的视角来观赏甚至消费高雅文化及其产品——艺术作品，因此以图像为主要媒介的语像写作的应运而生便是一种历史的必然，它可以满足广大读者／观赏者的审美需求，同时也向我们的文化研究学者提出了挑战：既然文化研究所研究的是一切发生在我们周围的活生生的文化现象，那么由图像和各种语符组成的视觉文化是否也应该进入文化研究者的视野？既然被人们称为"读图的时代"的现象已经凸现在我们的眼前，那么我们的文化和翻译研究学者就不能不正视这些现象，并对之作出学理性的分析和研究。而且，随着图像的愈益普及和在一定程度上对文字表达的部分替代，翻译的实践和理论也要相应地给予关注。翻译在这方面的功能具体体现于两方面：以文字来翻译和解释另一种文化语境中的图像，同时它本身也可以参与一种视觉文化的建构。本章打算从这两个方面进行阐发。

第6章 符际翻译与文化研究的"视觉转向"

后现代消费文化的审美特征

早在20世纪90年代后期,英国的马克思主义理论家伊格尔顿就从文化批判的角度对这种"文化泛滥"的现象作了冷静的分析。在一篇题为《后现代主义的矛盾性》("The Contradictions of Postmodernism",1997)的论文中,他甚至针对西方国家以外的第三世界国家的后现代热和西方文化热发表了不同的意见,他一针见血地指出,"当今为什么所有的人都在谈论文化?因为就此有重要的论题可谈。一切都变得与文化有关……文化主义加大了有关人类生活所建构和破译并属于习俗的东西的重要性……历史主义往往强调历史的可变性、相对性和非连续性特征,而不是保持那种大规模不变的甚至令人沮丧的一贯性特征。文化主义属于一个特定的历史空间和时间——在我们这里——属于先进的资本主义西方世界,但现在似乎却日益进口到中国以及其他一些'新崛起的'社会"。[1] 伊格尔顿这番不无激进的言论显然是有所指的,在该文章发表之前的"文化研究:中国与西方国际研讨会"主题演讲中,他回顾道,与他在80年代初首次访问中国的感觉大为不同的是,90年代中后期的中国社会已经越来越带有了后现代消费社会的特征。应该承认,伊格尔顿二十多年前在中国首都北京的天安门广场见到的只是后来消费文化崛起的前兆,而今天,这一现象已经成为整个中国大陆的中等以上城市的普遍现象。在这里,马克思主义与后现代主义相遭遇了,并在文化的生产与消费问题上产生了某种程度的共融。[2] 伊格尔顿当时讨论后现代主义的出发点是文化,但这已经不是传统的现代主义意义上的精英文化,而是更带有消费特征的后现代意义上的大众文化,其中自然也包括视觉文化。这种产生于消费社会的大众文化或通俗文化无疑对曾一度占据主

---

[1] Eagleton, T. 1997. The contradictions of Postmodernism. *New Literary History*, 28(1): 1. 这篇论文的中译文曾先行发表于《国外文学》1996年第2期。

[2] 这里的间接引文出自伊格尔顿在"文化研究:中国与西方国际研讨会"(1995年8月,大连)上的主题发言。

翻译研究的文化转向（修订版）

导地位的现代主义精英文化及其产品——文学有着某种冲击和消解的作用。而视觉文化的崛起，则对于以文字为主要媒介的精英文学作品的生产也有着致命的冲击作用。

毫不奇怪，人们在谈论文化时，已经开始越来越关注当代文化的消费特征以及这种消费文化所带有的特定的后现代审美特征。后现代社会的文化无论在本质上还是在表现形式上显然已经大大地不同于现代文化，因此必须首先对文化的不同层次做出区分。在伊格尔顿看来，"'文化'（culture）这个字眼总显得既过于宽泛同时又过于狭窄，因而并不真的有用。它的美学含义包括斯特拉文斯基的著述，但没有必要包括科幻小说；它的人类学意义则宽至从发型和餐饮习惯直到排水管的制造。"实际上，对文化概念的这种无限扩张的担忧早就体现在他以前的著述中。从辩证的观点出发，伊格尔顿始终认为，至少有两个层次上的文化可以讨论，一种是用大写英文字母开头的"总体文化"（Culture），另一种就是用小写英文字母开头的各民族的"具体的文化"（cultures），这两种文化的对立和争斗使得文化的概念毫无节制地扩张，甚至达到了令人生厌的地步。在分别分析了各种不同版本的文化概念之后，伊格尔顿总结道，"我们看到，当代文化的概念已剧烈膨胀到了如此地步，我们显然共同分享了它的脆弱的、困扰的、物质的、身体的以及客观的人类生活，这种生活已被所谓文化主义（culturalism）的蠢举毫不留情地席卷到一旁了。确实，文化并不是伴随我们生活的东西，但在某种意义上，却是我们为之而生活的东西……我们这个时代的文化已经变得过于自负和厚颜无耻。我们在承认其重要性的同时，应该果断地把它送回它该去的地方。"[1] 既然这种后现代意义上的消费文化无处不在，并且已经直接地影响到了我们的日常生活和审美观念，我们就更应该对之进行分析研究了。

当然，讨论不同的文化是如此，在关于后现代主义问题的讨论中，学者们也发现了不同层次上的后现代主义形式：后结构主义层面上的后

---

[1] 这篇论文的中译文见《南方文坛》2001年第3期。

第6章 符际翻译与文化研究的"视觉转向"

现代主义,也即以德里达和福柯的具有解构特征的后现代主义表明了对现代主义整体性观念的批判和消解,这是一种形而上的哲学和知识层面上的后现代主义;先锋派的智力反叛和激进的艺术实验,把现代主义的精英艺术观推向极致,这实际上在某种程度上继承了高级现代主义艺术的实验性和先锋性特征;以消费文化和通俗文化为主的后现代主义,体现了对现代主义精英文化的冲击和消解。应该指出的是,近十多年来出现的视觉文化和图像艺术,也应纳入后现代消费文化的范畴加以研究,因为它客观上满足了人们的视觉审美需要,充当了其他文化形式所不能提供的审美需求。这样看来,无论是对现代主义的推进也好,批判也好,甚至对之进行消解,后现代主义所要批判和超越的对象都始终是它的前辈和先驱——现代主义。这其中的一个重要原因就是现代主义使得文化只能为少数人所掌握、欣赏甚至消费,而后现代主义则在大大拓展文化的疆界时使得大多数人都能享用并消费文化。因此后现代主义与消费文化的密切关系是客观存在的。我们在讨论这种关系时,总免不了会想到或引证美国的新马克思主义理论家詹姆逊写于20世纪80年代初的一篇论文:《后现代主义与消费社会》("Postmodernism and Consumer Society"),他在这篇论文中曾明确地指出,除了考察后现代主义的种种特征外,人们"也可以从另一方面停下来思考,通过对近期社会生活各阶段的考察对之作出描述……在第二次世界大战后的某个时刻,出现了一种新的社会(被人们从各种角度描述为后工业社会、跨国资本主义、消费社会、传媒社会等)。新的人为的商品废弃;流行时尚的节奏日益加快;广告、电视和传媒的渗透在整个社会达到了迄今为止空前的程度;城郊和普遍的标准代替了原有的基于城乡之间以及与外省之间的差别的标准;高速公路网的迅速扩大以及汽车文化的到来——这一切都只是标志着与旧的战前社会的彻底决裂,因为在那时的社会,高级现代主义仍是一股潜在的力量"。[1] 对于这一迥然有别于现代社会的现象,詹姆逊将

---

[1] Jameson, F. 1983. Postmodernism and consumer society. In Foster, E. (ed.) *The Anti-Aesthetic: Essays on Postmodern Culture*. Seattle: Bay Press, 143.

其描述为后现代社会。如果说,当 1985 年詹姆逊首次访问中国时所引进的西方后现代理论仅仅在少数精英知识分子和具有先锋意识的文学艺术家中产生了一些共鸣的话,那么用上述这段文字来描述新世纪初的中国社会和文化状况,就再准确不过了。[1] 这正是詹姆逊的理论所具有的前瞻性。既然如此,那么人们也许会问道,进入后现代社会之后文化会以何种形态显现呢?这正是许多专事后现代主义问题研究的东西方学者密切关注的现象并试图回答的问题。这里首先以消费文化为例。

我们可以回顾一下现代主义文化艺术的特征:充满精英意识的高雅文化、仅为少数人欣赏的文化、表现了自我个性的审美文化,甚至"为艺术而艺术"的精英文化观念,等等。显然,这一切都是后现代主义艺术家所要批判和超越的东西。因此,我们大概不难由此而推论,后现代主义的特征是反美学、反解释、反文化和反艺术的,但是它反对的是哪一个层次上的文化呢?这也许恰恰是我们容易忽视的:它反对的正是具有崇高特征和精英意识的现代主义美学,抵制的是具有现代主义中心意识的解释,抗拒的是为少数精英分子所把持并主宰的主流文化,超越和批判的是现代主义的高雅文学艺术,总之,后现代主义文化艺术与现代主义的高雅文化艺术不可同日而语。它既在某些方面继承了现代主义的部分审美原则,同时又在更多的方面对之进行了批判和消解。因此考察后现代主义文化艺术必须具备一种辩证的分析眼光,切不可将这种错综复杂的现象简单化。

就西方马克思主义对后现代主义的研究来看,尽管詹姆逊从文化批判的高度对后现代主义持一种批判的态度,但他仍实事求是地承认后现代主义文化中的不少合理因素,并予以充分的肯定。他认为,后现代主义或后现代性带来的也并非全是消极的东西,它打破了我们固有的单一思维模式,使我们在这样一个时空观念大大缩小了的时代对问题的思

---

[1] 关于詹姆逊 1985 年访问中国并在北京大学讲课的回顾,参阅陈晨、尹星的文章《一场演讲与新时期学术转型——王宁、王逢振访谈录》,载《中国图书评论》2007 年第 1 期,第 76–79 页。

第 6 章　符际翻译与文化研究的"视觉转向"

考变得复杂起来，对价值标准的追求也突破了简单的非此即彼模式的局限。如果我们从上述几个方面来综合考察后现代主义的话，就不难看出，"在最有意义的后现代主义著述中，人们可以探测到一种更为积极的关系概念，这一概念恢复了针对差异本身的观念的适当张力。这一新的关系模式通过差异有时也许是一种已获得的新的、具有独创性的思维和感觉形式；而更为经常的情况则是，它以一种不可能达到的规则通过某种再也无法称作'意识'的东西来得到那种新的变体。"[1] 因此在詹姆逊看来，后现代主义与消费社会的密切关系就体现于消费文化的特征。作为一种对现代主义主流文化的既定形式的特殊反动而出现的后现代主义，其明显的特征就是消解了大众文化与精英文化之间的界限，标志着现代主义精英文化的终结和后现代消费文化的崛起。应该承认，今天在西方的文化研究领域内人们所热烈讨论的消费文化问题在很大程度上正是基于詹姆逊对后现代主义的批判性建构。

实际上，另一位对后现代主义思潮有着极大推进作用的法国后马克思主义思想家让·鲍德里亚（Jean Baudrillard）很早就关注消费文化及其对当代人们生活的影响。早在他写于 1970 年的专著《消费社会》（*La Société de consummation*）中，他就开宗明义地指出，"今天，我们到处被消费和物质丰富的景象所包围，这是由实物、服务和商品的大量生产所造成的。这在现在便构成了人类生态学的根本变化。严格地说来，富裕起来的人们再也不围着另一些人转，因为和人打交道已成为过去，而是围着物质商品转。他们并非在和自己的朋友或伙伴进行日常的交易，而是从统计学的意义上来说，由于促使消费不断上升的某些功能所致，他们常常把精力花在获取并操控商品和信息上。"[2] 虽然鲍德里亚的上述描述产生于 20 世纪 70 年代的欧洲国家，但若用于描绘当今中国消费社

1　Cf. Jameson, F. 1991. *Postmodernism, or, the Cultural Logic of Late Capitalism.* Durham, NC: Duke University Press, 31.

2　至于鲍德里亚著作的英译，Cf. Baudrillard, J. 1988. *Selected Writings.* Poster, M. (ed. & intro.) Stanford: Stanford University Press, 29.

翻译研究的文化转向（修订版）

会的状况也依然十分恰当。因此可以肯定，随着越来越多的鲍德里亚著作中译本的问世，他对生产和消费的符号和象征意义的研究将越来越引起我们的文化研究学者和翻译研究者的重视。无疑，鲍德里亚的概括说明了后现代消费社会的一个明显特征：人已经越来越为商品经济所左右，商品的消费和信息的交流主宰了人们的日常生活。因此生活在后现代消费社会的人们所关心的并不是如何维持最起码的日常生活，而是如何更为舒服或"审美地"享受生活。我们说，后现代文化的一个重要特征就在于其消费性，那么是不是就一定说明后现代文化丧失了所有的审美特征了呢？恰恰相反。在后现代社会，特别是进入全球化时代以来，人们的物质生活大大地变得丰富多彩了，这使得他们在很大程度上并不仅仅依赖于物质文化的生产，而更多地崇尚对这些物质文化进行享用和消费。如果说，在现代主义时代，人们的审美观念主要表现在注重文化产品的生产和实用性的话，那么在后现代社会，人们的审美观便更多地体现在文化产品的包装和消费上。如果说，在传统的工业文明时代，这种物质文化的消费只是低层次的"温饱型的"，那么在后现代信息社会，人们对物质文化消费的需求就大大地提高了。后现代社会为人们提供了审美的多种选择：他们不需要去花费很多的时间阅读厚厚的长篇文学名著，只需在自己的"家庭影院"里花上一两个小时就可以欣赏到一部世界文学名著所提供的审美愉悦；同样，不少从事精英文化产品——文学研究的学生也改变了过去那种沉溺于书斋中阅读经典文学名著的做法，代之以观赏和研究更容易激发审美情趣的电影或电视。他们在撰写学位论文时，也不像过去那样在图书馆的书籍的海洋中徜徉，尽情地品味书香的快乐，而是沉溺于影像的包围之中，尽情地欣赏着快节奏音乐的美感。所有这些都表明，在后现代社会，人们需要"审美地"而非粗俗地实现对这些文化产品的享用和消费。在中国，甚至连詹姆逊和鲍德里亚等人的高雅的理论也成了新一代青年学人"消费"的文字产品。而为了更为"审美地"消费这些文化产品，人们就需要把握消费文化的审美特征。

第 6 章　符际翻译与文化研究的"视觉转向"

与现代主义艺术的深层审美价值相左的是，产生于后现代时期的消费文化产品所具有的是表面的、浅层次的审美价值。生活在后现代社会的人的时间和空间观念大大地有别于现代社会的人：他们的生活节奏快捷而变化多端，这就决定了他们的审美趣味也应随之而变化。既然后现代消费社会的人生活节奏往往都很快，他们便不可能细心地品味高雅的文化精品，但同时又不可能把钱花在消费连自己的视觉也难以满足的文化赝品上。那么消费文化的审美特征究竟具体体现在何处呢？这里仅作简单的概括。

首先是表演性。消费文化产品一般并非精雕细琢的文化精品，常常是为了在瞬间吸引人们的视觉注意，以满足他们在短时间内激起的审美愉悦的需求。这样一来，它们，尤其是一些用于舞台演出的艺术小品就需要在表演的过程上下功夫。同样，某些消费品也需要在传媒的广告过程中展示自己的"价值"。因而从常常有影视明星加盟的这种"表演性"很强的广告就能起到对这类文化产品的促销作用。

其次是观赏性。如果是表演性仅体现在可用于舞台演出的艺术小品上的话，那么静态艺术品的观赏价值就成为它们能够在瞬间吸引消费者的一个重要环节。为了吸引人们花钱去消费和享用，这类消费文化产品往往在外观上一下子就能吸引人的眼球，令人赏心悦目，让消费者心甘情愿地花钱去消费和享用这些产品。

再者是包装性。既然消费文化首先要满足消费者的视觉，那么对于那些外表粗陋的产品应采取何种办法呢？自然是通过"包装"使他们变得外观"美丽"起来。所以，一种消费文化产品是否能顺利地走向市场，在很大程度上取决于如何包装它。尽管大多数产品的内容与其外表的包装相距甚远，但也不乏少数真正的精品能做到表里一致。

最后便有了消费文化的时效性。后现代消费社会的文化是一种追求时尚的文化，既然消费文化仅仅为了满足人们的视觉审美需求，或者仅供后现代社会消费者短期内的审美需求和享用，因而这样的文化产品就仅仅体现了一时的时尚。等到新的时尚取代旧的时尚时，这类产品就只能成为"明日黄花"。这就是消费文化的时效性。

如上所述,所有这些审美特征都说明,后现代社会的消费文化产品在很大程度上都诉诸人们的视觉,因而客观上为一种新的文化形态——视觉文化(visual culture)的崛起奠定了基础。毫无疑问,视觉文化是一种从西方后现代社会"翻译"过来的舶来品,它主要是后工业信息社会的一个产物,但是它一旦进入中国,就很快地打上了本土文化的特色。那么这种视觉文化究竟给我们带来了什么变化呢?下面我们就集中讨论视觉文化以及由此而导致的当代写作和批评中的"图像转折",以便为我们自然而然地过渡到对跨文化图像翻译的讨论奠定基础。

视觉文化和当代文化中的"图像转折"

在全球化的语境下讨论视觉文化现象,已经成为近几年来文学理论和文化研究界的一个热门话题。这必然也会使人想到当代文化艺术批评中新近出现的一种"图像的转折"(a pictorial turn)。由于这种蕴含语言文字意蕴的图像脱离不了语言文字的幽灵,而且在很大程度上还承担了原先语言文字表现的功能,因而我们又可以称其为"语像的转折"(an iconographical turn),这样便可将诉诸文字的语符和诉诸画面的图像结合起来。进入 21 世纪的全球化时代以来,由于当代文学创作中出现的一个新的转向:从传统的文字写作逐步过渡到新兴的图像写作,文学批评界也出现了一个"图像的转折",原先那种用语词来转达意义的写作方式已经受到大众文化和互联网写作的双重挑战,因而此时的文字写作同时也受到了图像写作的有力挑战。面对这一不可抗拒的潮流的冲击,传统的文字批评也应当多少将其焦点转向图像批评了。当反思 20 世纪的文学和文化批评所走过的道路时,我们很容易发现,早在 80 年代的西方批评界,当人们感觉到后现代主义已成为强弩之末时,便竞相预测后现代主义之后的文学理论批评将出现何种景观。有人预测道,在后现代主义之后的时代,批评的主要方式不再是文字的批评,而更有可能是

第6章 符际翻译与文化研究的"视觉转向"

图像批评,因为图像的普及预示了一种既体现于创作同时又体现于理论批评的"语像时代"(an age of iconography)的来临。[1] 显然,文学创作的主要方式将逐渐从文字写作转向图像的表达,而伴随着这一转向而来的则是一种新的批评模式的诞生:图像或语像批评。虽然不少人对此并未有所意识,但对于我们从事文学理论批评和翻译研究的学者来说,我们应该对这种转折的意义有所认识,并提出我们的对策。因此从这个意义上说来,我们发现,由于后现代消费社会的审美情趣的转变,各种高雅的和通俗的文化艺术产品均难以摆脱被"消费"的命运,甚至连海德格尔、弗洛伊德、萨特、德里达和赛义德这些公认的精英理论家的著作也摆脱不了中文语境下的被"消费"之命运,更不用说那些图文并茂的专门讨论视觉文化艺术的著作了。因而一种专注于图像文本的批评方法将随着这一新的审美原则的出现而出现在当代文学和艺术批评中,或者说出现在整个文化批评中。

随着全球化时代精英文学市场的日益萎缩和大众文化的崛起,人们的视觉审美标准也发生了变化:从传统的专注阅读文字文本逐步转向越来越专注于视觉文本的阅读和欣赏。后现代消费社会使得人们的审美标准发生了变化,文学艺术作品在某种程度上也成了消费者的高级消费品。和过去不一样的是,不少文学名著也配上了精美的插图和照片,从而使读者更能获得直接的感官满足。我们可以说,当今出现的这一语像的时代,实际上就是后工业社会反映在后现代文学艺术上的一个必然产物。人们也许会问道,既然后现代消费社会的审美特征从整体上发生了变化,那么产生于这一语境中的语像时代具体又有何特征呢?如果当代文学艺术批评中确实存在这样一种"转向"的话,那么它与先前的文字创作和批评又有何区别呢?在这方面,我们首先来引证美国当代著名的图像理论家和文化批评家米切尔(W. J. T. Mitchell)对图像时代之特征

---

[1] 应该承认,"语像"(iconography)这个词是笔者从美国图像理论家 W. J. T. 米切尔那里移植过来的,他出版于1986年的一本论文集题为 *Iconology*,笔者在此基础上加进了文字的因素,便构成了"语像"这个术语。

翻译研究的文化转向（修订版）

的概括性描述：

> 对于任何怀疑图像理论之需要的人，我只想提请他们思考一下这样一个常识性的概念，即我们生活在一个图像文化的时代，一个景象的社会，一个诉诸外观和影像的世界。我们被图画所包围；我们有诸多关于图像的理论，但这似乎对我们并没什么用处。了解图像正在发生何种作用，理解它们并非一定要赋予我们权力去掌握它们……图像也像历史和技术一样，是我们的创造，然而它们也常常被我们认为"不受我们的控制"——或至少不受"某些人的控制"，因而中介和权力的问题便始终对于图像发挥功能的方式至关重要。[1]

如果这段话出自一位画家或视觉文化生产者之口，也许人们会认为其过于偏激了，但这恰恰是米切尔这位长期从事文学理论批评教学和研究的学者兼编辑从自己的知识生涯的转变中总结出来的。米切尔由于长期担任蜚声国际文学和文化理论批评界的《批评探索》(Critical Inquiry)杂志的主编，因而在很大程度上亲历了近三十年来西方文学理论和文化批评潮流的此起彼落，他不仅在过去的二十多年里积极地在美国和欧洲大力推广图像理论，而且他本人也对于图像理论做过精深的研究，并以极大的热情呼唤当代文学和文化批评中出现这样一种"图像的转折"。近十多年来，由于他数次来中国访问讲学并关注中国当代的艺术，加之他的理论著作《图像理论》(Picture Theory)中译本也于最近问世，[2]一股"图像热"似乎已进入中国当代的文化艺术批评。但我国的翻译研究界却对此反应较为迟钝，甚至在许多翻译研究者眼里，图像的翻译根本算不上翻译，"语言中心主义"仍然是翻译研究者的思维方式和写作模式，因而毫不奇怪，图像批评及其研究著述很少出自专事翻译研究的学者之

---

1 Cf. Mitchell, W. J. T. 1994. Introduction. *Picture Theory*. Chicago & London: The University of Chicago Press, 5–6.

2 该书中译本已由陈永国、胡文征等翻译，2006年9月由北京大学出版社出版。

第6章　符际翻译与文化研究的"视觉转向"

手笔。这不能不说是一大遗憾。究其原因，大概应追溯到当年雅各布森对翻译的三种形式所作的界定。

毫无疑问，当米切尔最初于 1994 年提出这个问题时，计算机远没有像今天在全世界得到如此程度的普及，而且在文学创作和理论批评界，文字批评始终非常有力，而相比之下，视觉文化批评或语像批评则几乎被排挤到"边缘化"的境地。这与当今社会出现的图像的无所不在性又形成了鲜明的对照。此外，人们似乎并未意识到一个新的语像时代将伴随着全球化时代数字化的发展和计算机的普及而来临。米切尔从跨学科和跨艺术门类的角度同时从事文学批评和艺术批评，因而他十分敏锐地预示了最近的将来必将出现的批评注意力的转向。正如他在 2004 年 6 月在北京举行的"批评探索：理论的终结？"国际研讨会上所指出的，当我们打开世纪之交的《时代》周刊时，我们一下子便会注意到，不同时期的杂志封面上出现的不同形象就隐含着不同的意义：当一只克隆羊出现在封面上时，显然意味着人类不可战胜的神话的被粉碎和"后人文主义"时代的来临。人类不仅可以创造所有的人间奇迹，同时也可以创造使自己毁灭的东西，这一点已经为越来越多人所认识到。而在 9.11 事件之后杂志封面上出现的燃烧着的世贸大厦，则使人丝毫不感到惊奇：曾经喧嚣一时的理论竟然无法解释这一悲剧性但却活生生出现在人们眼前的现实。[1] 理论的虚弱无力甚至使原先为之呐喊奔波的一些理论家也对之丧失了信心。毫无疑问，这些蕴含深刻的图像较之古人们创造出来的形象确实大大地进步了，它们是全球数字化时代高新技术生产出来并得到后者支撑的，因为这些现代高新技术不仅大大更新了图像的形式，而且使其得到逼真的组装甚至大面积的"克隆"（复制）。我们要将这些图像用文字加以表达和阐释，必须得经过翻译的中介，但这样高难度的翻译已经不是语际翻译者所能承担的任务，它应该摆在同时有着良

---

[1] 可参阅米切尔发言的中译文《理论死了之后》（"After Theory Is Dead?"），李平译，被收入陈晓明、李扬主编的《北大年选2005：理论卷》，北京大学出版社，2006年版，第116—120页。

好艺术和文字训练的符际翻译者的面前。这样，长期备受压抑甚至被忽视的符际翻译便得以浮出当代视觉文化研究的"地表"。

实际上，对图像、图式和隐喻，符号学家们早就做过仔细的研究以区分三种形式的语像符号。在他们看来，"图像的特征体现于有着与其对象相同的品质。如果一张红色的纸板被当作符号展示你想买的那幅图画的颜色的话，那么它产生的功能就只是你想要的那种颜色的语像符号，也即一个形象。"[1] 虽然他们并没有涉及语像批评和符际翻译，但却已经明确地揭示出，图像本身也在语像和隐喻两个方面具有指义功能。要表达其中隐含的意义，就需要训练有素的读者对之进行翻译和阐释。但是在以文字为中心的文本中，图像只被当作插入文字文本中的附加形象，而在语像写作中，图像则在很大程度上占据了整个文本的核心位置。因此，语像写作具有多种后现代文化的特征。它不仅表明了文字写作的式微和语像写作的崛起，同时也预示了致力于考察和研究这种写作文体的语像批评的崛起。确实，在后现代社会，当人们的生活变得越来越丰富多彩并充满了多种选择时，他们不可能仅仅为传统的文字写作和批评所满足，因为阅读本身也已经成了一种文化消费和审美观赏。按照罗兰·巴特的说法，阅读也应该成为一种审美的"愉悦"（pleasure）。但是究竟如何提供这种审美愉悦呢？显然文字是无法满足人们的眼球的。在冗繁的日常生活中，人们很容易由于终日阅读各种以文字为媒介的文献资料而患上"审美疲劳症"，因此，为了满足广大人民群众或消费者的需要，一种新的写作和批评形式便出现了，它主要以形象和画面为媒介来传达信息，而且信息的含量又高度地浓缩进了画面。这无疑体现了后现代时代的精神和状况：读者同时又是观赏者、批评者和阐释者，他/她对文字/图像文本的能动性接受和创造性建构是无法控制的，加之互联网的普及更是使得这些"网民"如虎添翼，他们可以最大限度地发挥自己的想象力，在一个虚拟的赛博空间构建各种美好的图画，以满足自

---

1 Johansen, J. D. 1993. *Dialogic Semiosis: An Essay on Signs and Meaning*, Bloomington & Indianapolis: Indiana University Press, 98.

第6章　符际翻译与文化研究的"视觉转向"

己的审美愉悦和需求。所以当代文学创作和理论批评中出现的图像转折便是一个不以人们的意志为转移的事件。对此，翻译研究者尚未有清醒的认识，但是随着可供译者翻译的资料中出现越来越多的图像，他们便无法回避图像的翻译。我们若是再仔细考察一下中国和西方现代史上曾经出现过的图像或符际翻译现象的话，我们便完全可以预言，这一翻译形式不仅在过去已经萌芽，而且在未来也将有广阔的发展空间，对此我们的研究也应当相应地跟上，以便提供对读图者的准确到位的翻译-阐释性引导。对此我们将在后面一节进行讨论。

图像的越界和解构的尝试

"越过边界，填平鸿沟"在早期的后现代主义讨论中曾是一个经常为人们引用的话题，[1]这一话题在中国当代的文化研究中也被经常使用，一般指越过精英文化与大众文化的界限，填平高雅文化与通俗文化之间的鸿沟。谈到文字写作与语像写作之间的关系，这一概念尤其适用。既然语像写作及其批评也具有这种"越界"的特征，那么从跨学科理论的角度来阐述其具体的表现便显得更有必要。在当代文化批评界和比较文学界，人们讨论得十分热烈的一个话题就是"越界"（crossing borders），但更为具体地说来，人们针对当代文学和文化中的种种"越界"现象提出这样一个问题：经过后现代主义大潮的冲击，文学的边界究竟在哪里？或者再进一步问道：文学研究的边界在哪里？难道文化研究的崛起终将吞没文学研究吗？也许一些观念保守的文学研究者十分担心一些新崛起的并有着广博知识和批评锐气的中青年学者的"越界"行为，害怕这些新一代文学研究者会越过文学研究的界限而进入其他研究领域发挥大而无当的作用，或者侵占别人的地盘。另一些人则对文学研究者对图像进行研究的合法性表示怀疑，甚至认为他们不务正业。而在一些思想

1　Fiedler, L. 1972. *Cross the Border—Close the Gap*. New York: Stein and Day, 80.

开放的文学研究者看来,这种"越界"行为不仅体现了跨越学科界限的后现代文学研究的特征,也颠覆了文学艺术的等级秩序,解构了日益狭窄的学科界限,进而为在广阔的文化语境下从事文学艺术的跨学科研究铺平了道路,而且这种行为本身也带有超学科比较文学研究的特征。

众所周知,在中国语境之下,比较文学研究从一开始就摆脱了单一的"法国学派"和"美国学派"之分,同时从这两个学派的实践中汲取有利于中外文学比较研究的东西,也就带有了种种"越界"的特征,因而恰好与亨利·雷马克对比较文学这门学科所下的定义相吻合:"比较文学是超越一国范围的文学研究,并且研究文学与其他知识领域及信仰之间的关系,包括艺术(如绘画、雕刻、建筑、音乐)、哲学、历史、社会科学(如政治、经济、社会学)、自然科学、宗教等。简言之,比较文学是一国文学与另一国或多国文学的比较,是文学与人类其他表现领域的比较。"[1] 一般说来,这个定义之所以沿用至今至少有其合理因素。即使发展到今天,当传统的欧洲中心主义意义上的比较文学被宣布已经"死亡"时,按照宣布其死亡状态的佳亚特里·斯皮瓦克的看法,新的比较文学仍应当"始终跨越边界"(always cross borders)。[2] 这也就是为什么比较文学在中国尽管近年来受到了文化研究的挑战但却从来就没有死亡的原因所在,因为中国的比较文学研究从一开始就不仅十分注意跨越语言的界限,而且还注意跨越学科、艺术门类和文化传统的界限。既然语像写作及其批评直到后现代主义讨论之后才被介绍到中国来,因而我们权且将其视为当今后现代社会的一个独特的文化艺术现象。

作为后现代社会文化发展的必然后果,语像写作的崛起绝不是偶然的,它同时也是后现代消费社会的一个必然产物。它也像互联网写作一样,伴随着后工业社会信息和电子技术的飞速发展而出现,因此它的独

---

1 Remak, H. 1961. Comparative literature, its definition and function. In Stallknecht N. & H. Frenz (eds.) *Comparative Literature: Method and Perspective*, Carbondale: Southern Illinois University Press, 1.

2 Spivak, G. C. 2003. *Death of a Discipline*. New York: Columbia University Press, 16.

第6章 符际翻译与文化研究的"视觉转向"

特特征便决定了它只能出现在当今的后现代消费社会,因为在这里人们更加热切地追求阅读图像而非书本。毫不奇怪,当人们在完成一天的繁重工作之后,最需要的就是自我放松,而不是在业余时间继续刻苦地阅读书本或专业期刊,他们需要轻松愉快并审美地消费各种文化艺术产品以便满足视觉需求。既然各种图像文本是由五彩缤纷的画面组成的,因而能够很快地刺激人们的眼球,满足他们的视觉欲望,使他们轻松地、审美地通过阅读这些图画而欣赏图像并进行各种联想和想象。它与传统的影像艺术的区别就在于,它随着当代互联网技术的发展而不断进步:在一个巨大的网络世界,数以千万计的网民们可以在虚拟的赛博空间自由地发挥自己的想象力和文字表现力,编写各种生动有趣的故事,组合甚至拼贴各种颜色的图画或图像。在这样一个虚拟的赛博空间,经典的文学艺术作品常常受到改写甚至"恶搞"而失去了原来的精髓,美丽的图画可以通过电脑拼贴和组合而被"制造"出来,甚至美女帅哥们也可以通过克隆技术而产生出来。一切都变得如此虚假和浮躁,一切也都变成了转瞬即逝的一次性消费产品。现代主义时期的高雅审美情趣被放逐到了何处?这是不少有艺术良知和高雅审美情趣的后现代社会知识分子所思考的问题。

毫无疑问,充斥在网络上的各种大众文学作品毕竟是精芜并存,其中的一些"文化快餐"只经过消费者的一次性消费就被扔进了垃圾箱。网络艺术也是如此,因为每个网民都可以上网发挥自己的"艺术家"功能。但是我们却不可否认这一事实,网上总是存在少数真正优秀的艺术作品的,它们终究会逐渐展现自己的独特艺术魅力和价值,它们也许会被当下的消费大潮所淹没,但却会被未来的研究者所发现。这些作品也有可能最终跻身经典的行列。再者,网络文学艺术也可以使少数真正优秀但在当代市场经济体制下被"边缘化"的艺术作品被广大网民欣赏进而重返经典。在这个意义上说来,网络写作也具有后现代的"越过边界"和"填平鸿沟"的特征,那么,以图像作为主要表现手段的语像写作及其批评又是如何"越界"的呢?我认为这一点具体体现在下面几个方面。

首先，语像写作的主要表现手段都是图像或画面而非文字。在这里，文字依然发挥了重要的功能，但却再也不可能像以往那样拥有再现的主要功能，因此便颠覆了文字与图像的等级秩序，使得这些五彩缤纷的图像充满了叙述的潜力和阐释的张力。同样，也给读者／阐释者／翻译者留下了巨大的联想和想象的空间，在这一空间里，他们可以自由自在地进行各种建构和再建构。它还弥合了读者与批评家之间的鸿沟，使得每一位有一定艺术造诣的读者都能直接地参与文学欣赏和批评活动。对意义建构的最后完成则在很大程度上取决于读者的能动性参与和他与隐含的读者之间的交流和互动。这一点毫无疑问正体现了后现代式的阅读特征。

其次，语像写作中美丽高雅的画面在很大程度上是后现代社会的高技术和数字化的产物，似乎使得艺术对自然的模仿又回到了人类的原始阶段。但是这些画面一方面更加接近于自然，但另一方面则经过艺术家的审美加工后又明显地高于自然，这样一来便越过了自然与艺术的边界，使得对自然的描绘和模仿再次成了后现代艺术家的神圣责任。既然后现代艺术也和它的前辈现代艺术一样是一种怀旧的艺术，因而此时的艺术便再一次返回了它原初的模仿特性。

再者，语像写作的第三个特征则在于，它缩短了作者与读者，或者说摄影师与观赏者之间的距离，使他们得以在同一个层面进行交流和对话。这样，读者的期待视野越宽广，他／她就能在图像文本中发掘出越丰富的内容。由此可见，语像写作绝不是读者阅读功能的衰落，而恰恰相反，它极大地突出了读者的能动性理解和创造性建构和阐释。在某种程度上说来，语像文本的读者同时扮演了三种不同的角色：读者，翻译者和阐释者。他／她对语像文本之意义建构的最后完成主要取决于读者与作者以及读者与文本之间的双重交流和对话。正是这种多元的交流和对话才使得文本意义的阐释变得多元和丰富。这在某种程度上也打破了现代主义的语言中心意识和整体观念。

诚然，雅克·德里达的逝世宣告了解构主义的终结，但是解构的

第6章　符际翻译与文化研究的"视觉转向"

理论已经分裂成了碎片，进而渗透到整个当代人文社会科学领域并对之产生了深层次的影响，这其中的一个重要原因就在于，他的理论方法已经成为人文社会科学各个领域方法论的一部分。我们今天在纪念德里达的历史贡献和总结他的批评理论遗产时特别强调的一点就是，他的理论解构了袭来已久的逻各斯中心主义思维模式。如果这一点确实是他最大的贡献之一的话，那么受其启发，后殖民主义解构了帝国主义的文化霸权，新历史主义便解构了历史的"科学性"和"客观性"的神话，生态批评解构了人类中心主义的神话，文化翻译学派的尝试解构了字面意义上"忠实"的神话，如此等等。由此推论，语像写作及其批评的解构性力量又在哪里呢？我认为就在于它有力地解构了语言文字中心式的思维和写作方式，使艺术家和批评家的创造性和批评性想象力得到了解放。对于这一潜在的意义和价值，也许不少人现在还未能认识到，但这正是我们在本章中所要强调的。

　　在下一节阐述跨文化符际翻译之前，我觉得有必要首先对近几年来翻译疆界的拓展作一番描述：即使当年雅各布森在谈到翻译的三个方面时，并未将符际翻译算作真正的（狭义的）翻译，但在实际上，他的分类已经为后来的翻译研究者留下了可以讨论和发展的空间，并预示了后来的跨文化符际翻译研究的合法性。如果我们坚持认为，只有跨越语言疆界的翻译才算作真正的翻译的话，那么近几年来的文化翻译浪潮实际上已经消解了这一人为的界限，通过语言文字来实现的两种文化之间的转换也被认为是更为广义的翻译了。那么，跨越语言、文化和艺术门类的符际翻译为什么就不能算作是一种翻译呢？对此我们可以从下一节的个案分析看到符际翻译的历史渊源和当代形态。

符际翻译与傅雷的跨文化符际翻译

　　我们说，一种跨语言和跨文化的符际翻译并非突然出现在我们面前的，那么它在历史上是如何表现的呢？远的不说，西方启蒙时代莱辛的

翻译研究的文化转向（修订版）

《拉奥孔》对诗歌和绘画艺术的辨析就带有符际翻译的因子，可惜莱辛并没有能超越西方语言文化的局限。而在中国，我们却能很容易地找到这样的例子。

无独有偶，2008年，正值中国现代翻译家和艺术理论家傅雷诞辰一百周年纪念。人们在缅怀傅雷在文学翻译上的历史功绩时不禁发现，他的文学翻译实际上已经超越了单纯的文字之间的转化，达到了将声音和图像符号转化为文字的符际翻译之境地。确实，任何熟悉中国现代翻译文学史的人都不可否认，傅雷（1908—1966）是20世纪中国文学和文化翻译史上具有独特地位的翻译家、艺术家和作家，多年来，国内翻译界和文化学术界对他虽已有了不少研究，但这些研究大多局限于他对法国文学的（文字上的）翻译，或者仅仅限于对他的（文字）译文的印象式评析，并未涉及他的深厚艺术造诣和美学追求。实际上，即使就翻译本身而言，我们在评价傅雷翻译的历史功绩时也忽略了他翻译实践的另一个重要方面，即他对艺术作品的翻译和阐释。实际上，正是他的深厚艺术造诣和独特美学理想促使他在翻译的另一个领域也取得了令人瞩目的成就：跨文化图像的翻译和阐释，这具体体现在他的《世界美术名作二十讲》中对欧洲著名画家及其作品的创造性阐释上。应该说，这是傅雷对跨文化符际翻译所做出的最重要的贡献，也使得他的翻译实践能够预示后来雅各布森对翻译的三个方面所作的理论上的描述。虽然雅各布森也许并不知道傅雷的翻译，但至少从时间上来讲，傅雷的实践走在了他的理论描述的前面。

诚然，人们也许认为，傅雷对艺术作品的翻译与他的法国文学翻译大不相同：后者基本上在逐字逐句的翻译之基础上发挥了他自己的再创造风格，可以说在某种程度上达到了具有再创造性的"意义的翻译"（sense for sense translation），而前者则是一种体现他深厚文化底蕴和能动阐释力量的符际翻译，因此毫不奇怪，这种对艺术作品的阐释性翻译长期以来并不为传统的翻译研究者所认可。但在翻译的文化转向的促进下，这样一种狭隘的翻译观显然是不适合当今时代对翻译的要求和期待

第6章　符际翻译与文化研究的"视觉转向"

的，也是使得翻译研究长期以来自我封闭在"语言的囚笼"中的一个重要原因。实际上，越来越多的人文学者已经开始把目光转向翻译的历史作用以及在今天的全球化时代下的新功能，他们认识到，生活在当今时代的人若离开翻译几乎是无法生存的，当然这种翻译也包括自己对另一文化语言和符号进入自己大脑时所作的翻译和同化。今天的文化翻译理论家和研究者的一个任务就是要对传统的囿于语言文字层面的翻译观进行彻底的解构，进而引进文化翻译和阐释的因素。即使按照当年雅各布森从语言形式的角度所描述的翻译的三个方面：语内翻译、语际翻译和符际翻译来看，符际翻译至少也应算作是（扩大了外延的或广义的）文化翻译的一个方面，而且实际上，许多历史上的翻译大家已经在自己的实践中取得了卓越的成就，他们的成功经验为我们的跨文化符际翻译研究留下了珍贵的研究素材。由此可见，傅雷从事翻译实践的这个方面自然属于跨文化符际翻译的范畴。为了确定他的这种翻译实践的合法性和有效性，我们首先要从雅各布森的翻译定义出发改变人们以往对翻译的狭义界定和理解。

我们都知道，对翻译的考察研究长期以来一直受到"语言中心主义"思维模式的主导，致使翻译研究长期以来一直被认为是隶属于对比语言学之下的分支学科，因此人们过去所理解的翻译基本上是两种语言之间的转换，它在本质上仅仅是一种语言转换的技能。后来由于比较文学和文化研究对翻译研究的干预，这种基于语言层面的逐字逐句的翻译范围才逐步扩大为两种文化之间的翻译和转化，但其意义转换的中介仍是语言。翻译开始同时在对比语言学和比较文学两个学科之框架内得到考察和研究。当然，在一个文字文本占据读者大众的主要阅读空间的现代时代，语言和文化的翻译必定是研究者考察翻译的主要对象。然而，在当今这个后现代信息和图像时代，信息的传播媒介发生了很大的变化，语言的作用也受到了其他传播媒介的挑战，尤其是来自各种图像的挑战。在今天人们的阅读和观赏中，图像的无所不在和对文字空间的挤压使得人们越来越感觉到，我们仿佛身处这样一个"读图的时代"。我们经常

翻译研究的文化转向（修订版）

面对的并不是主要由文字组成的阅读文本，而是由文字和图像共同构成的"语符"或"语像"文本，有时甚至图像占据了更大的空间，而文字则仅仅充当对图像的附带性说明，这确实给我们当代读者带来了极大的挑战。我们不仅要能读懂文字说明的部分，更要能读懂图像所蕴含的丰富信息和意义。这就需要我们的读者-翻译者具有多方面的才能：既要能将图像所蕴含的意义用语言文字的形式（翻译）表达出来，有时面对来自另一种语言文化的图像，我们还要具备跨文化符际翻译的才能，在阐释图像的同时将其背后的历史文化背景知识也翻译成目标语。

当代接受美学的代表人物、文学人类学理论家沃夫尔冈·伊瑟尔历来关注跨文化的翻译和阐释，他在谈到当今时代的变化对翻译观念的影响时颇有见地地指出，"我们通常将翻译与将一种语言转换成另一种语言相联系，不管是外国语、专业的、职业的或其他什么语言。然而在当今时代，不仅仅是语言要被翻译。在一个快速浓缩的世界，许多不同的文化有着相互间的密切接触，它要求不仅从自己的文化角度而且也要从所接触到的那些文化的角度达到彼此间的理解。那些文化越是不同，就越是离不开某种形式的翻译，因为人们接触到的那种文化只有为他们所熟悉时，它的具体性质才能得到把握。在处理这些问题时，解释（interpretation）只有被看作是一种翻译行为（an act of translation）才能成为有效的工具。"[1] 虽然他并未提及符际翻译，但对翻译领地的扩展却提出了与我们相同的看法。确实，按照伊瑟尔的观点，解释也是一种形式的可译性，它取决于被翻译的对象是什么。"因此解释就势必有所不同"，它大致体现为下列三种情况：

1. 当某些类型的文本，如圣经或文学文本，被转换为另外的类型时，例如圣经文本的诠释或文学文本的认知性评价；
2. 当不同的文化或文化层次被转换为顾及外国的与自己的之间的相互交流的关系时，或者当平均信息量受到控制时，或当"真实"将按照两个相互作用的体系被设想时；

---

[1] Iser, W. 2000. *The Range of Interpretation*. New York: Columbia University Press, 5.

第6章 符际翻译与文化研究的"视觉转向"

3. 当诸如上帝、世界和人类——既非文本又无文字材料——这些不可通约性为了人们掌握进而理解它们之目的而被翻译成语言时。[1]

显然,若按照传统以文字之间的转换为特征的狭义的翻译,我们是无法做到的。诚然,伊瑟尔在此并没有提到艺术,但从他笼统地提及文化的不同种类来看,这种解释性的翻译(interpretive translation)无疑也应该包括艺术,因为作为一种视觉文化形式,艺术也是由特定的具有文化含义的图像组成的,因而对艺术的阐释也应该被视为一种必不可少的翻译形式。

回顾西方现当代文化发展的历史,我们不难发现,伟大的翻译家和艺术理论家,如本雅明、罗兰·巴特(Roland Barthes)、恩斯特·贡布里希(Ernst Gombrich)等,都在文字和图像两方面显示出深厚的造诣,他们都在对之的翻译阐释上达到了炉火纯青的境地。一个没有几句文字说明的图像文本经过他们的阅读,就能被翻译阐释为一大篇蕴含丰富的语言文字文本。但他们所从事的图像翻译主要面对的是西方文化语境中的读者,并没有达到真正跨越不同的语言文化语境的图像翻译的境地。当然,我们知道,当代艺术大师贡布里希生前对中国艺术也有着浓厚的兴趣,甚至还有过努力学好中文的愿望,但他的这种良好愿望最终未能实现。他以英文为媒介对中国古典艺术进行的独特阐释无疑应当算作是一种跨文化的符际翻译,但我们知道,对于不能阅读中文的贡布里希来说,他所得到的关于中国艺术的历史文化背景方面的信息基本上是通过翻译的中介得来的,客观上受到很大的局限,而他对中国历代名画的解释也基本上是通过翻译成西文的历史文献和前人的研究再加上他本人的艺术直觉获得的,因此可以说,他本人并没有达到跨文化符际翻译的境地,而仅仅是在西方文化语境中实践了一种语内符际翻译(intra-

---

[1] Iser, W. 2000. *The Range of Interpretation*. New York: Columbia University Press, 6-7.

intersemiotic translation）。而本章所讨论的符际翻译则是一种跨越语言文化界限的符际翻译（interlingual and intercultural semiotic translation）。也就是说，能够被称为跨文化符际翻译的东西必须具备下列三个基本条件：首先，它应该是跨越了不同语言的翻译；其次，它应该是跨越了不同文化传统的翻译；最后，它应该是跨越了不同学科和艺术门类的（翻译）阐释。在这方面，傅雷的图像艺术翻译是十分独特的，他的跨语言文化符际翻译超越了本雅明和贡布里希的西方中心主义局限，达到了真正的跨越语言界限、跨越学科及艺术门类界限和跨越文化界限的符际翻译的境地，因此可以说是真正意义上的符际翻译，他成功的翻译实践不仅为雅各布森的翻译的三个方面提供了最好的跨文化例证，同时也从中国的艺术翻译实践对这一具有相对普适意义的翻译理论提出了修正和补充。下面我们通过解读他的《世界美术名作二十讲》来讨论他的符际翻译实践。

众所周知，傅雷写于20世纪30年代并在上海美术专科学校讲授的《世界美术名作二十讲》面对的是中国读者，而且大多是不通西文或略懂一点英文但缺乏西方历史文化背景知识的中国学生，他们中的一些人往往对西方艺术发展的历史略知皮毛就大胆地抨击中国的传统艺术，甚至提出一些激进的反传统艺术和"创新"的口号，对此傅雷颇不以为然，他在该书"序"中不无尖刻地指出，"慨自'五四'以降，为学之态度随世风而日趋浇薄：投机取巧，习为故常；奸黠之辈且有以学术为猎取功名利禄之具者；相形之下，则前之拘于形式，忠于模仿之学者犹不失为谨愿。"[1] 虽然傅雷将这种世风日下的责任归咎于'五四'新文化运动带来的消极后果，但他仍十分重视引进西方的文化艺术，并且拿起翻译这个工具试图对当时的青年学生进行（审美）启蒙教育。当然，和蔡元培基于文字和理论层面的审美教育不同，傅雷选择的是美术教育，因为在他看来，图像给人以艺术的直感，它可以跨越语言的界限，使甚至不

---

[1] 傅雷. 1997. 世界美术名作二十讲. 第2版. 北京：生活·读书·新知三联书店，vi.

第6章　符际翻译与文化研究的"视觉转向"

懂西方语言的人也可以凭直觉欣赏这些艺术作品，从而达到审美的愉悦。但是由于当时的欧洲美术名作对大多数青年学生仍很陌生，而且更为不利的是，更多的用以说明这些图像之历史背景和隐含意义的文字材料又没有现成的中译文，因此傅雷的这种审美教育就必须依靠自己的选材和翻译。可以说，在讲授这些欧洲美术名作时，傅雷扮演的角色是双重翻译者：既要用典雅的现代中国文学语言把这些艺术作品本身的意蕴阐释出来，同时又要把自己所掌握的大量用以解释这些作品历史和社会文化背景的资料浓缩翻译成简明扼要的中文。正如他在该书"序"中所论争的：

> 夫一国艺术之生产，必时代、环境、传统演化，迫之产生，犹一国动植物之生长，必土质、气候、温度、雨量，使其生长。拉斐尔之生长于文艺复兴期之意大利，莫里哀之生于十七世纪之法兰西，亦犹橙橘橄榄林之遍于南国，事有必至，理有固然也。陶潜不生于西域，但丁不生于中土，形格势禁，事理环境民族性之所不容也。此研究西洋艺术所不可不知者一。[1]

显然，他在这里受到丹纳的艺术哲学思想的启发认识到，既然东西方文化差异如此之大，要了解产生于特定的西方文化土壤中的艺术，有必要首先对其文化有所了解。因此傅雷的授课必然首先涉及西方的宗教和文化历史背景，只有对这一历史文化背景熟悉的人才可能有效地欣赏产生于这一特定文化土壤的艺术。由此可见，他的这种图像翻译不仅跨越了学科和艺术门类的界限，同时也跨越了文化和语言的界限，因而应该被看作是广义文化翻译中的符际翻译的结晶。虽然《世界美术名作二十讲》在当时只是一部讲稿，而且在今天的读者看来也不能算是一部艺术史著作，但就在这有限的讲座中，傅雷却几乎提及了所有在欧洲艺术上占有最重要地位的艺术大师：达·芬奇、米开朗琪罗、伦勃朗、鲁

---

[1] 傅雷. 1997. 世界美术名作二十讲. 第2版. 北京：生活·读书·新知三联书店，vi.

翻译研究的文化转向（修订版）

本斯、雷诺兹等，并以对前三位艺术家的详细阐释最为精彩。下面我们通过达·芬奇的《蒙娜丽莎》这一个案来看看他对具体的作品是如何进行跨文化翻译和阐释的。

众所周知，达·芬奇的不朽名作《蒙娜丽莎》自问世以来就一直受到广大美术爱好者和专业人士的青睐，不同国度和不同时代的艺术理论家都尝试着对这幅不朽的欧洲经典名画进行阐释、模仿甚至戏仿。但是也像一部由文字组成的文学名著之寿命一样，这种不断的阐释使得《蒙娜丽莎》不断地在不同文化语境和不同时代获得来世的生命。从傅雷所用的这幅画中文译名"瑶公特"来看，他显然是通过法文的中介获得有关这幅画的背景资料的。毫无疑问，傅雷是在中文语境下较早地阐释这幅艺术名作的艺术家和翻译者，在当时中文背景资料极其缺少的情况下，傅雷须发挥两方面的才能：（法语）语言理解和（中文）表述的才能以及艺术鉴赏的才能，因而他对这幅作品的阐释便是十分独特和到位的。在《世界美术名作二十讲》中，他专门花了两讲的篇幅详细地向中国读者介绍了达·芬奇的身世以及他在艺术和科学各领域的多方面才能，同时对《蒙娜丽莎》诞生的背景以及这幅作品本身的深刻意蕴作了十分精当的阐释。就这幅画的创作和艺术魅力，他指出：

> 这超自然的神秘的魅力，的确可以形容特·文西（即达·芬奇——引者）的"瑶公特"（即《蒙娜丽莎》——引者）的神韵。这幅脸庞，只要见过一次，便永远离不开我们的记忆。而且"瑶公特"还有一般崇拜者，好似世间的美妇一样。第一当然是莱沃那（即达·芬奇——引者）自己，他用了虔敬的爱情作画，在四年的光阴中，他令音乐家、名画家、喜剧家围绕着模特儿，使她的心魂永远沉浸在温柔的愉悦之中，使她的美貌格外显露出动人心魂的诱惑。一五〇〇年左右，莱沃那挟了这件稀世之宝到法国，即被法王法朗梭阿一世以一二〇〇〇里佛（法国古金币）买去。可见此画在当时已博得极大的赞赏。而且，关于这幅画的诠释之多，可说世界上没有一幅画可和它相比。所谓

第6章 符际翻译与文化研究的"视觉转向"

诠释,并不是批评或画面的分析,而是诗人与哲学家的热情的申论。[1]

这里所说的诗人和哲学家的争论显然指的是这幅艺术作品所蕴含的丰富的美学精神和文化意蕴,它虽然是用静止的图像来表达的,但这静止之中却隐含着一种动态,它有着不确定的巨大的翻译和阐释空间,而每一种文字的翻译和阐释只能从某一个侧面或角度来接近它的意蕴,但却永远不可能穷尽其内涵的深刻意义。傅雷对此自然是十分清楚的,因此他认为这幅作品的一个不可比拟之处恰在于其"诠释之多"。今天,我们在读了许多关于艺术史的文字之后,重读他的艺术阐释时仍发现,他的不少独特见解是前人所未发的,对当代欣赏者和研究者也依然有所启发,因此可以说他的(翻译)阐释仍为我们留下了继续(翻译)阐释的空间。如果说,来自同一语言文化背景的西方理论家对《蒙娜丽莎》的阐释仅仅达到了跨越学科界限和艺术门类界限的境地,那么毫无疑问,来自东西方不同语言文化语境的傅雷用另一种语言对之的阐释就带有了跨东西方文化语境的翻译和(图像)符际翻译的意义。

此外,更需要在此强调的是,傅雷本人在音乐方面也很有造诣,这一点已经体现于他对罗曼·罗兰的长篇巨著《约翰·克利斯朵夫》的翻译中。而在对《蒙娜丽莎》的阐释中,傅雷也发挥了他的音乐才能,从音阶、和音、旋律和节奏等诸角度阐释了蒙娜丽莎的微笑和永恒的魅力。他总结道:

> 在音乐上,随便举一个例,譬如那通俗的"佛尼市狂欢节"曲,也同样能和你个人的情操融洽。你痛苦的时候,它是呻吟与呼号;你喜悦的时候,它变成愉快的欢唱。
>
> "瑶公特"的谜样的微笑,其实即因为它能给予我们以最漂渺,最"恍惚",最捉摸不定的境界之故。在这一点上,特·文

---

[1] 傅雷.1997.世界美术名作二十讲.第2版.北京:生活·读书·新知三联书店, 26-27.

西的艺术可说和东方艺术的精神相契了。例如中国的诗与画，都具有无穷（infini）与不定（indéfini）两元素，让读者的心神获得一自由体会自由领略的天地。[1]

应该说，他在这里所举的中国诗和中国画的例子也是独具匠心的：这二者都有一种悠远的意境，都有不确定的阐释空间。当代的美学研究者后来从中看到了中国古典美学与西方的现象学和阐释学之间的契合之点，而傅雷的艺术直觉却使他早早地就看到了这一共同点，可惜他在很多地方只是点到即止，而未进行深入的理论阐发。但傅雷毕竟不是一位理论家，而更是一个艺术翻译家和评论家，因此要做到这一点，仅凭自己的语言功底和多年的艺术经验积累和艺术直觉是远远不够的，译者还须掌握大量源语符（图像）所处的文化的知识，并能熟练地用目标语文化的文学语言加以传神的表达。对于达·芬奇所处的时代，傅雷也表述得极其简略，"他的时代，原来是一般画家致全力于技巧，要求明暗、透视、解剖都有完满的表现的时代；他自己又是对于这些技术有独到的研究的人；然而他把艺术的鹄放在这一切技巧之外，他要艺术成为人类热情的唯一的表白。各种技术的智识不过是最有力的工具而已"。最后，他又回过头来画龙点睛般地总结道，"这样地，十五世纪的清明的理智，美德爱好，温婉的心情，由莱沃那·特·文西达到登峰造极的表现。"[2] 笔者认为，即使这样简略的总结也表明了傅雷所具备的跨文化符际翻译的广博知识和深厚艺术造诣，这正是他高于他的同时代翻译家和艺术理论家的重要方面，同时，他的跨文化符际翻译也以其成功的实践预示了雅各布森多年后从理论上对符际翻译的阐述。如果说，傅雷的法国文学翻译仅仅满足了广大文学爱好者的阅读需求和文学市场的需求的话，那么他的跨文化符际翻译便超越了实践的层面，上升到了理论的层面，并

1　傅雷. 1997. 世界美术名作二十讲. 第 2 版. 北京：生活·读书·新知三联书店，29.

2　Ibid., p. 42.

第 6 章　符际翻译与文化研究的"视觉转向"

为我们今天从视觉文化的角度来探讨和建构一种跨文化的符际翻译理论提供了不可多得的范例。

多年后，文化翻译理论家罗格特·哈特（Rogert Hart）在从人类学的角度论述文化翻译时提出了"语境的转向"（contextual turn）之概念，[1] 人们随之将这一基于人类学理念的概念用于艺术的翻译。实际上，艺术的翻译还有超出语境的范围，它还应该带有"语符的转向"，因此它肯定能对修正雅各布森所描述的"符际翻译"做出较大的贡献。确实，在当今时代，传统的翻译之狭窄的定义已经不能适应变动不居的当代文化的发展，而且，翻译的领地也在不断地扩大，尤其在图像和画面的翻译方面更是有着巨大的发展空间。按照维尔特·麦卡菲（Wyatt MacGaffey）的说法，"艺术的翻译是从对接触中的艺术的实质性体验的表达和再表达而开始的，这种情况对大多数人来说，仅仅发生在博物馆或画廊。博物馆大楼的风格以及内在于这种艺术中的意蕴都有很大的作用，能够对参观者的自我界定以及他们对将要来临的体验的感觉有引导的作用"。[2] 但即使如此，艺术的翻译仍然不同于文字文本的翻译，因为前者"总是近似的，而好的作品至多以其本身的品质而被认为是艺术品"，[3] 而对于后者的估价则相对要比前者更为客观，因为艺术翻译中存在着一些障碍，"阻碍艺术翻译的障碍包括艺术的概念本身，这又包括一整套与现代社会艺术的意识形态功能密切相关的令人反感的伦理道德特征。这些特征是由政治行动，包括批判性评论、翻译和再翻译，创造出来，并且坚持或反对进而最终加以改变的。如果沙文主义、种族主义和傲慢的成分得以排除的话，译者仍然会面临不同的社会在其制度结构

1　Hart, R. 1999. Translating the untranslatable: From copula to incommensurable worlds. In Liu, L. H. (ed.) *Tokens of Exchange: The Problem of Translation in Global Circulations*. Durham & London: Duke University Press, 59.

2　MacGaffey, W. Structural impediments to translation in art. In Rubel P. G. & A. Rosman (eds.) *Translating Cultures: Perspectives on Translation and Anthropology*. Oxford & New York: Berg, 255.

3　Ibid., p. 257.

中变动不居的基本人类学问题。"[1] 这样看来，艺术的翻译这一符际翻译的方面就远较文字翻译复杂，但同时却又对理论争鸣更加开放，具有更加广阔的阐释空间。

　　八十多年前，本雅明在《机械复制时代的艺术作品》中讨论艺术作品的原真性和复制性之关系时，颇有见地地指出，"即使在最完美的艺术复制品中也会缺少一种成分：艺术品的即时即地性，即它在问世地点的独一无二性。但唯有基于这种独一无二性才构成了历史，艺术品的存在过程就受制于历史，这里面不仅包含了由于时间演替使艺术品在其物理构造方面的变化，而且也包含了艺术品可能由所处的不同占有关系而带来的变化。前一种变化的痕迹只能由化学或物理分析方法去发展，而这种分析并不适用于复制作品；至于后一种变化的痕迹则是个传统问题，要弄清它，必须从原作的状况入手。"[2] 当然，本雅明在这里所讨论的是艺术作品的复制。即使一件艺术品是某个特定历史时期的产物，它也内涵有某种"可译性"或可阐释性，优秀的读者-翻译者的卓越之处就在于他／她能够透过表象深入内里从而发现这种可译性，与之产生共鸣，最后将其翻译出来。当然，正如我们所知道的，他／她的翻译不可能百分之百地忠实于原作，但如果能把握原作的精神接近原作的意义，那就可以算作是成功的翻译。如果不否认强调翻译的忠实性恰像其复制性特征的话，我们也可以将其用于对艺术作品的翻译和阐释：将一种语言翻译成另一种语言，无论译者多么不同，译文至少在数量上不会大相径庭；而在艺术作品的翻译上则不同，艺术翻译者更具有阐释者的功能，他艺术造诣的深浅直接影响他对艺术作品之深刻意蕴的发掘和阐释：一个缺乏深厚艺术造诣的译者只能凭借关于一件艺术品的现成的源语研究资料加以整理浓缩后用目标语表达出来，丝毫不带有自己的独创性，而面对

1　MacGaffey, W. Structural impediments to translation in art. In Rubel P. G. & A. Rosman (eds.) *Translating Cultures: Perspectives on Translation and Anthropology*. Oxford & New York: Berg, 263.

2　瓦尔特·本雅明. 2006. 摄影小史＋机械复制时代的艺术作品. 王才勇译. 南京：江苏人民出版社，51.

第6章　符际翻译与文化研究的"视觉转向"

一件没有任何社会背景和文化资料的新问世的艺术品，他/她就会一筹莫展；而像傅雷这样的艺术家-翻译家则至少可以在缺乏背景资料的情况下凭借自己的艺术直觉和造诣将其深刻的文化意蕴翻译-阐发出来。因此这样看来，文字文本的翻译可以有一个相对客观并可对照的标准，而艺术翻译-阐释的标准则是难以把握的，它的再创造性特征更为明显，因此这就对翻译者-阐释者提出了更高的要求。

当代英国艺术理论家贡布里希在论述对图像的读解时指出，"对画的读解也是在时间中进行的，而且事实上需要很长的一段时间。在心理学文献中有这样的例子，一幅画在屏幕上闪现两秒钟，不同的人对这同一幅画作出了种种不同的荒唐解释。看懂一幅画所花的时间更长。我们看一幅画多少有点像读一页书，是通过用眼睛扫视来做的。记录眼睛运动的照片提示我们，眼睛探索和搜寻意义的方式与评论家们认为艺术家'把观众的目光引到这里或那里'的想法大相径庭。"[1] 虽然贡布里希是从艺术心理学的角度说上述这番话的，但隐含在其中的深刻启示至少体现在：对艺术作品的翻译和阐释在很大程度上取决于译者-阐释者自身的艺术修养和文字表达才能，这二者缺一不可。而对于跨文化语符的翻译则应有更高的要求，对图像翻译的研究也应该如此，如果研究者本人并不具备读图的能力，他对图像翻译的研究就只能是捉襟见肘，最终使人误入歧途。

超越文字的翻译和阐释

马丁·海德格尔早在1938年的一篇题为《世界图像的时代》的论文中指出，"一旦世界成为图像，人的位置就会被想象为一种世界观。肯定地说，'世界观'这一词汇很容易被误解，似乎它在这里仅仅是对

---

[1] E. H. 贡布里希. 1989. 图像与眼睛：图画再现心理学的再研究. 范景中等译. 杭州：浙江摄影出版社，53.

翻译研究的文化转向（修订版）

世界的一个被动沉思的物质。基于这一原因，早在19世纪就已经有人颇为正当地强调，'世界观'也意味着甚至其主要的意思就是'人生观'。事实上，除了这一点以外，'世界观'本身还肯定了人在所有这一切之中的位置的名称，也即它证明了，一旦人将自己的生活作为主体带入优先于其他关系的中心，世界是如何成为图像的就一目了然了。这也意味着，不管什么东西，都被认为只有在被带入这种生活并参照这种生活的程度上才得以存在，也即它必须经过这样的生活并成为生活本身的经历。"[1] 当然，对这种"世界图像"的确切含义，学者们还有争议，但米切尔则认为，"在海德格尔看来，古希腊人和中世纪的人在这一程度上并没有这样的世界图像，也即一方面把存在裂变成一个整体性的客体，另一方面又裂变成一个在整体上表达清楚的主体，这个主体'得到了图像'，仿佛整个世界都在这'之前'就得到了描绘似的，然而它也发现自己就'在图像之中'，如同其总体情形一般。"[2] 米切尔在这里试图从海德格尔那里追溯对全球化的图像式描述，以强调一种整体的图像式的描绘对当今时代的意义。此外，他还试图从图像的视角来说明全球化的存在就如同图像一样使人们不知不觉地感到自己早就身处其中。它至少应该算作研究文化全球化的一个方面。

我们今天已经明显地感觉到这一"世界图像"时代的来临，面对图像世界的全球性扩展和无所不在的巨大辐射力，专注文字写作和翻译的人们也许会无可奈何地感到文字力量的日渐衰落。虽然文字的使用已经有了数千年的历史，但我们都知道，文字使用的黄金时代行将过去。当今时代出现的全球化现象给文化造成的一个重要影响就在于，它的到来实际上重新分布了全球的文化资源，使得原先处于强势的文化变得更加强势，原先处于弱势的文化变得更加微不足道，但是原先具有巨大发展

1　Heidegger, M. 1977. The Age of the World Picture (1938). In Lovitt, W. (trans. & ed.) *The Question Concerning Technology and Other Essays*. New York: Harper Torchobooks, 133.

2　Mitchell, W. J. T. World pictures: Globalization and visual culture. *Neohelicon, 14* (2): 55.

第6章 符际翻译与文化研究的"视觉转向"

潜力的文化则有可能从边缘向中心运动进而消解原先业已存在的单一的"中心",为一种真正的多元文化格局的形成铺平道路。中国一些善良的知识分子曾经对全球化可能给中国文化带来的趋同性影响十分担心,但若从20世纪90年代后期算起,全球化进入中国也已经有了二十多年的历史,中国文化非但没有被同化,而且变得越来越强势,它正在一个新的世界文化格局中扮演越来越重要的角色。2008年北京奥运会开幕式的壮观场面,不仅令国人感到吃惊,甚至都使西方媒体感到震惊:曾经被人们看作是"东亚病夫"的中国人曾几何时已经站立起来了,中国不仅要成为一个经济和政治大国,而且更要成为一个文化和体育大国。一切有识之士都不得不认识到,[1]中国文化、文学和艺术走向世界已经不是幻想,它正在通过众多文学艺术家以及人文学者的共同努力而逐步变成现实。在这方面,翻译的作用将越来越重要,对高素质和高水平的翻译者的需求也自然越来越紧迫。可以说,北京奥运会开幕式总导演张艺谋也无意识地扮演了一个符际翻译的角色,但他走的路子与傅雷的翻译恰恰相反:他调动了各种全球化时代的高新技术将古老的本土的儒学概念翻译成了一幅幅五彩缤纷的图像画面,从而使得中华文明五千年的历史在短短的几十分钟之内一下子就展现在对这一历史甚至毫无概念的人的面前。在这里,全球化与本土化、传统与后现代终于相遇并进行了卓有成效的交流和对话。毫无疑问,对北京奥运会开幕式进一步深入研究,应该成为文化研究学者的一个重要课题,同时也应该吸引研究跨文化符际翻译的学者的关注。

当前,以汉字为基本组成成分的中国语言文字也面临着与之相类似的命运和前途。全球化之于(语言)文化的一个重要后果就是重新分布了全球的语言资源,绘制了新的全球语言体系的版图,从而使得原先

---

[1] 就在北京奥运会开幕式的第二天,2008年8月9日,我应约在清华大学校园内接受了英国广播公司(BBC)记者的采访,从他的表达中我感到,绝大多数西方人都已经认识到,中国已经不再是一个第三世界发展中国家了,就奥运会的主办而言,未来也只能由几个大国轮流坐庄。而就北京奥运会开幕式的壮观场面而言,下一届的伦敦奥运会主办者只能是望其项背。

翻译研究的文化转向（修订版）

处于强势的语言变得更为强势，原先处于弱势的语言变得更加弱势。在全球化大潮的冲击下，有些很少有人使用的冷僻的语言文字甚至趋于消亡，而有些使用范围有限但却有着发展潜力的语言则从边缘走向中心，进而跻身于强势语言之行列。汉语就是文化全球化的直接受益者。中国经济近二十多年来的飞速发展使得不少汉语圈以外的人认为，要想和中国建立密切的政治、经济和文化关系，首先就需掌握中国的语言，因而全球"汉语热"始终处于"升温"的状态。但也有人在为汉字的未来前途忧心忡忡，尤其是在书法艺术中使用的繁体汉字的未来前景。既然联合国为了交流的方便通过了取消繁体汉字作为正式交流的文字之议案，既然互联网的普及使得不少学习汉语的外国人乃至一些将汉语当作母语学习的中国人已经习惯于在电脑上用拼音写字，而在实际生活中竟然写不出汉字了，那么，鉴于上述两方面的因素，汉字是不是有消亡的危险？

我认为，我们不必为汉字的前途而担忧，但我们确实应该认识到，汉字的改革势在必行，否则汉语永远不能为世界上大多数人所掌握，更无法成为一种主要的世界性语言。但是在数字化和拼音化的大潮中，汉字尤其是繁体汉字的交际功能将逐渐萎缩，但是作为一种艺术品，它的审美功能将大大提高，能否写出一笔优美的繁体字将成为检验一个人的文化修养和知识素养的象征。因此汉字在未来不但不会消亡，其价值反而会得到提升，当然所付出的代价就是能够写出繁体字并将其用于书法艺术的人将会越来越少。对于这一历史的必然趋势，我们也应该有所认识。

书法是中国语言文化中一种独特的集汉字和图像为一体的艺术，掌握这门艺术的人在当今时代也已经越来越少了，电脑的普及致使不少文化人连写字都感到生疏了。生活在今天的中青年知识分子中能读懂书法的人也越来越少，能解释其深刻含义者则更是凤毛麟角。但是另一方面，对中国语言文化感兴趣的外国人却对之越来越有兴趣。因此要想使书法艺术走向世界，让中国文化语境之外的人也能欣赏，便需要一种跨文化的符际翻译和阐释，这种翻译既超越了简单的文字上的转换，同时也达到了一种图像的阐释："文如其人"可以说正是在书法的风格上得到了

第 6 章　符际翻译与文化研究的"视觉转向"

最好的体现。

当前，语像写作及其研究正在作为一种先锋性的艺术和批评实验而崛起，图像翻译尚处于刚刚起步的阶段，不少传统的翻译者和研究者甚至不认为它是一种翻译，但是它却在逐渐侵入传统的翻译领地，对之的研究也早已在符号学者和图像学者的著作中出现。当然，它也和所有的历史先锋派一样，依然忍受着孤独和"边缘化"的境遇，即使在西方语境中追随者和实践者也寥寥无几。但是语像写作和符际翻译的崛起也给我们的翻译实践者和研究者提出了新的挑战：如果有朝一日中国的汉字真像一直赖以生存的书法一样成为一件仅供人观赏的艺术品的话，是否将其译成包括现代汉语在内的各种语内或语际间的符际翻译也将成为翻译的主要方面呢？跨文化符际翻译将在中国语境下伴随着全球化时代数字化的飞速发展而很快地得到发展，因为在中国的文化语境中，历来就有悠久的象形文字、诗画合一以及图像写作的传统。它的巨大发展空间和潜力将越来越得到人们清楚的认识。虽然在全球化时代精英文学艺术的创作似乎在日益萎缩，但是即使是坚持"理论的黄金时代已经成为历史"[1]的特里·伊格尔顿也认识到，"在任何情况下，先锋派都没有失败，因为他们还不够激进或大胆创新，或者因为他们并没有在按自己的意愿做事。因此至少从这个意义上说来，艺术绝没有掌握自己的命运。它无法如'自足性'（autonomy）这个词所提出的任务来决定自己的命运。"[2]但即使如此，符际翻译及其研究也将伴随另一些新兴的翻译研究学派，如后殖民主义翻译学派、性别翻译学派、流散翻译学派，以及产生自中国的生态翻译学派等，[3] 长足地发展。

丹麦符号理论家乔根·狄纳斯·约翰森（Jørgen Dines Johansen）在谈到符际翻译的必要性时直截了当地指出，"然而，实际内容并不具有

1　Eagleton, T. 2003. *After Theory*. London: Penguin Books, 1.

2　Eagleton, T. 2004. The fate of the arts. *The Hedgehog Review*, 6(2): 13.

3　关于生态翻译学，可参阅拙作《生态文学与生态翻译学：解构与建构》，载《中国翻译》2011 年第 2 期。在这方面，中国学者胡庚申是其代表人物。

翻译研究的文化转向（修订版）

语言的性质，而具有思想的性质或客体、形势、事件和行动的性质。结果，内容和意义都不能得到内在的设想和分析，因为内容和意义显示出像是居于语言结构与被赫尔姆斯耶夫（Hjelmslev）称为实际内容的东西之间的相互作用（interplay）之中。换言之，语内翻译和语际翻译都不足以确立文本的意义。符际翻译是则必不可少的。"[1] 确实，当语言文字在表达一个内涵丰富的意象时，有时缺乏鲜活的质感，而将其再翻译成另一种语言，则其中的意韵就将再次丧失，因此，这时图像便能替代语言文字表达的不足，而跨文化符际翻译者这时所起的作用就是传统的语际翻译者所无法起到的，他/她可以直接凭着自己的艺术直觉和语言文字表达的才能将其用另一种语言文字加以表达，虽然这一表达也可能会丧失一些东西，但较之前者却会少得多。

当然，将图像用语言加以表达还涉及图像的象征符号性与图像性本身的关系，对此，约翰森进一步指出，"我已经论证道，图像性（iconicity）与符号性（symbolicity）的区别就在于这样一个事实，也即图像性与分享符号与客体间的可感知特性有着密切的关系。即使这些东西是老生常谈或仅仅具有亲缘关系，但翻译的某种原则仍存在着，它将符号载体的特质和结构与客体的那些特质和结构相关联，并表明了一种明显地分享这些特征的翻译原则。换言之，重要的恰切的关联性就在于符号和客体之间。"[2] 也就是说，也像语言文字文本的翻译一样，在符号和客体之间也存在着一种可译性，只是这种语符的可译性较之文字文本的单一可译性而言更具有阐释的张力，因此翻译者掌握阅读图像的技能也应当和他/她的语言表达才能一样，必须过硬，否则当他面对一幅幅图像时就会陷入茫然不知所措之中。

---

1 Johansen, J. D. 1993. *Dialogic Semiosis: An Essay on Signs and Meaning*, Bloomington & Indianapolis: Indiana University Press, 48.

2 Ibid., p. 139.

第7章 翻译与文化的重新定位

按照后殖民理论家霍米·巴巴的看法，翻译尤其是文化翻译的一个重要作用就在于对文化（culture）进行定位（location）。[1] 在这里，巴巴所用的文化一词是单数，而我根据全球化时代文化的多元走向和多样特征，将其表现为复数。也即，翻译的一个重要作用就在于对全球化时代的不同文化（cultures）进行重新定位（re-location）。这样看来，翻译所承担的任务就更加重要了。毫无疑问，巴巴的这种观点曾广泛地影响了当代翻译研究，特别是从文化的视角出发进行的翻译研究，并使得翻译的领地大大地扩展了。但是人们不禁要问，在全球文化的版图上，中国文化在何种程度上得以"重新定位"呢？这确实是一个令所有关注中国和中国文化的学者都感兴趣的问题。在我看来，全球化时代的文化多样性大大地明显于文化的趋同性，应该说，这正是这种文化的定位和重新定位的一个直接后果。因而在这方面，翻译一直在扮演着主导性角色：在各种不同的文化之间充当一种协调者（mediator）和翻译者的角色。但是在此意义上的翻译早已经超越了其简单的语言文字上的转换之功能。如果我们说20世纪上半叶中国出现的大规模的文学和文化翻译使得中国文学和文化越来越接近世界文化和文学主流的话，那么近一二十年来中国文学和文化翻译的实践则使得中国文学和文化具备了与世界进行平等对话之能力了。可以说，前者是以中国文化和语言的"全盘西化"作为代价的，而后者则将促使中国文学和文化对全球文化和世界文学做出更大的贡献，因为它正在以一种积极的姿态"重新定位"全球文化，

1　Bhabha, H. K. 1994. *The Location of Culture*. London & New York: Routledge, 1994.

并为世界文学的重新绘图发挥应有的作用。

从全球英语到全球汉语

我在几年前发表的一篇探讨全球化与文化的论文中,曾试图用复数的形式来描述当前英语(Englishes)和汉语(Chineses)的状况,旨在强调全球化带给当代文化的多样性特征。[1] 毋庸置疑,英语和汉语作为世界两大主要语言,已经出现了裂变的状态:英语早就从一种民族/国别语言逐渐过渡成为一种世界性的通用语言(lingua franca),并在不同的国家和地区的使用中出现了不同的变体;在全球化的冲击下,汉语也开始发生裂变:从一种主要集中在中国大陆和港台地区使用的民族语言逐渐过渡到一种区域性的语言,并且向着世界性语言的方向发展。在本章这一部分,我首先要重温这个话题,但把重点主要放在汉语的全球性特征上。尽管在过去的几年里,世界上出现了所谓的"汉语热",在中国政府的大力支持下,全世界已经建立了数百个孔子学院和两千多个孔子学堂,但我们仍然应该承认,英语作为当今世界的通用语的地位至少在短时期内是不可改变的。然而,正如人们已经注意到的,"作为当今世界国际交流中的首要语言,英语的扩张显然已经持续了几十年。即使使用英语的人的数量还在扩大,但是种种迹象已经表明,这一语言的全球统治地位或许会在可以预期的未来逐渐淡出。"[2] 也即随着另几种世界性语言的崛起,英语的霸权地位终将被打破。确实,在全球化的时代,作为全球通用语的英语的霸权地位已经受到另几种强势语言的强有力挑战,在这些强势语言中,汉语无疑占有最为突出的地位,并且将越来越

---

1 Wang N. 2010. Global English(es) and global Chinese(s): Toward rewriting a new literary history in Chinese. *Journal of Contemporary China*, *19*(63): 159–174.

2 Kinnock, H. L. N. 2006. Foreword. In Graddol, D. *English Next*. London: British Council, 1.

第7章 翻译与文化的重新定位

显示出其不可遏制的强大生命力。

我们都知道，近十多年来，由于中国经济的持续增长和综合国力的快速提高，汉语的地位也在快速上升，但是正如人们所不得不承认的，"当今世界所出版的图书有百分之三十是英语（汉语图书排名第二，占百分之十一）"。[1] 汉语出版物虽然名列第二，但其中绝大多数都集中在中国大陆和港台地区，极少进入世界各地的图书市场。随着"汉语热"的持续升温，这一百分比将在不久的将来有所改变。近几年来国际书展上出现的中文图书热和中文图书的版权输出已经证明了这一点。因而诚如巴巴所不无洞见地指出的，在当今世界，一方面是全球化进程的加快，另一方面则是少数人化（minoritization）进程的缓慢推进，但后者应该说是另一种形式的全球化。[2] 因此在巴巴看来，

> ……我们被引导去为构想一种处于动态的甚或辩证的关系的少数人化和全球化而负有哲学的和政治的责任，因为这种关系超越了本土与全球、中心与边缘，或者公民与局外人的极致。最近联合国教科文组织关于世界文化和发展委员会的报告就指出，少数人化的状态确实是一种全球性的公民身份。[3]

当然，这种"少数人化"在这里是一个象征性的用法，意指那些不具有霸权的弱势群体。中国虽然幅员辽阔，人口众多，但长期以来国际地位并不高，而且中国人在国际事务中并不掌握很多话语权。但是在全球化/少数人化双峰对峙的情势下，世界语言体系已经大大地"被重新绘图"了，原先处于霸权地位的一些语言，如法语、德语、俄语和日语，

---

[1] Tonkin, H. 2007. World language system. In Robertson, R. & J. Scholte. (eds.) *Encyclopedia of Globalization*. Vol. 4. London & New York: Routledge, 1288.

[2] 参见霍米·巴巴 2002 年 6 月 25 日在清华–哈佛后殖民理论高级论坛上的主题发言《黑人学者与黑色公主》("The Black Savant and the Dark Princess")。

[3] Bhabha, H. K. 2002. Afterword: A personal response. In Hutcheon L. & M. Valdés. (eds.) *Rethinking Literary History: A Dialogue on Theory*. Oxford & New York: Oxford University Press, 201–202.

翻译研究的文化转向（修订版）

逐渐走向衰弱和萎缩，而另一些新崛起的语言则变得越来越通行，例如西班牙语、阿拉伯语和汉语，因而导致了新的世界文化格局的形成。因此，我们用"全球本土化"（glocalization）这一术语来描述世界文化在未来的发展走向应该是十分恰当的。既然如此，人们也许会提出另一个问题，在全球化的时代，既然中国经济在近二十年里飞速增长，中国文化的地位也随之大大地提高，那么汉语的未来走向又如何呢？这正是我后面所要讨论的。在这部分，我只想描述汉语在近十年里所发生的变化：它已经逐步从一种基本上属于民族/国家的语言变成了一种区域性（regional）乃至世界性的主要语言之一。

中国是一个幅员辽阔人口众多的大国，历史上曾经有过"中央帝国"（Middle Kingdom）之称号，但是自1840年鸦片战争起，软弱腐败的清政府与西方列强、沙俄帝国以及日本帝国签订了一系列不平等条约，由于这些丧权辱国的条约，大片中国土地被割让或处于殖民统治下。这种状况自然影响了汉语的地位。在中国的东北和台湾地区，人们被迫学习俄语和日语，甚至在自己的祖国用这些外来的语言进行交流和工作。在香港，所有的政府公务员首先要掌握英语，因为直到1997年回归以前，所有的政府公文都首先用英文发布，曾经的黄金帝国就这样濒临解体并逐渐在世界上被边缘化了。为了恢复过去的辉煌和综合国力，中国的一些有识之士不得不向当时经济发达的国家看齐，发起了大规模的翻译运动，经过这种"全盘西化"的尝试，中国文化几乎沦为被边缘化的"殖民"文化。大面积的文学和文化翻译以及西方学术思想的译介致使汉语一度被"欧化"或"殖民化"。几乎所有的中国知识分子都认为，为了向发达国家看齐，就必须在政治上、经济上和文化上赶上它们。那么究竟如何去赶超那些发达国家呢？只有尽可能多地译介西方的文化思潮、哲学理论和文学作品。因而中国的政治和文化现代性便作为翻译的必然后果应运而生了。由此可见，翻译在中国近现代史上所起到的政治和文化启蒙作用是无与伦比的，远非仅仅居于语言文字的层面。甚至鲁迅这样的主要知识分子和作家也花了大量的时间去译介国外的文学作品，其译著的字数甚至超过了他自己著作的字数。

第 7 章　翻译与文化的重新定位

另一方面，中国文化本身也随着众多华人在不同国家的移民而在世界各地旅行，但其速度却十分缓慢，不少人为了在所定居的国家安身立命，不得不暂时放弃自己的母语，而改用当地的语言进行交流。他们一开始还充当着两种语言和两种文化之间的协调者和翻译者的角色，但到后来，其中的不少人便逐渐本土化了。尽管如此，在他们记忆的深处仍然隐匿着中国文化的价值观念和审美情操。虽然这种大规模的移民确实使得中国文化的一些习俗传播到了国外，但汉语本身并没有在全世界产生多大影响。这些移民到国外的华人中，许多人首先考虑的是如何跻身所定居的国家的主流文化，他们清醒地认识到，要想跻身主流文化圈内，首先就要掌握其语言。而若是真想掌握一门外语的精髓，就得用那种语言进行思维和表达，有时甚至要暂时忘记自己的母语。这一具有讽刺意味的现象经常出现在许多华裔美国作家的作品中，这些作家中的不少人不愿被人称为"华裔"美国作家，他们坚持用英语创作，但他们遗传下来并隐匿在记忆深处的中国文化思想却不时地以迂回曲折的方式流露于笔端。因此他们同样也扮演了一种文化"翻译者"和"协调者"的角色：不断地对中国文化进行重新建构和定位，但许多人所做的工作只是一味地使中国文化适应自己所定居的国家的文化习俗，以便迎合国外的读者和受众。

另有许多华人移民却持续不断地在自己所定居的国家推广中国语言和文化，他们坚持用汉语写作，在异国他乡出版汉语报纸和书刊杂志。这里仅以北美为例，在当今的不少北美大学，许多第二代和第三代华人移民子女都在东亚语言文学系选修中国语言文化课，以便通过此举来寻找自己的民族和文化认同，这也是许多华裔美国作家和知识分子的亲身经历。[1] 他们中的不少人常常处于一种矛盾的状态：一方面，试图用英语来表达得自中国文化经验的思想；另一方面为了迎合主流文化的欣赏趣味，又不得不以一种批判的甚至歪曲的方式来描述中国的文化习俗，把

1　确实，像汤亭亭这样的许多华裔美国作家，甚至都忘记如何用汉语交流和写作了，他们坚持用英语写作和交流的目的在于迅速地与美国主流作家相认同。

翻译研究的文化转向（修订版）

中国人的一些丑陋的东西展现在自己的作品中。但是无论如何，他们对中国文化的这种"翻译"而后传播毕竟在全世界范围内推广了中国文化。对于这种作用我们切不可低估。

事实上，在全球化浪潮的推动下，汉语已经逐步成为另一种主要的世界性语言，这对于我们在全世界范围内传播和普及中国文学和文化有着重要的意义。如果汉语真的变得像英语那样包容和混杂的话，那就完全有可能成为仅次于英语的世界第二大语言，因为它可以起到英语有时起不到的作用，而在更多的方面，它作为一种主要的世界性语言，也可以与英语形成一种互动和互补的态势。

当然，不可否认的是，中国政府在普及和推广汉语及中国文化方面付出了巨大的努力，并且开始初见成效。就像当年英国文化委员会几十年来不遗余力地在海外大力推广英语教学和文化传播那样，中国政府也在海外建立了数百个孔子学院，并通过这一中介来起到推广汉语和传播中国文化的作用。但是这二者的差别在于：前者早已获取了巨大的收益，包括丰厚的经济效益，而后者虽已投入巨资并初见成效，但在一些欧美国家，却被迫关闭。尽管如此，我们仍可以预见，在未来的年月里，这些孔子学院将在文化影响和经济效益方面取得显著成效。

由此可见，文化全球化的进程打破了民族-国家的疆界，同时也扩展了世界上主要语言的边界。一方面，汉语作为一种区域性-世界性的语言推进了文化全球化的进程；另一方面，文化上的全球化又促进了汉语在全世界的推广和普及。在语言角色的转变过程中，一些次要的语言成了文化全球化的牺牲品，而另一些本来就比较通用的语言，如英语、汉语和西班牙语等，则变得越来越流行，这不仅有助于重构世界语言体系的版图，同时也有利于构建全球文化的新格局，在这一新的格局中，汉语将扮演越来越重要的角色。

因而我们可以预言，在全球化的作用下，新的世界文化格局即将形成，它不仅仍在很大程度上以民族-国家为边界，同时也以语言本身作为边界，也即不仅只有一种英语文化，而是有多种用英语书写和记载的文化，在这方面，文化（cultures）和英语（Englishes）都应该是复数的。

第 7 章　翻译与文化的重新定位

同样，在未来不同文化共存的新格局中，中国文化也将随着世界范围内的"汉语热"的不断升温而变得日益重要。作为翻译者和翻译研究者，我们也应回答这样的问题：既然翻译的功能和作用在不断地发生变化，我们将如何在广阔的全球化语境下重新定位中国文化呢？这正是本书下一部分所要讨论的。

翻译中国和在国际学界发表著述

毫无疑问，翻译中国和在国际学界发表著述都离不开翻译的中介，实际上，这是翻译的两种不同形式。即使我们直接用英文著述也离不开把中国的材料、经验、视角和观点转换为英语世界的读者所能理解的语言去加以表达，因此这大大地不同于我们过去长期以来所实践的将外语著述译成汉语，而且难度也更高。众所周知，翻译在中国现代文学和思想史上发挥过巨大的作用，通过翻译，国外最新的文化思潮和理论以及优秀的文学作品都进入了中国，从而使得中国文化和文学更加接近世界文化和文学的主流。在许多人眼里，一部中国现代文学史几乎就是一部"翻译过来的"文学史，国外的特别是来自西方的影响十分明显。但是当我们反思文学和文化翻译所取得的巨大成就时，不禁会感到某种遗憾：在大规模地将国外的特别是西方的学术思想和文学作品译成中文时，我们很少将中国自己的文化理论和文学作品翻译成主要的世界性语言。即使有杨宪益夫妇这样的优秀翻译家花了大量时间和精力将中国文学的佳作译成英文，这些作品的流通渠道却不甚理想，许多翻译过去的中国文学作品仅偶尔被一些从事汉学研究或翻译研究的学者查阅，远未进入英语图书市场，更未为广大英语世界的读者所阅读。因而许多人认为，将中国文化和文学译介出去主要是目标语译者的任务，这当然不无道理。但是我们仔细回顾一下，在那些精通汉语的汉学家中，究竟有多少人愿意将其毕生的时间和精力花在译介中国文化和文学作品上呢？可以说为数极少，因而迄今只有少数幸运儿受益。华裔法国作家高行健之

翻译研究的文化转向（修订版）

所以能在2000年获得诺贝尔文学奖，在很大程度上得助于他的英译者陈顺妍（Mabel Lee），因为是她将高行健的代表作《灵山》译成优美的英文，从而使其得到英语世界和诺贝尔文学奖评委会的认可进而一举获得诺奖。同样，2012年诺奖得主莫言更是如此，试想，如果没有汉学家葛浩文（Howard Goldblatt）和陈安娜（Anna Chen）将他的主要作品译成优美的英文和瑞典文的话，莫言的获奖至少会延宕十年左右，或许他一生都有可能与这项崇高的奖项失之交臂。这样的例子在20世纪的世界文学史上并不少见，可见翻译的作用是多么重要啊！当然，中国当代作家中并不乏与莫言同样优秀的作家，至少贾平凹、阎连科、王安忆、余华、刘震云、残雪堪与莫言相媲美，但是莫言确实是十分幸运的，葛浩文的翻译不仅在相当程度上用英语重新讲述了莫言的故事，而且还提升了原作的语言水平，使其具有美感而能打动读者。由此可见，优秀的翻译家不仅能忠实地转达原著的意思，还能使原作在美学形式上增色，而相比之下，拙劣的翻译者甚至会使本来很好的作品在目标语中变得黯然失色。这样的例子在古今中外的文学和翻译史上举不胜举。对此我在本书后面还要讨论。

正如解构主义理论家希利斯·米勒所总结的，"在某种意义上，即使一部作品被属于另一个国家和另一种文化的人以原文的形式来阅读，但它毕竟还是'被翻译'，被移位、被传载了。以我自己的情况来看，我从乔治·普莱的著作以及后来的雅克·德里达的著作中学到的东西（当我初次阅读这些著作时），无疑应该是一些在他们看来有点奇怪的东西，尽管我可以通过法文原文来阅读它们。虽然我通过原文来阅读这些著作，但我还是将普莱和德里达'翻译'成了我自己的表达风格。"[1]在这里，我想强调的是，用英文撰写学术论文和专著也是另一种形式的翻译，特别对我们中国的人文学者更是如此。因为我们用世界上的主要语言写作和发表关于中国人文学术研究的著述，或者从我们独特的中国视角来考

---

1 Miller, J. H. 1993. *New Starts: Performative Topographies in Literature and Criticism.* Taipei: Academia Sinica, 3.

第7章 翻译与文化的重新定位

察和分析问题，这本身就是一种广义的文化翻译，但是对这种形式的翻译之重要性，不少中国学者尚未认识到。他们还在拘泥于所谓"翻译的外部研究"和"翻译的本体研究"之争。

我们至今仍记得，印度籍的美国后殖民理论家佳亚特里·斯皮瓦克（Gayatri Spivak）曾在一篇题为《底层人能言说吗？》（"Can the Subaltern Speak?"）的著名论文中试图为那些来自第三世界的底层人辩护，因为他们长期以来一直无法在国际论坛上发出自己的声音。即使他们想言说，也无法被别人"听到"，或得到人们的"认可"。[1] 因此他们所能做的就是找到某种中介，通过这些中介来发出自己的声音。正如我们所知道的，尽管中国由于经济腾飞而受到世界瞩目，但长期以来一直是第三世界国家。因此我们如果沿着斯皮瓦克的思路来反思一下国际中国研究的现状就会发现，中国国内的学者在国际中国问题研究方面很少有话语权，尤其在人文学科方面更是如此。因此，我们是否可以把斯皮瓦克的这篇文章改个题目：《中国人能够在国际论坛上发出声音吗？》（"Can the Chinese Speak at International Forums?"）。我想答案应该是肯定的，即使在过去也还是能够言说的，只是他们没有机会言说，或者说，没有人愿意听他们言说。亦即，即使他们有了这样的机会，所发出的声音也难以被人听到，或者说别人压根就不想听他们言说。我想这一方面是翻译的缺席，另一方面则是我们国内的学者很少注意到直接用外语著述（另一种形式的翻译）的重要性。

我们现在来回顾一下西方中国研究领域的状况。在那些年代，当我们拿起一本中国研究的英文刊物，几乎很难见到中国作者的名字。即使偶尔见到一位中文的名字，但一查他/她的介绍就会发现，此人不是来自港台就是一位定居在西方的华人学者。确实，国内的人文社会科学学者很难有机会在这类刊物上发表论文，而相比之下，他们在自然科学界

---

[1] Cf. Spivak, G. C. 1988. Can the subaltern speak? In Nelson, C. & L. Grossberg. (eds.) *Marxism and the Interpretation of Culture*. Basingstoke: Macmillan Education, 271–313.

的国内同行却早已经瞄准国际前沿学术课题并开始在那些顶尖学术期刊上发表论文了。

我们都知道，20世纪80年代的中国是十分开放的，几乎所有的西方前沿学术理论著作以及文学作品都被译介到了中国，当时这些译者中有许多人都是新手，我本人也是在那个年代里不知天高地厚地斗胆问鼎世界文学和学术名著。这样一来，就导致了中西文化学术交流上出现了一种不平衡性：开放的中国十分热切地希望了解外部世界所发生的一切，尤其是西方学界的一些最新进展，而外部世界却对中国知之甚少，或者说不太关注中国发生的一切，尤其不愿意听中国人自己对中国文化的看法。显然，这背后有多种原因，当然，当时的中国经济上还比较落后，而落后的国家是没有资格向世界提供好的经验的。过去曾有人说"弱国无外交"，若用于学界，也即"弱国无学术"或"弱国无文化"。另一个重要原因则在于大多数中国学者的英语都不好，既不能口头交流，更达不到发表著述的水平。因此，在那个时代的国际学界，中国学者确实是"失语"了。他们唯一能做的就是像"等待戈多"那样被动地等候国外汉学家的"发现"，但即使如此，他们中大多数人的著作也不可能被译成外文在国外出版。

然而，就在中国学者"失语"的那些年月里，国际学界对中国的了解在很大程度上听任汉学家的描述，他们似乎是在为中国代言，并且在国际学术期刊上发表中国研究方面的著述。坦率地说，大多数汉学家对中国同行还是比较友好的，他们热爱中国，所发表的研究成果大都基于自己长期深入的研究和认真的思考。但是由于长期以来东方主义的局限和偏见，西方人眼中的中国之形象始终是虚幻的、不真实的，这不能不影响到这些汉学家的研究。因而其中的少数汉学家自视甚高，根本瞧不起中国国内的学者，认为只有他们才能在国际学界言说和描述中国。但具有讽刺意味的恰在于，他们对中国的言说或描述大多基于那些关于中国的误解或曲解，所掌握的资料也不很全面，并不能向世界展示真实的中国。当然，在那些封闭的年代，他们的这些言说和著述或多或少还是

第 7 章　翻译与文化的重新定位

能使外界相信的。但是在本质上，他们绝不能代表整个国际中国研究的水平。

三十多年过去了，中国的人文社会科学界发生了巨大的变化。我们十分欣慰地看到，在当今世界任何一所研究型大学的图书馆里，我们都可以很容易地看到研究中国问题的学术著作和期刊。更令我们感到高兴的是，在几乎所有的中国研究刊物中，我们都可以很容易地看到一些中国作者的名字，而且其中有些作者就是中国大陆的高校或科研机构的学者。据我所知，几乎所有这些刊物的编辑都十分热切地希望听到中国国内学者的声音，有些主编们还要我向他们推荐中国学者的优秀论文，即使用中文写作的，他们也可以组织人力将其译成英文。人们或许会问，难道这些在国际刊物上发表论文的中国作者的英语水平真的比80年代的那些学者更好吗？我看未必见得。我本人于1990年至1991年在荷兰乌德勒支大学从事博士后研究时曾在汉学刊物《中国信息》(*China Information*)上发表了我的第一篇英文论文，讨论的是弗洛伊德主义在中国现代文学中的接受。使我至今记忆犹新的是，我当时在莱顿大学汉学院作了一个相关的演讲，该刊的编辑认真地听了我的讲座，然后希望我把文稿交给她，看看是否合适在该刊发表。她态度友好，同时又严肃认真地审读了我的文章，并作了较大的修改和润色，然后把清样寄给我审核。正是我在国际中国研究刊物上发表的那篇英文论文，使我熟悉了英语学术写作的一些知识和规范，为我后来接连不断地在国际人文社会科学期刊上发表论文打下了基础。

无论如何，在当今的全球化时代，这已经是很大的进步了。中国可以说是当今世界上最受益于全球化的国家之一，这一点不仅体现在经济上、政治上，还体现在文化上。随着中国经济的飞速发展，中国作为一个政治和经济大国的国际形象已不再受到任何怀疑了，但文化大国形象的建立还有待于我们的努力。在这方面，翻译将发挥独特的和决定性的作用。全球化的到来确实给我们提供了广阔的平台，来自不同国家的学者可以平等地对话，交流并讨论对共同关心的问题的看法。在这方面，

翻译研究的文化转向（修订版）

自然科学家确实已经走在我们前面了，他们早已经注重在国际学界发表著述了，而我们的人文社会科学学者又有何作为呢？

作为一个新兴的科学技术大国，中国的作用已经越来越得到国际社会的认可。但是中国的人文社会科学在国际上又处于什么样的地位呢？尽管国内不少学者已经认识到在国际上发表著述的重要性，但其成效则并不容乐观。既然在人文社会科学的许多领域里，只有极少数中国学者能够在主要的国际学术期刊上发表论文，我们又如何让国际社会听到我们的声音呢？以我所在的人文学科为例。在国际哲学社会科学主要期刊上，我们几乎很难见到中国学者的论文，更谈不上与国际同行进行平等交流和对话了。我认为除了缺乏必要的专业英语写作训练外，不少学者甚至缺少基本的学术思考和写作的训练，他们只能用中文将国际学术大师的理论观点转述给国内读者，而无法与自己的国际同行进行交流和对话。也就是说，在与国际同行讨论问题时，缺乏根本的问题意识和话语权。但是尽管如此，不少国际学术期刊包括中国研究期刊的编辑们依然想读到中国学者的著述。他们知道，在讨论一些基本的理论话题时，需要听到所有学者的声音，不管他们是来自东方的还是西方的。其中一些期刊的主编甚至邀请有影响的中国学者编辑专题研究专辑，由他们自己去邀请相关学科的重要学者对该专辑撰文。这样，这些编辑们就能听到真正来自中国的学者对大家共同关心的前沿话题的看法了。对于那些学术造诣深厚而英语欠缺或不懂英语的中国学者的优秀论文，他们甚至组织力量将其译成英文刊发在他们的期刊上。还有一些主要的国际学术出版机构，也开始组织人编辑中国研究丛书，除了邀请学者直接用英文著述外，还组织力量将中国学者的优秀著作译成英文在英语世界出版。[1]但是平心而论，能够被这些出版机构看中并组织翻译出版其著作的中国学

---

[1] 这里仅提及这样几套丛书：由张隆溪和施耐德主编、荷兰博睿出版社出版的丛书；由贝淡宁主编、美国普林斯顿大学出版社出版的当代中国问题研究丛书；由王斑主编、美国麦克米伦出版公司出版的中国当代研究丛书。前两种旨在将中国已经出版的中文著作中有影响者译成英文出版，最后一种则出版直接用英文著述的人文社会科学著作。

第 7 章　翻译与文化的重新定位

者实在是寥寥无几，与国内出版界争相译介和出版西方学术著作的情形形成鲜明的对照。

我本人自 20 世纪 90 年代后期以来就不断应邀为一些国际学术期刊编辑专辑，虽然我所编辑的专辑只有极少数是发表在中国研究刊物上的，但是人们可以很容易地发现，几乎所有这些专辑都与中国研究相关，或从全球的或比较的视角来探讨中国和西方学界共同关心的基本问题。也就是说，在进行国际发表时，我们中国学者应该聚焦于中国问题，尤其是当代问题，这恰恰是国外的中国研究者难以做好的课题，而也正是我们国内学者的长项。在用英语著述和发表时，我们实际上扮演了一个翻译者的角色：并非那种逐字逐句地将我们事先用中文写好的论文译成英文，而是直接用英文思维把我们的思想加以表达。我始终认为，为了在全世界推广中国文化，我们可以在某种程度上依赖汉学家的帮助，但是我们却更应当依靠自己的力量，尤其是在将人文学科的研究成果推向世界方面，更是要依靠自己的力量并采取中外合作的方式。因为这一学科的汉学家数量实在太少，而其中优秀且精通两种以上的语言和文化者更是凤毛麟角，即使他们达到了这一境地，往往也像我们一样，更加注重发表自己的研究成果，而不太愿意去花时间将别人的东西译成自己的母语。我相信，随着越来越多的国内学者开始注重用英文写作或发表自己的著述，国际中国研究的刊物也将在发表中国学者的优秀著述方面发挥越来越重要的作用，这样，我们中国学者就真正能够在国际论坛上发出自己的声音了。

翻译与汉语的未来

2012 年 10 月 11 日，瑞典文学院宣布将本年度诺贝尔文学奖授予中国作家莫言，理由是他的作品"将梦幻现实主义与历史的和当代的民间故事融为一体"，取得了别人难以替代的成就。按照文学院院长彼得·昂格伦德（Peter Englund）的看法，莫言"具有这样一种独具一格的写作方式,以致于你读半页莫言的作品就会立即识别出:这就是他"。[1]这确实是很高的评价,其中不免带有夸张之词,但是人们不禁要问,昂格伦德究竟是读了莫言的原著,还是葛浩文的英译本或陈安娜的瑞典文译本?显然是后二者,因为我们都知道,在瑞典文学院的十八位院士中,懂中文者只有马悦然,但是马悦然并没有说这话。可见成功的翻译已经达到了有助于文学作品达到"经典化"的境地,这也正是文学翻译所应该达到的"再创造"的高级境地。同样,也正是由于读了葛浩文的英译本和陈安娜的瑞典文译本,美国《时代》周刊记者唐纳德·莫里森(Donald Morrison)才能够称莫言为"所有中国作家中最有名的、经常被禁同时又被广为盗版的作家之一"。[2]

毫无疑问,莫言获得诺贝尔文学奖一事在国内外文学界和文化界产生了很大的影响,绝大多数中国作家和广大读者都认为这是中国文学真正得到国际权威机构承认的令人可喜的开始。实际上,据我所知,莫言的获奖绝非偶然,早在20世纪90年代初,葛浩文就开始了莫言作品的翻译,并于1993年出版了第一部译著《红高粱》(Red Sorghum),而那时莫言刚刚在国内文坛崭露头角,其知名度远远落在许多中国当代作家的后面。尽管当时莫言的文学成就并未得到国内权威文学机构的充分认可,但西方一些卓有远见的文学批评家和学者就已经发现,他是一位有巨大创造性潜力的优秀作家。荷兰比较文学学者和汉学家杜威·佛克马(Douwe Fokkema)十年后从西方的和比较的视角重读了莫言的作品,在他发表于2008年的一篇讨论中国后现代主义小说的论文中,讨论了其中的一些代表性作家,而莫言则是他讨论的第一人。[3]我想这大概也不

---

1 参见"Chinese Writer Mo Yan Wins Nobel Prize". *The Irish Times*. 11 October 2012. http://www.irishtimes.com/newspaper/breaking/2012/1011/breaking27.html. Retrieved 11 October 2012.

2 参见 Donald Morrison (14 February 2005). "Holding up Half the Sky". *TIME*. http://www.time.com/time/magazine/article/0,9171,501050221-1027589,00.html. Retrieved 14 February 2005.

3 Fokkema, D. 2008. Chinese postmodernist fiction. *Modern Language Quarterly*, 69(1): 151.

第 7 章 翻译与文化的重新定位

是偶然的吧。

确实,莫言从其文学生涯的一开始就有着广阔的世界文学视野。他不仅为自己的故乡高密市的乡亲或中国的读者而写作,而更是为全世界的读者而写作,这样他的作品在创作之初就已经带有了某种程度的"可译性",因为他所探讨的是整个人类所共同面对并关注的问题。在他所读过的所有西方作家中,他最为崇拜的就是现代主义作家威廉·福克纳和后现代主义作家加西亚·马尔克斯,他毫不隐讳地承认自己的创作受到这两位文学大师的启迪和影响。确实,诚如福克纳的作品专门描写拉法叶县的一个"邮票般"大小的小城镇上的故事,莫言也将自己的许多作品聚焦于他的故乡山东省高密市。同样,像加西亚·马尔克斯一样,莫言也在他的许多作品中创造出了一种荒诞的甚至近乎"梦幻的"(hallucinatory)氛围,在这之中神秘的和现实的因素交织一体,暴力和死亡显露出令人不可思议的怪诞。实际上,他对自己所讲述的故事本身的内容并不十分感兴趣,他更感兴趣的是如何调动一切艺术手法和叙事技巧把自己的故事讲好,因此对他来说,小说家的长处就在于将那些碎片式的事件放入自己的叙事空间,从而使得一个不可信的故事变得可信,就像发生在自己身边的真实事件一样。在很大程度上,正是由于他的精湛的叙事技艺,莫言才成为中国当代作家中极少数有着广泛国际声誉和众多读者的作家之一,几乎他的所有重要作品都被译成了英文、法文、德文、西班牙文等主要的世界性语言。[1] 而且还有一些讨论他的作品的批评性论文发表在国际文学和学术期刊上。这在中国当代作家中也是十分罕见的。这再一次证明,翻译可以使本来就写得很好的文学作品变得更好,并加速它的经典化进程,而拙劣的翻译倒有可能破坏本来很好的作品的形式,使之继续在另一种语境下处于"死亡"的状态。正是在

---

[1] 葛浩文翻译的莫言作品包括:《红高粱》(*Red Sorghum*)、《天堂蒜薹之歌*》(*The Garlic Ballads*)、《酒国》(*The Republic of Wine*)、《师傅越来越幽默》(*Shifu, You'll Do Anything for a Laugh*)、《丰乳肥臀》(*Big Breasts and Wide Hips*)、《生死疲劳》(*Life and Death Are Wearing Me Out*)及《檀香刑》(*Death by Sandalwood*)。

翻译研究的文化转向（修订版）

这个意义上，我们说优秀的译作应该与原作具有同等的价值，而优秀的译者也应该像优秀的作者一样得到同样的尊重。

　　写到这里，我不得不针对这样一个现象进行思考，假如莫言的作品不是由葛浩文和陈安娜这样优秀的翻译家来翻译的话，莫言能否获得2012年度的诺贝尔文学奖？我想答案应该是基本否定的，尽管我们可以说，他们若不翻译的话，别的译者照样可以来翻译，不错，但是据我所知，像上述这两位译者如此热爱文学、视文学为生命的汉学家在当今世界确实屈指可数，而像他们如此敬业者就更是凤毛麟角了。可以肯定的是，假如不是他们来翻译莫言的作品，莫言的获奖至少会延宕几年甚至几十年，甚至很可能他一生就会与诺奖失之交臂。这样的例子在20世纪的世界文学史上还少吗？我们不可能指望所有的文学翻译家都娴熟地掌握中文，并心甘情愿地将自己一生中的大部分时间和精力放在将中国文学译成主要的世界性语言上。因此就这一点而言，我们应该果断地将当下中国翻译界的重点转移：从外译中转向中译外，也即致力于将中国文化和文学的优秀作品译成世界上的主要语言，尤其是英语。但尽管如此，将优秀的外国文学作品译成中文在今后的相当长一段时期仍然是必要的，只是重点应该有所转移。这样才能更加有利于中国文化和文学真正有效地走向世界。显然，在加速中国文学和人文学科研究国际化进程方面，后者应该大大地加强。另一方面，我们也不能忽视在海外推广和普及汉语的重要性，尽管对于外国人来说，掌握汉语要比中国人掌握英语难得多。如果我们加强与国际同行的合作，就肯定能成功地提升汉语作为仅次于英语的世界第二大语言的地位。但是这又离不开翻译的中介，没有翻译的参与或干预我们是无法完成这一历史使命的，因为翻译能够帮助我们在当今时代和不远的未来对世界文化进行重新定位。在这方面，正是葛浩文和陈安娜这样的优秀翻译家和汉学家的卓越翻译使得莫言的作品在域外有了"持续的生命"和"来世生命"。

第8章 翻译在中国革命进程中的作用

如前所述,翻译的文化转向在中国早就发生了,主要体现其之于中国革命和现代性进程的作用。就现代民族/国家而言,一个国家要想在世界上扮演重要的角色,就势必离不开翻译。在中国革命的进程中,翻译始终扮演着十分重要的角色,这种重要性不仅体现在20世纪之交将世界上先进的科学技术及民主的概念引入中国,而且还体现于使中国跻身以苏联为首的社会主义阵营。甚至在中华人民共和国成立之后,在毛泽东领导的社会主义革命和建设中以及在邓小平领导的改革开放进程中,翻译依然在很大程度上发挥了巨大的和实用的功能。当前,在四十年多的改革开放年代里,中国早已确立了以经济发展为第一要务的国策,维护国家稳定和繁荣经济也是广大人民群众的意愿。通过几十年的建设和发展,中国已经成为世界第二大经济实体,目前正经历着某种"脱贫困化"(depovertizing)和"去第三世界化"(de-third-worldizing)的过程,在这一历史阶段,中国文化和文学也在努力走向世界进而为全球文化和世界文学的重新绘图做出更大的贡献。在这个意义上说来,翻译在将中国文化和人文思想推向世界的进程中将扮演更为重要的角色。因此我在本章中论证到,在整个20世纪,翻译与中国革命有着密切的关系:在1949年以前的民主革命时期是如此,在共和国成立后以及改革开放以来的年代里更是如此,如果缺少翻译,上述这些革命和建设是无法顺利进行的。本章将把中国革命进程中翻译所起到的作用分为四个阶段,分别讨论它在20世纪以及新世纪以来的每一个历史阶段所扮演的不同角色。

作为文化启蒙手段的翻译

历史上，中国素有"中央帝国"之称，由于其历代封建王朝的专制统治，其文化很少受到外来影响。在很长一段时期，中国既封闭又夜郎自大，很少试图向外国学习，正是翻译才帮助中国成为一个朝着民主方向发展的现代国家。我们都知道，自从人类开始交流之日起翻译就存在了，而对翻译的兴趣在西方可追溯到公元前一世纪的西塞罗，而在中国等东方国家则更早些，因为将佛经译成中文对中国宗教文化的繁荣起到了重要的作用。在这一节里，我将揭示20世纪的大规模的翻译是如何帮助中国现代文学传统形成的，以及文学翻译是如何使得中国的语言变得近乎"欧化"或现代化的。这样看来，从跨语言、跨文化的角度来比较研究文学的尝试就既是一种语际翻译同时又是一种文化翻译。按照夏托华斯（Shuttleworth）和考威（Cowie）的定义，"翻译通常的特征是具有隐喻性的，在众多比喻中，常被比喻为玩弄一种游戏或绘制一张地图"。[1] 既然翻译与中国革命有着密切的关系，尤其是在其现代意义上更是如此，那么我所讨论的"翻译"这一术语就更带有文化和隐喻的特征，而较少带有语言上的转换之意，因为在我看来，翻译确实激发了中国的知识分子去进行革命，当然这种革命并非仅体现在政治上和文化上的革命，也包括语言和文学上的革命。

众所周知，中国革命与现代性这一论题也密切相关。在整个20世纪的西方和中国学界，现代性可以说一直是为人们所热烈讨论甚至辩论的话题。在中国的语境中，现代性既是一个"翻译过来的"概念，同时也诉诸其内在的发展。我在此仅从中国现代文学和文化的角度来揭示翻译是如何在新文化运动（1915—1923）前后把先进的科学和文化带入中国的，这无疑也预示了中国共产党领导的民主革命。

在新文化运动中，那些重要的思想家和人文学者或者是在西方或日

---

[1] Shuttleworth, M. & Cowie, M. 1997. *Dictionary of Translation Studies.* Manchester: St. Jerome, 181.

第 8 章　翻译在中国革命进程中的作用

本受过教育者,或者是有着深厚的西学造诣的学者,例如胡适、陈独秀、鲁迅、蔡元培、钱玄同和李大钊等,他们率先发起了"反传统、反儒学和反文言文"的思想文化运动,试图通过此举达到全面促使中国步入现代化的目的。他们充分运用了翻译这一有效的武器将当时西方的新思想新文化统统介绍到中国,从而大大地加速了中国的现代化进程。在那场运动中,或者说甚至在那之前,这些知识分子就帮助发起了大规模的翻译西学的运动,诸如尼采和马克思这样的欧洲思想家在中国学界高视阔步,其著述频繁地在中文的语境下被引用和讨论,几乎当时所有主要的中国哲学家和文学家都受到他们的影响和启迪。"德先生"和"赛先生"的引进更是影响了整个 20 世纪的中国科学和民主革命的发展进程。陈独秀这位中国共产党的早期领导人亲自创办了颇有影响的进步杂志《新青年》,专门发表一些介绍或翻译当时先进的西学思想的文章,旨在启迪中国人民的觉悟,并且推进中国的科学技术以及人文思想的发展,他们的努力为马克思主义在中国的介绍和传播奠定了重要的基础。此外,新文化运动也见证了中国共产党于 1921 年的创立,进而领导中国人民取得了民主革命的胜利,于 1949 年建立了社会主义新中国。因此就这一点而言,我想论证的是,翻译确实作为一种启蒙的工具起到了将中国人民从黑暗和愚昧中解放出来的作用。

由此可见,在中国,现代性是一个从西方"翻译过来的"理论概念或一种文化和文学话语,它在进入中国后便变形并经历了各种形式的建构和重构。在中国的语境下,现代性经历了三个阶段:

1. 20 世纪初至 70 年代:作为一个文学和文化大计译介到中国,帮助重建中国的现代文学和文化;
2. 70 年代末至 90 年代初:后现代性同时作为现代性的叛逆和延伸译介到中国,旨在对一种另类的现代性(alternative modernity),或者说一种具有中国特色的延伸的和"变形的"多元现代性的形成奠定了基础;
3. 全球化的进入中国进而使得现代性与后现代性话语相连接。

翻译研究的文化转向（修订版）

作为上述三个阶段的一个直接结果便是，中国的另类现代性最终融入了全球现代性的宏大话语。然而，正如我们所注意到的，中国的现代性以自己的独特特征而凸显在全球现代性的多元取向中。鲁迅作为率先将现代性引入中国的先驱者，在文学革命中充当了领导的作用。他在谈到自己的小说创作时，曾直言不讳地宣称自己的小说创作之灵感"所仰仗的全在先前看过的百来篇外国作品和一点医学上的知识"，[1] 此外什么准备都没有。也就是说，他认为自己的创作灵感绝不是来自中国古典文学和文化，而是来自外国文学，因此他身体力行，在文学创作之余，翻译了大量外国文学作品。因为在他看来，只有大规模地将外国文学和人文学术著作翻译过来才能将现代性引入中国，中国文学和文化才能更接近世界。

另一些"五四"时期的思想家和作家，如胡适和郭沫若等，也通过大量地翻译西方文学和理论著作强有力地解构了传统的中国文学话语。有意思的是，胡适和郭沫若在成为政治人物前都做过许多翻译工作：胡适通过1918年为《新青年》编辑易卜生专号而率先将易卜生及其剧作介绍到中国，并翻译了他的一些剧作；而郭沫若则将一些重要的西方作家如歌德和惠特曼等的重要作品译成中文。他们在新文化运动中都充分利用翻译为工具来启迪人民大众，并且在各自的领域内取得了突出的成就。

在中国革命的进程中，翻译本身也得到了长足的发展：从原先的力求忠实地将一种语言转换成另一种语言的纯技术层面的翻译演变成为另一种形式的作用更大的政治和文化层面的翻译。学者们关注翻译不仅是因为它是一种语言的技能，而更是一种推进革命事业的文化变革策略和政治武器。甚至在当今中国，翻译依然与政治和意识形态密切相关：党和政府领导人以及一些主要的学者都十分重视通过翻译将中国的政治、经济、文化和文学成果介绍到全世界。因而在当今时代，翻译的功能绝没有被削弱，反而显得日益重要和必不可少。如果我们承认全球化对民

1　鲁迅.1981.鲁迅全集.第4卷.北京：人民文学出版社，512.

第8章 翻译在中国革命进程中的作用

族/国别文学的研究有着重要影响的话,那么它确实也推进了比较文学和世界文学的研究。就以中国文学的译介为例。在过去的一百年里,中国文学在西方的影响之下不断地通过翻译来接近世界。在这方面,"五四运动"开启了中国现代性的先河,打破了中国长期以来的民族封闭机制,甚至中国的语言也在这一"殖民化"的过程中大大地"欧化"或"西化"了。但是毫无疑问,这正是中国的现代性不同于西方现代性的一个必然结果。

我们从上面的描述中很容易发现,由于大规模的翻译运动,中国现代文学越来越接近世界文学了,作为一个直接的结果就是,甚至出现了一种中国现代文学经典或传统,这一经典或传统不仅可以与西方现代文学平等对话,也可以与自己的传统古典文学进行对话。在中国现代文学和思想史上,翻译无疑扮演了一个重要的不可或缺的角色,但是这种翻译形式不同于传统的从一种语言向另一种语言的转化,它实际上更是一种通过语言的中介而实行的文化变革。通过这样一种文化翻译,一种新的文学和文化诞生了,它既不同于自己的传统,也有别于同一时期的西方文学和文化,应该被看作是中外文化和文学交流与碰撞的一个产物。

作为意识形态工具的翻译

如上所述,在中国的政治和文化革命的进程中,翻译曾扮演过启迪人民的重要角色。但是另一方面,我们也无法回避这样一个事实,即中国对西学和俄罗斯文学作品的大规模翻译也赋予了翻译更多的实用主义功能和意识形态色彩。

众所周知,中国是一个社会主义国家,马克思主义是指导我们思想的理论基础。在过去的数十年里,中国共产党花了大量的时间和精力来翻译马克思、恩格斯、列宁和斯大林的著作,最终将马克思主义创始人的全部著作全面地介绍到了中国。但是早在中国共产党尚未诞生之日,马克思主义就已进入了中国。马恩的著作早起的翻译并非从德文原文译成中文，而是通过日文或俄文的中介。早期翻译马克思著作的译者包括熊得山（1891—1939），他早年留学日本，后来将马克思的一些著作从日文译成中文。他于 1922 年 2 月 15 日创办了《今日》杂志，由北京新知书社发行。他本人先后发表了《公妻说的辟谬》《社会主义未来国》《社会主义与人口论》《无产阶级对于政治应有的态度》《名、实的讨论》等文章，对资产阶级所诬蔑的共产主义"公妻"予以了驳正。通过批判马尔萨斯的人口论，他阐述了无产阶级之于社会主义的目的和手段。此时他翻译的马克思著作包括《哥达纲领批判》《马克思的社会学说》《国际劳动同盟的历史》等，并且刊登了若飞、邝摩汉等人的译著以及大量宣传科学社会主义的文章。同年，他加入了中国共产党，但随后不久便脱党。[1] 另一位译者朱执信（1885—1920）也是最早把马克思主义介绍到中国的资产阶级革命家。早在 1906 年，他就从日文翻译了《共产党宣言》《资本论》等经典著述，对马克思主义的阶级斗争、社会革命和政治革命、人民群众的历史地位等理论有着独特的理解。与此同时，他基于自己的能动理解和阐释，将马克思主义的基本原理介绍给了中国读者。[2]

李大钊作为中国最早的马克思主义者和中国共产党早期领导人之一，积极地参与了《新青年》的编辑工作，热情地在中国传播马克思主义。他于 1919 年为该杂志编辑了一个专门讨论马克思主义的专辑（第六卷，第五期，1919 年 9 月）。在这本专辑中，李大钊发表了长篇论文《我的马克思主义观》，这篇文章全面地介绍了马克思主义的基本原理，在广大读者中产生了强烈的反响。李大钊等人的早期努力自然也启迪了在北京大学图书馆工作的青年毛泽东，使他以及他的那些不能阅读外文原文的青年伙伴们接触到马克思的著作。因此我们应当说毛泽东所接受的马克思主义是一种"翻译过来的"马克思主义或通过翻译的中介而"中

---

1 参阅胡为雄文章《马克思主义著作在中国的百年翻译与传播》，载《中国延安干部学院学报》2013 年第 2 期，第 75—82 页。

2 同上。

第 8 章　翻译在中国革命进程中的作用

国化"的马克思主义，其特征就在于将正统的马克思主义教义与儒学的一些教义在某种程度上加以结合，形成了一种"中国化"的马克思主义。毛泽东本人始终反对对马克思的著作抱一种教条主义的态度，他主张创造性地理解马克思主义的基本原理，并将其与中国革命的具体实践相结合。因此，毛泽东实际上发展了马克思主义，将其发展为一种"中国化"的马克思主义，即毛泽东思想。毛泽东思想在西方以"毛主义"（Maoism）著称，实际上指的就是毛泽东思想。我们不难发现，早期的西学翻译，包括马克思著作的翻译，在中国革命的进程中显示出鲜明的实用主义特征，也即鲁迅所说的，只要对中国的现代化进程有用，就统统拿来为我所用。

此外，毛泽东本人热爱文学，尤其对中国古典诗词情有独钟，他在长期的革命战争中写下了大量的诗词。因而，毫不奇怪，他在领导中国革命的过程中，也发展了马克思主义文学理论，将其运用于中国的文艺研究。在他的那篇纲领性的著作《在延安文艺座谈会上的讲话》中，他试图为中国的文学艺术回答这样一个与之密切相关的问题：我们的文艺是为谁而创作的？文艺的功能是什么？在毛泽东看来，中国的文学艺术首先应该为广大人民群众服务，尤其是为工农兵服务：为工农兵而创作，为工农兵所利用。因此它应当"很好地成为整个革命机器的一个组成部分，作为团结人民、教育人民、打击敌人、消灭敌人的有力的武器，帮助人民同心同德地和敌人作斗争。"[1]因而文学艺术的政治实用作用较之其审美和欣赏作用来要重要得多。

虽然毛泽东主要是一位民族主义者，但是他在强调建设革命文化的同时并不否认新的文化应当继承和发展古代的和外国的进步文化。毛泽东从不反对学习外国文学，但是他关心的是中国应该引进什么样的外国文学。他不像马恩列斯那样广泛地阅读了外国文学作品，而是由于语言的局限而不得不依赖翻译，即使通过译文阅读的外国文学作品也十分有限。《在延安文艺座谈会上的讲话》中，他只提及一部俄苏文学的作品，

1　毛泽东.1991.毛泽东选集（第3卷）.第二版.北京：人民出版社，848.

就是法捷耶夫的小说《毁灭》："法捷耶夫的《毁灭》，只写了一支很小的游击队，它并没有想去迎合旧世界读者的口味，但是却产生了全世界的影响，至少在中国，像大家所知道的，产生了很大的影响。"[1] 显然，由于毛泽东的外语水平有限，他所阅读的外国文学作品确实不多，因而在他的著作中很少引证外国文学作品，而是大量地旁征博引中国古代的文史著作和典故。即使如此，他仍然坚持要批判地继承古今中外一切优秀的文学艺术。他的态度是"古为今用，洋为中用"，这一思想无疑已为今天的中国领导人所继承和发扬光大。

在中国的语境下，当然也受到苏联文艺思想的影响，国内有关部门对世界文学经典著作的选择也有着鲜明的主体性和能动性。有关部门和出版机构合作有组织、有计划地选择我们自己认定的外国文学经典作品，邀请优秀的译者将其译成中文。这些措施无疑使得中国的世界文学经典版本不同于西方和苏联认定的经典版本，当然，翻译的重点有时也根据政治形势的需要和马克思主义的指导原则进行适当的调整。既然马克思和恩格斯对荷马、但丁、莎士比亚、歌德和巴尔扎克等作家及其作品予以高度评价，那么他们的代表性作品就必须翻译并予以批评性和学术性的讨论。既然列宁高度评价托尔斯泰是俄国革命的"镜子"，因而托尔斯泰直至今日都一直受到学界的高度重视，被列为中国的外国文学研究界重点研究的对象。高尔基是受到列宁和斯大林重视并与他们有着密切关系的俄苏作家，他的主要作品也译成了中文，并得到中国学者的重点研究和讨论。

有时，一些西方世界的非经典作家由于某种政治上的原因通过其在中国的翻译和推广也变得十分流行或甚至成了（中国语境下的）经典作品。例如，爱尔兰小说家伏尼契（Irish author Ethel Lilian Voynich, 1864-1960）发表于1897年的描写意大利革命的小说《牛虻》（*The Gadfly*），由于政治上的原因竟在中国成了十分有名的作品，还有高尔基的《母亲》以及另一位苏联作家奥斯特洛夫斯基（1904-1936）的《钢铁是怎样炼

---

[1] 毛泽东. 1991. 毛泽东选集（第3卷）. 第二版. 北京：人民出版社，876.

第 8 章 翻译在中国革命进程中的作用

成的》成了中国语境下的外国文学经典作品,并一度拥有数以千万计的读者。因此,毫不奇怪,在"文化大革命"中,绝大多数西方文学作品以及中国古典和现代文学作品都受到批判,而上述三部作品则在广大读者,尤其是青年读者中,十分流行。

总之,在革命的时代,翻译主要根据占意识形态主导地位的党的指示来策划、挑选和组织。也即在旧社会,当中国处于贫穷落后状态时,中国文化和文学也被看作是落后的,在世界文学的版图上几乎不占有什么地位,因而作家们便号召大量地将外国文学作品译成中文,以促使中国现代文学从边缘向中心运动并且最终走向世界。而现在,中国政治上和经济上都很强大,因而对知识分子来说一个当务之急就是重建中国文化的软实力。这样翻译在促使中国文学和文化更接近世界文学和全球文化主流方面扮演了更为重要的角色。然而所不同的是,此时的重点已经从将西方文学译成中文转向了将中国文学译成世界上的主要语言。因而在中国革命进程的不同阶段,翻译又在某种程度上充当了意识形态工具的角色。

作为向世界开放之窗口的翻译

众所周知,在"文化大革命"结束后的头两年里,中国并未立即实行改革开放,但却对翻译相对地敞开了大门。直到 1978 年党的十一届三中全会举行,中国才真正开始改革开放的大计。在中国的文化知识界出现了第二次文化和文学翻译的高潮。一大批西方现代主义和后现代主义作家,如艾略特、福克纳、普鲁斯特、乔伊斯、海明威、奈保尔、马尔克斯、昆德拉等,都被陆续译介到了中国,对中国当代文学的繁荣产生了重要的影响。在人文学术界和思想界,诸如叔本华、伯格森、尼采、弗洛伊德、海德格尔、萨特等重要的西方哲学家和思想家的著作也被大量地译介到了中国,对中国当代人文学术的繁荣起到了举足轻重的作用。

　　90年代初,伴随着改革开放,全球化也进入了中国,对中国的经济和文化建设做出了重要的贡献。既然全球化也是从西方"翻译过来的"一个概念,因而它本身也带有鲜明的西方中心主义色彩。在相当长的一段时间内,人们简单地推断:全球化就是西方化,而西方化实际上就是美国化,因为美国是当今世界有着最强大的经济和最有影响的政治和文化的西方国家。这当然在某种程度上说是不错的,但是持这种看法的人却忽视了另一个明显的因素:在全球化的进程中,帝国的霸权思想文化通过翻译迅速地深入到非西方社会,而另一方面,非西方的文化观念和价值标准也通过翻译缓缓地渗入帝国的中心,从而使得西方文化和价值观念变得混杂。中国现代文化和文学确实深受西方文化和文学的影响,但是它们同时也在不断地试图与后者进行对话,在这方面,翻译扮演了一个不可或缺的角色,但翻译在引进西方文化方面显得十分有效,在外译和推广中国文化方面则显得力不从心,其所造成的一个直接后果就是,中国现代文学和文化在外部世界并不广为人知。由于翻译的缺席或不力,一些在中国国内赫赫有名的作家和人文学者一旦离开中国的语境就鲜为人知,更不用说其作品产生广泛的世界性影响了。

　　由于中国长期以来对外部世界的封闭以及对外国影响的抵制态度,中国古典文学的发展几乎不受西方的影响。而相比之下,中国现代文学的独特传统却是在西方的影响下形成的。我们今天在讨论全球现代性和世界文学时无法回避中国的现代性和现代文学,因为中国现代文学广泛地参与了现代性的"全球本土化"实践,作为其结果,在中国出现了不同版本的现代性:政治的、文化的、文学和审美的现代性。这些不同版本的现代性共同形成了一种不同于西方现代性的另类现代性,它强有力地消解了由西方文化占主导地位的所谓"单一"现代性的"宏大叙事"。在这方面,翻译发挥了独特的作用。由此可见,翻译使得现代性的概念在不同的地方显出了差异和不同。即使在一个国家或地区,现代性依然会以不同的形式出现。这样看来,翻译实际上起到了不同的文化之间的

第 8 章 翻译在中国革命进程中的作用

协调者的作用。

既然我们生活在这样一个全球化的时代,文学早已超越了固定的民族/国别和语言的界限,因而我们有必要从跨文化和全球的视角来重新审视在西方影响下的 20 世纪中国文学。我们不禁发现,翻译确实扮演了十分重要的角色。如果将中国现代文学放在广阔的世界文学的跨文化语境下来考察,我们就会发现,它实际上一直在朝着世界运动,并试图在一个文化全球化的过程中与世界文学相认同。在这方面,翻译并不一定意味着那种逐字逐句的语言层面的转换,而倒是更意味着一种文化翻译或变革,通过这一中介全球文化将得到"重新定位"(relocated)。

从历史的角度来看,进入 20 世纪以来,中国的文学研究者越来越清醒地认识到中国文学在世界文学版图上的"边缘"地位。为了恢复往日的辉煌,中国文学需要通过与世界上处于强势的文学相认同来达到从边缘向中心运动的目的,这一强势的文学就是西方现代文学。这也正是为什么中国知识分子强烈地支持大规模地翻译西方文学作品和人文学术著作的原因所在,他们认为,翻译是使中国摆脱封闭状态的最佳途径。确实,通过这种大规模的翻译,所有的主要文化潮流或文学运动,如占据西方文坛一百多年的浪漫主义、现实主义和现代主义及其代表性作家及其作品,统统被引入了中国,对处于文化现代性之门槛的 20 世纪中国文学产生了深刻的影响。同样,翻译西方文学的努力也加速了中国现代文学的国际化步伐,使其迎来了一个现代转向。这样,在西方的影响之下,中国现代文学便形成了自己的独特传统,它同时可以与西方现代文化以及本国的古典文学进行对话。在使得中国现代文学接近世界的过程中,翻译起到了必不可少的实际作用。通过这种大规模的文学和文化革命,我们可以说,汉译外国文学已成为中国文学的一部分,而且今天的中国作家也直言不讳地承认,自己所受到的外来影响甚至大大地多于所受到的本国前辈作家的影响。

余华是中国当代小说家中极少数受到诸如美国的马克思主义理论家詹姆逊这样的主流学者重视的佼佼者之一,虽然詹姆逊不懂中文,但他

翻译研究的文化转向（修订版）

依然对中国文学有着浓厚的兴趣，并且通过翻译阅读了一些中国现当代作家的作品，如鲁迅和余华等人的作品，他还尝试从西方马克思主义的角度来阐释这些作品。毫无疑问，余华从自己的文学生涯之初就受到西方现代主义和后现代主义文学的影响和启迪，他在于1990年9月16日给笔者的一封亲笔信中直言不讳地承认，他所受到的西方现代和后现代文学的影响大大地多于所受到的中国文学的影响，因此他由衷地感谢那些将优秀的外国文学作品译成中文的优秀翻译家。但是他仍然认为，如果一个作家想写出具有永久艺术价值的杰作的话，他就必须"像卡夫卡和乔伊斯那样忍受孤独"。[1]

在将外国文学和人文学术著作译成中文时，由于许多译者仅掌握一些微不足道的外语知识就从事这样一种困难的工作，因而翻译的质量并不能得到保证。在我看来，根据中国目前的翻译实践来看，尤其是文学翻译，译者与作者的关系不外乎这样三种情形：（1）译者的语言表达技能高于作者；（2）译者的文化水平与作者相当；（3）译者的水平低于作者。显然，在第一种情况下，译者完全有可能过多地介入对原文的创造性改写，例如活跃在19世纪和20世纪之交的翻译家林纾就是如此，他自认为自己的古文功底很好，因而将所有的原文都用一种林氏的古文风格加以表达。第二种情况则是比较理想的境界：译者完全理解了原作，不仅将原作字里行间之意思译出，而且甚至再现了原作的风格，例如傅雷于五六十年代对巴尔扎克作品的翻译就是典型的范例，正是由于傅雷无与伦比的翻译，使得巴尔扎克成了在中国最有名的法国经典作家，其在中国的知名度大大地超过了雨果。第三种情况在今天的翻译界十分风行，一些外语知识贫乏且中文功底欠缺的新手竟然问鼎文学和人文学术名著的翻译，因而造成的结果是这些译著简直令人不堪卒读。

不可否认，通过上面所讨论的文学翻译，西方的话语形塑了中国文学在世界文学语境下的发展方向。结果，中国文学朝向世界的开放过程

---

[1] 参阅：王宁．1992．接受与变形：中国当代先锋小说中的后现代性．中国社会科学，（1）：147．

第 8 章　翻译在中国革命进程中的作用

实际上就是一种西化的过程，很像一开始出现的文化上的全球化那样。甚至中国当代语言都充满了"翻译过来的"术语或词汇。然而在这一过程中，中国文化在与一种"全球本土化"的互动中仍然发展很不平衡。

另一方面，开放的中国也应该拥抱全球文化和世界文学，而没有翻译的中介这一计划是不可能实现的。例如改革开放之初关于现代派问题的讨论就明显地落后于国际学术前沿，许多在我们看来属于现代主义文学的作家作品实际上是后现代主义作家和作品。直到 80 年代末 90 年代初，后现代主义才在中国得到批评性的讨论，而对后现代主义的译介实际上在某种程度上消解了宏大的叙事，削弱了精英文化的力量，使得中国文学和文化朝着多元的方向发展。在最近二十年里，全球化作为一种新的理论话语在引进中国时使现代性和后现代性得以相连接。中国知识分子越来越清醒地认识到，中国不仅应当对全球经济做出自己的贡献，而且还要对全球文化和世界文学的重新绘图有所作为，在这方面翻译再次被赋予重要的任务和历史使命。

重绘全球文化和世界文学版图的翻译

进入 21 世纪以来，中国的改革开放进入了深化的阶段，对翻译的作用非但没有忽视，反而越来越予以重视，但是此时翻译的重点发生了变化：不像以前那样仅强调将外国的，或者更具体地说西方的文化译成中文，反倒更重视将中国的思想理论和文学作品译成主要的世界性语言，从而与西方乃至国际学界就一些基本的理论问题进行平等的对话。

当我们回过头来考察中国翻译的现状时，不禁惊异地发现了一个失衡的状况：中国学者对西方的了解大大超过了西方学者对中国的了解。仅拿文学和文化为例。一个中国的中学生如果不知道西方文化巨人柏拉图、亚里士多德、莎士比亚、歌德、马克·吐温、乔伊斯、艾略特、福克纳、海明威，一定会感到十分羞愧。而对于一位从事文学研究的西方

翻译研究的文化转向（修订版）

学者来说，更不用说那些普通读者了，不知道屈原、陶渊明、李白、杜甫、苏轼、王阳明、鲁迅和钱锺书等中国著名文人作家的名字，则是很常见的。诚如美籍华裔学者顾明栋所言，"由于中国和西方语言的巨大差异，中西文化之间的翻译一直是单向翻译占主导地位，尤其在文学艺术和文化研究领域更是如此"。[1] 由于这样一种失衡的状态，中国文学尽管一直在努力走向世界，但依然与世界文学主流有一定的距离。

确实，中国是世界上极少数直接受益于全球化的国家之一，这不仅体现在经济上，同时也体现在政治和文化上。中国经济的飞速发展使得政府有能力在全世界建立四百多个孔子学院和两千多个孔子学堂，其目的在于在全世界范围内推广中国语言文化。可以说，中国目前正经历着某种"脱贫困化"和"去第三世界化"的过程，旨在将自己从"理论消费大国"转变为"理论生产大国"。既然文学首先是一门表现文化精神的语言艺术，那么中国文学就理应受到重视。无论如何，任何一部客观全面的国际比较文学史都应该包括中国现代文学及其理论批评的成果，否则就是不全面的和有所缺憾的。

同样，全球化的影响也体现在另两个极致的方面：它的影响从西方到东方，同时也从东方向西方运动。在这样一个全球化的时代，既然"所有的身份都不可还原地变得混杂，不可避免地被表述为表演性的再现"，[2]那么从事东西方比较文学和文化的研究就更具有挑战性。它在某种程度上就是一个翻译的问题。但是在这方面，翻译将对重建民族/国别文学和重绘世界文学的版图做出巨大的贡献。这样看来，翻译就愈益显示出必不可少的重要性，它不仅有着传播媒介的功能，同时也充当了文学交流的工具。它大大地超越了语言转换的浅层次水平，因此我们人文学者研究翻译就更应当重视其文化的维度。正如黄国斌和陈善伟所指出的，

---

1 Cf. Gu, M. D. & Schulte, R. (eds.) 2014. *Translating China for Western Readers: Reflective, Critical and Practical Essays.* Albany: State University of New York Press, 1.

2 Spivak, G. C. 1999. *A Critique of Postcolonial Reason: Toward a History of the Vanishing Present.* Cambridge, Mass. Harvard University Press, 155.

第 8 章　翻译在中国革命进程中的作用

译者与译作的关系"类似跳舞者和舞蹈那样的关系,尤其考虑到这一事实——翻译过程中出现的现象,即连接译者和翻译的关节,是由无数无法解释的因素决定的:语言、文化、意识形态、心理和其他特殊的因素。"[1]也即一个理想的译者完全有可能做到使原本很好的作品通过他的译笔而变得更好,甚至在目标语中成为经典,而拙劣的译者则不仅会破坏原来写得很好的原作,甚至还会使其在目标语中丧失本来所拥有的经典地位和广大的读者。这样的例子在古今中外的翻译史上可以举出很多。

由于文学可以充当一个窗口,通过阅读文学作品使得世人看到中国的发展:过去的历史及当下的现实,因而莫言获得 2012 年诺贝尔文学奖给了试图走向世界的中国作家和人文学者更多的信心。翻译在这方面所起到的作用是不可替代的。我们再以文学创作和理论批评为例。随着文化全球化的发展,当今比较文学的最高阶段应是世界文学。我们都知道,在世界文学的经典化方面,20 世纪最具有机构性权威的无疑是瑞典文学院以及该院颁发的诺贝尔文学奖,因为它可以操控一个作家的名声,使一个本来不甚知名的作家在短时间成为经典作家。这当然与翻译有着直接的关系:高行健的诺奖作品《灵山》有幸被优秀的英文翻译家陈顺妍译成了英文,而不少流散在海外的华裔作家则没有他这样幸运。莫言的情况更是如此:没有优秀的英文译者葛浩文无与伦比的英文翻译,莫言很可能也像许多国际同行一样与这一崇高的奖项失之交臂,因为正是葛浩文用优美道地的英语重新讲述了莫言的故事,使其在英语世界获得了新生,而不少国内同行则缺乏这种优秀的翻译的中介而甚至失去被提名的机会。当然,我们可以对诺奖的客观性、公正性乃至权威性提出质疑,但是在我们尚未在汉语世界确立这样一个类似的具有世界性影响的文学大奖的情况下,诺奖的相对权威性以及评选的严肃性和客观性仍是其他国际性奖项所不能比拟的。

总之,在当今这个全球化的时代,翻译的功能绝没有被削弱,反而

---

[1] Wong, L. K. P. & Chan, S. (eds.) 2013. *The Dancer and the Dance: Essays in Translation Studies*. Newcastle: Cambridge Scholars Publishing, ix.

翻译研究的文化转向（修订版）

变得愈益重要和不可缺少。作为中国的人文学者，我们充分认识到，在过去的一百多年里，在西方的影响下，中国文学一直在通过翻译的中介接近世界、了解世界。在那些保守的知识分子看来，这种朝向外部世界的开放和现代性不啻是一种"殖民"中国文化和文学的过程。因为这种单向度的翻译在一定程度上造成了中国现代文学失去了自己鲜明的民族特征和表达形式。因此，"五四"新文化运动开启了中国的现代性进程，打破了中国长期形成的民族主义机制，这无疑是中国现代性发展的直接结果，其中一个明显的现象就是大量的外国文学作品和理论思潮通过翻译蜂拥进入中文语境，强有力地激发了中国作家和人文知识分子的创造性想象和著述动力。

显然，如果我们今天重新审视"五四运动"的正反面经验教训的话，我们便会得出一个暂时的结论："五四"作家和人文知识分子在大量引进西方各种文化思潮和理论的同时，有意无意地忽视了将中国文化和文学推介到世界上。我们今天不仅需要严复、林纾、傅雷这样致力于外译中的翻译大家，我们更需要像辜鸿铭、林语堂、杨宪益这样以中译外为主的翻译大家。因为他们的努力和辛勤耕耘使得中国文化和文学为世人所知。这也应该是中国比较文学学者研究的课题，因为对于比较文学学者而言，翻译也是我们的一个重要的研究课题。但是至于如何将中国文学译介到世界上，尤其是译介到西方或英语世界，不同的人则抱有不同的看法。有人认为，由于中国译者的译文不够道地且充满了异化成分而难以为目标语读者所接受和欣赏。[1] 这固然是事实，但也不能一概而论。为了使中国文学和文化译介到世界上，我们难道只有等待当地的译者来翻译吗？假如别人不愿翻译中国文学作品怎么办？假如没有像葛浩文和陈安娜这样优秀的译者的话，中国作家和人文学者又能做什么呢？难道他们只有被动地像"等待戈多"一样等待一个永远不露面的"戈多"吗？为了解决这个问题，我暂时的回答是中外译者合作，译出高质量的译文后交给国际著名出版机构出版，这样就能顺利地进入流通渠道从而为更

---

[1] 黄忠廉.2015.文化译出谁主译？读书，(10): 66-68.

第8章 翻译在中国革命进程中的作用

多的读者所阅读了。只有这样,中国文学和批评理论著作才能顺利地进入国际读者的视野,也只有这样,中国当代翻译界存在的这种失衡的状况才能得到根本的改变。

第9章 全球化时代翻译学的未来

本书前面各章分别对翻译研究的文化转向进行了匆匆的巡礼,当然,在这有限的篇幅内不可能涉及所有的当代翻译理论,只能集中讨论一些对翻译研究中的文化转向产生了重大影响并起到较大推动作用的理论思潮。此外,我们还结合中国近现代的翻译实践和翻译研究,加入了一些中国的元素。毫无疑问,从文化的角度来讨论全球化时代的翻译问题已经成为当今整个人文社会科学各分支学科的热门话题,不仅传统的翻译研究学者开始关注全球化时代的翻译及翻译研究的文化转向,[1] 而且翻译研究领域之外的学者也开始格外重视翻译问题。[2] 因此这种转向目前仍然处于正在进行的状态之中,对于它的功过得失自然应该由未来的研究者去总结,而对于其未来的发展前景我们将继续给予密切的关注,并

---

1. 尤其应该指出的是,在英国剑桥大学举行的文化翻译国际研讨会(2008年5月1日至3日)上,苏珊·巴斯耐特应邀所作的大会发言题目就是"作为文化协调的翻译"("Translation as Cultural Mediation"),而其他各位发言者的题目也大多与会议的三个主题相关:"翻译文化"("Translating Culture")、"翻译现代性"("Translating Modernity")和"翻译-阐释中国"("Translating China")。

2. 在2006年8月11日至15日举行的"翻译全球文化:走向跨学科的理论建构"国际研讨会(北京)上,一大批来自非翻译学科或翻译研究领域的学者提交了论文,广泛涉及文学和文化翻译、翻译与艺术史、翻译中的性别、法律翻译、翻译与流散写作、翻译的政治、翻译与音乐等跨学科和跨艺术门类的翻译问题。有关那次会议的论文,参阅:Wang, N. & Early, G. (eds.) 2008. *Translating Global Cultures: Toward Interdisciplinary (Re)Constructions*. Beijing: Foreign Language Teaching and Research Press.

翻译研究的文化转向（修订版）

及时提出我们的对策。

　　这里需要说明的是，由于笔者与西方文化翻译的几位代表人物均有较为密切的学术交流关系，难免不受其影响，因此在本书的讨论中不时地流露出笔者的倾向性。另外，翻译研究的文化转向之所以在中国得到弘扬和推进，与笔者本人的努力也是分不开的，因此在国际同行看来，笔者也成了中国这方面的一个代表人物。但是尽管如此，作为一位中国学者，我从来就没有忘记我的中国视角和观点，从来都利用一切机会在国际场合代表中国学界发出自己的声音。因此，从研究者的角度着眼，强调翻译研究的文化转向绝不是意在排斥其他研究方法，笔者之所以能够承担这一国家社会科学基金项目，专门研究翻译研究的文化转向，也在很大程度上得助于国内语言学研究者的支持。一些有着开放的胸襟并热情地关注国际学术前沿的学者们希望传统的语言学翻译研究领域之外的学者对之进行冲击，从而更新其研究方法。应该承认，翻译学或翻译研究之所以在今天受到如此高度的重视恰恰在于这一新兴学科的开放性和对各种研究方法和理论视角的包容性。既然翻译及翻译研究的文化转向是一个国际性的现象，那就充分说明，生活在当今时代的人确实离不开翻译，就像我们也同样离不开语言和文化一样，我们每天至少要通过不同的方式接触到翻译过来的文化，因而它已经侵入我们的日常生活中，并且渗透到当代文化的各个方面。另一方面，在一个广阔的跨文化视野下从事人文社会科学研究也不得不涉及翻译问题。例如，我们在中国举办各种类型的国际学术会议就离不开翻译，即使所有的代表都用英语发言，包括我们自己在内的那些母语不是英语的代表仍需要将自己的发言稿译（写）成英文，因为他/她需要用英语将自己用母语思考的问题表达出来，因此这就必然涉及翻译。即使我们完全具备了用英文思维和写作的技能，我们的出发点和思考的视角也离不开我们的母语和母国文化。这也许正是为什么当今的人文社会科学各分支学科的学者都对翻译颇感兴趣的一个原因所在。对于专门从事翻译学研究和理论建构的学者来说，我们的任务不仅是要对本学科的建设做出应有的贡献，而且还

第 9 章　全球化时代翻译学的未来

要以自己的理论创新和建构对整个人文学科的建设做出自己的贡献。既然翻译理论从其他学科借鉴了不少现成的理论，为什么翻译学就不能向这些学科提供我们的理论或新的研究范式呢？既然翻译对于我们这个时代是异常重要且必不可少的，那么作为研究翻译现象的翻译学或翻译研究的现状及未来前景将如何呢？这正是我要在本书最后一章所要阐述的。

新文科视域下的翻译研究

曾经一度轰轰烈烈的翻译研究的文化转向已经成为历史，它留给我们许多值得反思的问题，其中之一就是文化转向之后的翻译研究的现状如何？它的未来前景又如何？最近，在中国的语境下，讨论新文科的文章不时地见诸学术刊物和大众媒体，我本人也积极地投入了这场讨论并发表了一些文章。人们也许要问，究竟什么是新文科？它与传统的人文学科有何不同？为什么要提出新文科的概念？它对高等院校的学科建设有何帮助？它对当下中国的翻译研究有何直接的影响和意义？当然，我们不能笼统地回答这些问题，而应该从某个个案入手。在我看来，新文科概念的核心就在于其"新"字，也即新文科理念的提出，也如同新医科和新工科等不同的学科门类一样，必然对传统的人文学科之定义及其评价体系提出挑战。

我曾撰文探讨新文科视野下的外语学科建设和发展。[1] 我认为，既然翻译研究主要是外语学科的学者所从事的二级学科专业，那么它与外语学科的关系就是十分密切的。因此，较之传统的人文学科，中国的新文科建设应该体现这样四个特色：国际性、跨学科性、前沿性和理论性，这应该是新文科与传统的人文学科有所区别的地方。这一点尤其适用于中国的外语学科。如果我们再往前推论，便可以看出，新文科的概念尤

---

[1] 参阅：王宁 . 2020. 新文科视野下的外语学科建设 . 中国外语，（3）：4-10.

其适用于翻译研究，因为上述四个特色无一不与翻译有着直接的关系。

首先来看其国际性，也即与我提出的"全球人文"（global humanities）概念相关，[1] 按照这个概念，中国的人文学者不仅要在国际上就中国的问题发出声音，同时也要就全人类共同面对的具有普适意义的问题贡献中国的智慧，并且提出中国的方案。全球人文并非是各国和各民族的人文学科加在一起的集合体，而是要以全球视野来探讨人类共同关心的基本问题。与外国语言文学学科关系密切的一些具有普适意义的全球性话题包括：世界主义、世界文学、世界哲学、全球通史研究、全球文化、世界图像、世界语言体系，等等，这些都是人文学者必须正视并予以关注的话题。中国的人文学者尤其受到儒家哲学的影响，历来就有一种"天下观"，也即关注天下发生的事情。在这方面，翻译学者贡献颇多。正是由于一些中国或海外华裔学者将儒家的"天下观"译介到英语世界并在国际场合加以阐述和讨论，国际学界关于世界主义的讨论才开始有了中国的声音。[2]

这样也就自然导致了新文科的第二个特征：跨学科性。这种跨学科性不仅体现于它与其他人文学科分支的交叉和相互渗透，还体现于与社会科学的相互影响、相互渗透和交叉关系。这一点再一次体现了中国的学科分类特色。我们都知道，长期以来，中国的人文学术被纳入广义的

---

[1] 关于全球人文的概念，参阅：王宁. 2018. 德里达的幽灵：走向全球人文建构. 探索与争鸣，（6）：15-22.

[2] 关于中国学者在国际学界发表的世界主义方面的论文，参阅 David Pan, "Cosmopolitanism, Tianxia, and Walter Benjamin's 'The Task of the Translator'", *Telos*, No. 180 (Fall, 2017), pp. 26-46; Wang, Ning, "From Shanghai Modern to Shanghai Postmodern: A Cosmopolitan View of China's Modernization", *Telos*, 180 (Fall 2017): pp. 87-103; Xie, Shaobo, "Chinese Beginnings of Cosmopolitanism: A Genealogical Critique of Tianxia Guan", *Telos*, No. 180 (Fall 2017), pp. 8-25; Zhao, Tingyang, "Rethinking Empire from a Chinese Concept 'All-under-heaven' (Tianxia, 天下)", *Social Identities* 12, No. 1 (2006), pp. 29-41; and Zhao, Tingyang, "A Political World Philosophy in Terms of All-under-heaven (Tian-xia)", *Diogenes* 221 (2009), pp. 5-18.

第9章 全球化时代翻译学的未来

社会科学的大框架下,直到现在国家级的人文学科项目都被囊括在国家社会科学基金的总体框架下。这一点与美国的学科布局情况不尽相同。

这正好从另一方面体现了中国人文学科的一大特色:它与社会科学的关系十分密切。这一点尤其体现于中国近现代大量的翻译实践和翻译研究。在实践上,翻译家自20世纪初以来翻译了大量的西方和俄苏的社会科学文献,对于推进中国现代性的进程起到了极大的作用。正如我在纪念新文化运动百年发表的一篇文章中所指出的:没有翻译,就没有新文化运动的爆发,没有翻译,马克思主义就无法引进中国,就更谈不上中国共产党的成立了。[1] 由此可见,翻译的作用远远超过了两种语言之间的转换,它甚至可以引发一场(文化)革命并推进社会的变革。

众所周知,中国革命与现代性这一论题有密切的关系。在整个20世纪的西方和中国学界,现代性一直是为人们所热烈讨论甚至辩论的话题。在中国的语境下,现代性既是一个"翻译过来的"概念,同时也诉诸其内在的发展必然逻辑,因此它是一种"另类的"现代性(alternative modernity or modernities)。我曾经从中国现代文学和文化的角度揭示了翻译是如何在新文化运动前后把先进的科学和文化带入中国的。[2] 正是这些西方思想观念之译介到中国在某种程度上预示了中国共产党领导的民主革命。这便再一次证明,翻译远不只是一种语言之间的转换技能,它具有更重要的功能,而且实际上也确实在中国近现代史上发挥了重要的作用。

由此可见,跨语言、跨文化的文学和人文学术翻译,既是一种语际翻译同时又是一种文化翻译。既然翻译与马克思主义"中国化"有着密切的关系,尤其是在其现代意义上更是如此,那么我们所讨论的"翻译"这一术语就更带有文化和隐喻的特征,而较少带有语言转换之意,因为翻译激发了中国的进步知识分子进行革命,当然这种革命并非仅仅体现

---

[1] 王宁. 2019. 翻译在新文化运动中的历史作用及未来前景. 中国翻译,(3):13-21.

[2] 同上。

翻译研究的文化转向（修订版）

于政治和文化上的革命，也包括语言和文学上的革命。

此外，新文科的跨学科性还体现于人文学科与自然科学以及技术的相互渗透和关联。就好比新冠疫情期间，许多现场学术和文化活动统统改由网上进行，包括人文讲座和研究生答辩都可以通过网络进行。我们比较研究疫情在不同国家的蔓延就需用分析不同国家的疫情数据，这当然离不开翻译的中介，因此这就对我们传统的人文学者提出了严峻的挑战。作为人文学者，我们不仅要掌握多学科的知识，还要掌握一定的表现和传播技术，这样才能保证我们的知识得以顺畅的传播。

这一点又得借助于翻译和翻译研究。我曾经对翻译研究在当代的形态作过一个新的定义，在我看来，随着现代翻译学的崛起以及翻译研究的文化转向的冲击，人们越来越感到，仅仅从语言的层面来定义翻译显然是不够的。这时，对翻译尤其是对文学翻译的研究便有了一种跨文化和跨学科的视角，也即我们经常提到的翻译和翻译研究的"文化转向"。但是这种翻译研究的"文化转向"最终仍没有使翻译走出袭来已久的"语言中心主义"窠臼。文化转向之后又将是何种转向呢？那就是科技转向。这尤其体现于人们目前所热衷于谈论的图像翻译和人工智能翻译。这也正是我在本节中所涉及的两个热点话题。现在先对我曾对翻译下过的定义[1]作些许修正和补充：

  作为一种同一语言内从古代形式向现代形式的转换；
  作为一种跨越语言界限的两种文字文本的转换；
  作为一种由符码或信号到文字的破译和阐释；
  作为一种跨越语言界限的跨文化图像阐释；
  作为一种跨越语言界限的形象与语言的相互转换；
  作为一种由阅读的文字文本到演出的影视戏剧脚本的改编和再创作；

---

[1] 我曾在一次学术会议上对翻译下过一个新的定义，后修改作为笔谈发表，参阅：王宁．2015．重新界定翻译：跨学科和视觉文化的视角．中国翻译，（3）：12–13．

第 9 章　全球化时代翻译学的未来

作为一种以语言为主要媒介的跨媒介阐释；
作为一种以机器和人工智能实现的两种语言的转换。

从上面这个定义中，我们完全可以看到走出"语言中心主义"藩篱的翻译及翻译研究的当下跨学科形态：它不仅跨越了语言与文化的界限，跨越了语言与其他人文学科分支的界限，同时也跨越了语言与社会科学以及自然科学技术的界限。关于这一点，我还要在后面较为详细地讨论它在图像翻译和人工智能翻译的挑战下的现状及未来前景。

现在再回过头来看看新文科的前沿性和理论性。为什么我要将这两个特色放在一起呢？其原因恰在于，新文科的前沿性就在于它突破了传统人文学科的人为性和主观性，加进了一些科学技术的成分，使之成为名副其实的可以经得起评价的学术学科，同时也为理论家提出一些跨越学科界限和民族/国别界限的具有普适意义的理论课题铺平了道路。既然这种前沿性和理论性是在全球语境下凸显的，那么它就离不开翻译的中介。

因此，新文科理念的提出便为人文学者的理论创新奠定了基础。在新文科的广阔视野下，我们无须担心理论概念的学科属性，而完全可以将一些新的理论概念置于更为广阔的语境之下，从而使之具有指导人文学科各分支学科研究的意义，而要想实现这一点就需要翻译的帮助。所以难怪法国解构主义哲学和翻译理论家德里达认为，一部西方哲学史在某种意义上就是一部翻译的历史。

下面我略微讨论一下两个热点问题。第一是翻译的语言中心主义解体所导致的"图像转向"。近年来，高科技以及网络的飞速发展使得人们的阅读习惯发生了很大的变化，尤其是当代青年已经不再习惯于沉静在图书馆里尽情地享受阅读的乐趣，而更习惯于在手机、平板电脑上下载网上的各种图像来阅读和欣赏。因而一些恪守传统阅读习惯的人文知识分子不禁感到：阅读的时代已经过去，或者更具体地说，阅读纸质图书的时代已经过去，一个"读图的时代"来到我们面前。

翻译研究的文化转向（修订版）

既然我们现在接触的很多图像和文字并非用中文表述的，这就涉及了跨语言和跨文化翻译的问题。若从"翻译"这个词本身的历史及现代形态来考察，我们便不难发现，它的传统含义也随之发生了很大的变化，不仅包括两种语言文字的转换，同时也包括各种密码的释读和破译，甚至还包括文学和戏剧作品的改编。今天我们在国际政治学界所讨论的关于国家形象的建构也离不开翻译的中介，因此完全可以被纳入广义的翻译的框架下来考察。

由此可见，仍然拘泥于雅各布森六十多年前提出的"语言中心主义"的翻译定义显然是远远不够的。因此我在此从质疑雅各布森的翻译三要素开始，着重讨论当代翻译的另一种形式：图像的翻译及其与语言文字的转换。我认为这是传统翻译领地的拓展和翻译地位的提升，同时也有助于我们促使翻译研究成为人文社会科学的一门独立分支学科。

在全球化的时代讨论视觉文化现象已经成为近十多年文艺理论和文化研究界的一个热门话题。这必然使人想到当代文化艺术批评中新近出现的一种"图像的转折"。由于这种蕴含语言文字意蕴的图像又脱离不了语言文字的幽灵，而且在很大程度上承担了原先语言文字表现的功能，因而我们又可以称其为"语像的转向"，这样便可将诉诸文字的语符和诉诸画面的图像结合起来。这应该是翻译领域拓展的新的增长点，同时也是当下翻译研究的热点话题。

由于当代文学创作中出现的这种"语像转向"，原先那种主要用语词来转达意义的写作方式已经受到大众文化和互联网写作的挑战，因而此时的文字写作同时也受到了图像写作的挑战。原先拘泥于语言文字的转换式的翻译也受到图像翻译和阐释的挑战。面对这一潮流的冲击，传统的以语言文字转换为主的翻译也开始逐步转向兼具图像的翻译和阐释了。

作为从事翻译研究的学者，我们面临这样两个问题：如果当代文学艺术批评中确实存在着这样一种"转向"的话，那么它与先前的以文字为媒介的创作和批评又有何区别呢？另外，我们如何将一些用图像表达

第9章　全球化时代翻译学的未来

的"文本"翻译成语言文字的文本？如果说，将同一种语言描述的图像译成文字文本仍属于语内翻译的话，那么将另一种文字描述的图像文本译成中文，就显然属于语际或符际的翻译了。这样一来，翻译的领地也就自然而然地扩大了，对翻译者的知识储备和阐释技能便提出了更高的要求。这一点也见诸于国家形象的建构和传播。

在当今的全球化时代，随着科技的飞速发展，我们的生活和工作秩序发生了深刻的变化。人类在创造各种新机器的同时却不能总是掌握自己的命运，也不可能掌握我们所生活在其上的地球的命运。大写的"人"（Man）的神话解体了，人变成了一种"后人"或"后人类"（posthuman）。传统的人文主义也摇身一变成了后人文主义。不管后人文主义朝哪个方向发展，都不可能意味着完全取代人类的作用和功能。人类在与自然的长期斗争和妥协中，依然得以幸存，而且不断地使自己的生活更为舒适便利。人类除了具有一种顽强的生命力以外，无疑也得到某种情感的支撑。例如，文学就是表达人们情感和微妙感情的一种方式。

在后人文主义的时代，许多过去由人工从事的工作改由机器来承担。机器也许确实能取代过去由人完成的许多工作，这一点尤其为最近兴起的人工智能（AI）的作用所证明。人工智能不但能从事文学创作，还能进行翻译。因此有人预言人工智能的普及将使得传统的翻译消亡。我对此不敢苟同。不可否认，人工智能用于翻译确实使译者从繁重的语言转换中解放了出来，但同时也使得一大批以翻译为生的译者失去了工作机会。

因此，有人就过分地夸大人工智能的作用，认为既然人工智能能够创作出优秀的文学作品，为什么它不能取代文学翻译？确实，人工智能完全可以将一般的文档较为准确地翻译成另一种语言。但是毕竟人工智能所代表的"智能"是略高于一般人的平均智能，一旦接触到较为复杂的工作和微妙细腻的情感，机器或人工智能还是无法与人工相比。毫不奇怪，在跨文化交流中，机器或人工智能翻译将越来越普及，甚至它早晚将取代人工翻译。应该承认，这种看法并非没有道理。

翻译研究的文化转向（修订版）

　　随着人工智能翻译的发展，人工翻译者已经开始面临严峻的挑战。然而，任何熟悉机器翻译软件之功能的人都知道，当接触到蕴含丰富复杂和多重意象的文学作品和理论著作的翻译时，翻译软件总是出错。这便证明，优秀的文学作品和人文学术著作是由具有丰富想象力的作家和渊博知识的学者创作出来的，因此是无法为任何别的再现和翻译工具所取代的，这当然也包括机器或人工智能翻译，因为只有那些有着极高才智的人才能够欣赏高雅的文化艺术产品，包括文学。同样，只有那些文学天才才能创作出具有永久价值的优秀文学作品，而他们的作品甚至无法被另一些才能不如他们的人代为创作出来，这一点也为中外文学史所证明。中国古代的"文如其人"之说法就是这个道理，也即一个人的文学才华是无法被另一个人所模仿的。这就好比我们在中国现代文学研究生考试中会遇到的一道题：对鲁迅的一段文字加以鉴别。熟悉鲁迅文风的读者也许未读过那段文字，但他们可以一下子从其半文半白的语言风格中辨认出，这段文字就出自鲁迅之手笔。这一点同样也可以为开国领袖毛泽东的文采所证明。当年在革命战争时期，他经常为新华社撰写社论，甚至以新华社记者的名义发表评论员文章。毛泽东这种飞扬的文才和博大胸怀甚至令他的敌人蒋介石胆战心惊，因为蒋介石完全可以从这种独特的文风和内容中辨别出该文必定出自毛泽东之手笔。可见具有独特文风的作者之作品是才华稍逊于他的别人无法模仿的。更不用说人工智能翻译了。

　　同样，一个卓越领导人的演讲和著述风格也是别人所无法取代的，更不用说那些冷冰冰的机器和人工智能了。因此就这一点而言，我们完全可以得出这样的结论：只有那些有着广博知识和卓越文才及美学修养的优秀译者，才能将蕴含丰富内容复杂的文学作品译成自己的母语。理论的翻译也是如此，像康德、黑格尔、尼采、弗洛伊德、海德格尔、德里达这样的理论大师是不可复制的，他们的理论在绝对的意义上甚至是不可译的，高明的译者只能在一个相对准确的层次上译出他们理论的基本意义，但对其微妙和引起争议的深层含义则是无法用另一种语言准确

第 9 章 全球化时代翻译学的未来

地再现出来的。如果说文学的翻译就是一种跨文化和跨语言的再创造的话，那么理论的翻译在某种意义上说来就是一种跨文化的理论阐释和建构。

全球化时代翻译研究的愿景

毫无疑问，我们生活在一个全球化的时代，不管承认与否，我们都不能摆脱全球化的影响。自 20 世纪 90 年代后期以来，关于全球化与文化问题的讨论不仅在西方学术界而且在中国的人文社会科学界也方兴未艾，几乎当今所有最有理论敏感性的人文学者都或主动或被动地介入了这场讨论，或涉及了与全球化和文化相关的论题。虽然全球化现象最早出现在经济领域内，但这一话题已经成为整个人文社会科学领域的学者最为关注的前沿理论话题之一。在不少人看来，全球化现象的出现实际上预示着某种程度上的西方化，而在欧洲人看来，全球化则更是某种形式的美国化。这一点尤其体现在美国式的民主制度在全世界的推广和美国式的英语及代表美国文化的麦当劳和可口可乐在全世界的普及。但我始终认为，在人文社会科学领域内，马克思和恩格斯是最早探讨全球化现象及其对文化生产和文学批评的作用的思想家和理论家，因而从事全球化与文化问题的研究必须从细读马克思主义创始人的原著开始，据此我们才有可能结合当代的具体实践提出自己的创新性见解。当然，我们也不可否认，全球化如同一个旅行的概念，从经济领域运动到整个社会科学和人文科学领域，并日益影响着我们的文化研究和翻译研究。在当今的跨文化语境下讨论全球化问题也已经成为文化研究和翻译研究界的一个热门话题。因此当我们在全球化语境下重读《共产党宣言》时，便不难发现，早在 1848 年，当资本主义还是一个正在崛起的新兴力量并处于发展期时，马克思和恩格斯就窥见了其中隐含着的种种矛盾，并且在描述了资本的无限扩张之后给精神文化的生产造成的影响时颇有远见

翻译研究的文化转向（修订版）

地指出："物质的生产是如此，精神的生产也是如此。各民族的精神产品成了公共的财产。民族的片面性和局限性日益成为不可能，于是由许多种民族的和地方的文学形成了一种世界的文学。"[1] 应该说，从经济全球化到文化全球化和世界文学的诞生，是马克思主义创始人对整个人文社会科学研究的又一重要贡献。马克思主义创始人对全球化运作的规律的发现，也和他们对资本主义社会剩余价值规律的发现一样，对于推动人类历史的前进做出了重要的贡献，同时对于我们今天研究全球化时代的文化和文学及其翻译也是一笔宝贵的遗产。

虽然东西方的马克思主义研究者都在不同的场合引用过上述这段文字，但我们此时再加以细读便不难看出，全球化作为一个历史过程，确实曾在西方历史上的两个层面有所表现：其一是1492年始自欧洲的哥伦布远涉重洋对美洲新大陆的发现，它开启了西方资本从中心向边缘地带的扩展，也即开始了资本主义现代性的宏伟计划，在这一宏伟的计划下，许多经济不发达的弱小国家不是依循欧美的模式就是成为其现代性大计中的一个普通角色；其二便是马克思恩格斯所预示的"由许多民族的和地方的文学形成了一种世界的文学"的现象，这实际上也预示了文化上出现全球化趋势的可能性。当然，对于文化上的全球化现象，人们往往有着不同的认识，有人认为根本就不存在这样一种可能，所谓文化上的全球化不过是一群人文知识分子杜撰出来的一个现象；而另一些人则认为，这已经成为一种不争之实，例如英语的普及、麦当劳餐馆在全世界的落户和变形、美国好莱坞影片对另一些弱小民族文化和电影的冲击、大众传媒及国际互联网的无所不及之影响，等等。这一切事实都说明，文化上的全球化趋势正在向我们逼近，它迫使我们必须思考出某种积极的对策。反之，认为文化上的全球化趋向只表明一种趋同的倾向而忽视其多样性和差异性，也容易使我们从一个极端走向另一个极端。因此持一种辩证的态度是比较可取的。

讨论全球化语境中的文学与文化的生存价值和未来前景，我们应

---

[1] 马克思，恩格斯. 1966. 共产党宣言. 北京：人民出版社，30.

第9章　全球化时代翻译学的未来

该以世界文学（Weltliteratur）作为出发点。众所周知，"世界文学"这个概念最先是由歌德于1827年正式提出的，当时年逾古稀的歌德在读了一些包括中国文学在内的非西方文学作品后总结道，"诗是人类共有的精神财富，这一点在各个地方的所有时代的成百上千的人那里都有所体现……民族文学现在算不了什么，世界文学的时代已快来临。每一个人都应该发挥自己的作用，使它早日来临。"[1] 但是实际上，在歌德之前，世界上不同的民族/国别文学就已经通过翻译开始了彼此之间的交流和沟通。在启蒙时期的欧洲，甚至出现过一种世界文学的发展方向。[2] 但是在当时，呼唤世界文学的来临只是一种乌托邦的幻想。后来，马克思和恩格斯在《共产党宣言》（1848）中，用这一术语来描述作为全球资本化的一个直接后果的资产阶级文学生产的"世界主义特征"。显然，马克思主义创始人在这里清楚地指明了，随着经济全球化步伐的加速和世界市场的扩大，一种世界性的文学已经诞生。我们今天从学科的角度来看，世界文学实际上就是比较文学的早期阶段，它在某种程度上就产生自经济和金融全球化的过程。为了在当前的全球化时代凸显文学和文化研究的作用，我们自然应当具有一种比较的和国际的视野，这样就有可能在文学研究中取得进展。这也许正是我们要把文学研究放在一个广阔的全球文化和世界文学语境下的重要意义。

马克思主义创始人提出的新的"世界文学"概念，对比较文学这门新兴的学科在19世纪后半叶的诞生和在20世纪的长足发展都起到了推动作用。但是对于"世界文学"这个概念，我们将作何解释呢？[3] 我认为，从文化差异和多元发展走向这一辩证的观点来看，这种"世界的文

1　引自 Damrosch, D. 2003. *What Is World Literature?* Princeton & Oxford: Princeton University Press, 1.

2　Cf. Fokkema, D. 2007. World literature. In Robertson, R. & J. Scholte. (eds.) *Encyclopedia of Globalization.* Vol. 4. London & New York: Routledge, 1290.

3　关于歌德创造"世界文学"这个词以及其后的历史演变，参阅 Damrosch, D. 2003. *What Is World Literature?* Princeton & Oxford: Princeton University Press, 1-36.

翻译研究的文化转向（修订版）

学"并不意味着世界上只存在一种模式的文学，而是在一种大的、宏观的、国际的乃至全球的背景下，存在着一种仍保持着各民族原有风格特色的，但同时又代表了世界最先进的审美潮流和发展方向的世界文学。另一方面，世界文学作为一个评价各民族文学的相对普适的标准，使得各民族的文学都得放在大的全球背景下得到评价，也就是说，一部优秀的文学作品究竟是在世界范围内还是在某个特定的民族文化内产生了持久的影响并达到了绝对意义上的创新，这就需要一个相对一致公认的标准。在这方面，我们又离不开翻译的中介。[1] 由于世界上存在着多种语言，而西方语言，尤其是英语，则一直处于霸权的地位，任何民族的文学或理论如果不经过英语的翻译和传播中介，是很难成为具有世界性影响的文学或理论的。这一点，本书中所讨论的本雅明和德里达等思想家和翻译理论家的世界性影响就是其不可忽视的例证，而那些出生于第三世界国家、其后逐步从边缘向中心运动并最终在世界学术的中心——美国获得高位的后殖民理论家的成功例子则更是雄辩的证明。这样一来，与经济上由西向东的路径所不同，文化上的全球化进程也有两个方向：其一是随着资本由中心地带向边缘地带扩展，（殖民的）文化价值观念和风尚也渗透到这些地区；但随之便出现了第二个方向，即（被殖民的）边缘文化与主流文化的抗争和互动，这样便出现了边缘文化渗入主流文化之主体并消解主流文化霸权的现象。对于后一种现象，我们完全可以从原先的殖民地文化渗透到宗主国并对之进行解构以及中国文化的发展史上曾有过的西进过程见出例证，而在当今时代，这种东西方文化的相互影响和渗透更是日益明显。后殖民理论家霍米·巴巴所提出的文化翻译策略实际上早已超出了传统的翻译之狭义的范围，达到了将一种文化传播到另一种文化中并进行新的定位的境地。所以，在我们看来，文化上出现的全球化现象不可能不受到另一种势力——文化本土化的抵制，而从长远的观点来看，未来世界文化的发展在很大程度上就取决于全球化

---

[1] 关于世界文学与翻译之关系的详细论述，参阅拙作《"世界文学"与翻译》，载《文艺研究》2009年第3期，第24–33页。

第 9 章　全球化时代翻译学的未来

与本土化的互动作用，或者说是一种"全球本土化"的发展趋向。从全球本土化的视角来考察文化问题，我们就愈加感到翻译的不可缺少性了。

如前所述，即使从文化的角度对全球化进行理论建构，西方马克思主义者以及具有左翼倾向的学者也做出了相当的贡献。对全球化有着精深研究的美国人类学家阿君·阿帕杜莱（Arjun Appadurai）在从文化现代性的维度阐释全球化现象时指出，全球文化体系经历了某种"脱节"或"断裂"（disjuncture），"……探索脱节状态的一个基本的框架就是从全球文化流动的五个维度（dimensions）来考察这种关系，这五个维度即：（1）种族的方面（ethnoscapes）；（2）媒介的方面（mediascapes）；（3）技术的方面（technoscapes）；（4）金融的方面（financescapes）；以及（5）意识形态的方面（ideoscapes）。"[1] 在这五个方面中，至少有四个方面离不开翻译的直接干预。当代新马克思主义的代表人物弗雷德里克·詹姆逊对全球化与文化的关系方面也有精深的研究，他在谈到全球化的全方位影响时也主张从另五个方面，或者说五种形式的影响，来讨论全球化现象：（1）纯技术方面；（2）全球化的政治后果；（3）全球化的文化形式；（4）全球化的经济；（5）社会层面的全球化。[2] 这就说明了这五种形式的全球化都离不开翻译。虽然他们两人的观点有些重合，但对我们结合中国的具体实践进行进一步的理论建构仍有所启发。鉴于国际学术界对全球化这一现象的研究已经进行了二十多年，而且已经取得了相当显著的成果，因而我在此提出的理论建构在很大程度上是基于这些研究成果的，当然我的出发点是中国的文化知识实践。因为我始终认为，既然全球化所涉及的各个方面早已超过了经济和金融领域，那么我们也应该更加开阔视野，因此我们不妨从下面七个方面来全方位地观照

---

[1] Cf. Appadurai, A. 1996. *Modernity at Large: Cultural Dimensions of Globalization*. Minneapolis & London: University of Minnesota Press, 33.

[2] 参阅詹姆逊文章《论全球化文化》，收入王宁编《全球化与文化：西方与中国》，北京大学出版社 2002 年版，第 105–121 页。

全球化这一现象。

（1）作为一种经济一体化运作方式的全球化；（2）作为一种历史过程的全球化；（3）作为一种金融市场化进程和政治民主化进程的全球化；（4）作为一种批评概念的全球化；（5）作为一种叙述范畴的全球化；（6）作为一种文化建构的全球化；（7）作为一种理论话语的全球化。当然，詹姆逊曾经提出全球化也是一种哲学话语，[1]这对我的进一步理论建构自然不无启发。这就是我本人在前人和当代国际同行的研究基础上，结合中国语境下对全球化问题的讨论，试图从当代马克思主义的视角对全球化进行的进一步理论建构。[2]我认为，只有从上述七个方面来整体把握全球化现象，我们才能完整且准确地从各个维度来理解和把握全球化的本质特征，并且从它在中国的具体实践和发展现状出发，积极地参与国际性的全球化理论研究和讨论，发出中国学者的强有力声音。

毫无疑问，全球化现象的出现已经对我们的文学理论和比较文学研究产生了深刻的影响，它使得我们在考察和研究各民族文学现象时自觉地将其置于一个广阔的世界文学背景之下，评价一个作家或一部作品也必须将其与国际范围内的前辈或同时代人相比较。在今天的全球化语境下重温"世界文学"这个理论概念，我认为，我们应当同时考虑到文化趋同性和文化差异性的并存：若将其应用于文学批评，我们便可得出这样的结论，即既然文学具有一定的共性，那么我们就应当将各民族的文学放在一个广阔的世界文学背景下来评价其固有的文学形式和审美风尚，因而得出的结论就更带有普遍性，对于不同的民族文学的发展也有着一定的指导意义。另一方面，各民族文学所表现的内容又带有强烈的

---

1 Cf. Jameson, F. 1998. Notes on globalization as a philosophical issue. In Jameson, F. & M. Miyoshi. (eds.) *The Cultures of Globalization*. Durham, NC: Duke University Press, 54–77.

2 关于这方面的详细论述，参阅拙作《马克思主义与全球化理论建构》，载《马克思主义与现实》2003年第1期。同时也可参阅我的英文论文"Globalisation as Glocalisation in China: A New Perspective"，载 *Third World Quarterly*, 2015(36.11)，第2059–2074页。

第 9 章　全球化时代翻译学的未来

民族精神和文化认同，它们分别是由不同的语言作为其载体的，因此我们又必须考虑其民族文学的固有特征和特定的时代精神。过分地强调上述某个方面而忽视另一方面至少不是实事求是的态度。因此，全球化在文化上所表现出的差异大大地多于趋同，即使是同一种文学体裁在不同的语言文化中的表达也是千差万别的，对此我们应该有充分的认识，否则，就会像一些天真的人所认为的那样，既然世界上绝大多数国家的人都可以通过英语进行交流，那么翻译还有什么用？但是从最近一二十年内翻译在世界各地的长足发展来看，我们恰恰又得出了相反的结论，翻译已经变得越来越不可缺少了，对翻译的研究也成了当今人文社会科学界的一门"显学"：不仅语言学家和文学研究者研究翻译，艺术理论家和人类学家也异常关注翻译，甚至法学研究者和社会学研究者也把翻译当作他们研究的一个对象，如此等等。由此看来，伴随着英语在世界范围内普及的并不是翻译的消亡，反而倒是翻译的更加繁荣。因为即使同样是用英文创作的英国文学与美国文学也有着较大的差异，更不用说那些用带有明显的地方土语和语法规则创作的后殖民地"英语"文学了。各民族文学的深层次交流固然更是离不开翻译，因此以关注文学翻译现象为主的文化翻译就必然提到全球化时代的人文社会科学学者的议事日程上。

对于翻译研究或翻译学在当代的现状，早在世纪之初，巴斯耐特就在《翻译研究》修订本中乐观地指出，"具有 20 世纪 80 年代前翻译研究之特征的文化和语言学方法虽然有着明显的区别，但此时这一分野正在逐渐消失，部分原因在于语言学中的一个转变，即学科内出现了一个公开的文化转向，部分原因则在于那些积极探讨植根于文化史的翻译的学者不那么积极地去捍卫自己的地位了。"[1] 她的合作伙伴根茨勒也在《当代翻译理论》第二版修订本的最后一章"翻译研究的未来"（"The Future of Translation Studies"）中指出：

再者，最近的翻译已经在世界上许多地区享有了一种复

1　Bassnett, S. 2002. *Translation Studies.* (3rd ed.) London & New York: Routledge, 3.

翻译研究的文化转向（修订版）

兴的地位，这些均未能包括在本书中，例如西班牙、意大利、加拿大、巴西、中国，尤其是那些已经开放了边界的民族，包括中欧和东欧的一些国家。在全球化的时代，"不太为人所知的语言"尤其受到了威胁，因此翻译及翻译研究便显得愈益重要。比较小的国家以及新的民族新近对翻译的研究将继续了解理论。我建议，我们正在刮去表面，在未来的年月里，将会有更多的从文化和语言的不同视角的研究出现。[1]

作为一位西方的翻译研究者和比较文学研究者，根茨勒对中国的翻译研究的极大兴趣确实是罕见的。最近十多年来，他一直跟踪中国的翻译研究，或者通过翻译在中国出版的中文刊物上发表文章，或者为中国学者编辑的英文专题研究文集撰写论文，对中国的翻译研究给予了高度的评价。在十多年前发表的一篇文章中，他在同时回顾了翻译研究在欧洲、美国和中国的现状后公开号召，"我在此建议，美国的翻译研究学者能够从他们的世界同行，尤其是中国的同行中学到许多东西，因为在那里，这种历史的和描写性的工作正在良好地进行之中。"[2] 而对于翻译研究在 21 世纪的发展，他更是乐观地展望道，"我虽不敢确信翻译研究这个领域将向何方向发展，但我很喜欢这种能量和投入的感觉。这样一种全球的视野和跨学科的联系必定会帮助学者们获得对翻译性质的研究以及翻译对我们日常生活所产生的影响方面的洞见。"[3] 根茨勒虽然不通晓中文，但他却从与中国学者的直接交流和阅读中国学者用英文发表的著述了解了中国的翻译研究现状，这自然得归功于翻译本身的中介和帮助。同时也使我们受到这样的启发：在过去的几十年里，我们不遗余力

---

1 Gentzler, E. 1993. *Contemporary Translation Theories.* London & New York: Routledge, 187.

2 Gentzler, E. 2008. A global view of Translation Studies: Towards an interdisciplinary field. In Wang, N. & Y. Sun. (eds.) *Translation, Globalisation and Localisation: A Chinese Perspective.* Clevedon: Multilingual Matters, 117.

3 Ibid., p. 126.

第9章　全球化时代翻译学的未来

地将国外，主要是西方的文化理论和翻译理论引入中国，大大地促进了翻译研究这门学科在中国的诞生和发展，但另一方面，我们在国际学术界，主要是英语世界的著述无论从数量上还是质量上看都是不尽如人意的。如果说，其他学科领域的人文学者要想走向世界，常常由于语言交流的障碍而不得不求助于翻译，那么我们的翻译研究者作为至少是精通两种语言文化的"跨文化"学人，难道也要祈求别人将我们自己的中文著述译成外文在国际上发表吗？答案显然是否定的。如果我们作为翻译者，仅仅能够将外文著作译成自己的母语，而不能将自己或别人用母语撰写的著述译成外语并达到发表的水平，那么我们就不是一个真正优秀的翻译工作者。在全球化的时代，人们对翻译和翻译研究者的期望和要求就更高。

　　但是，面对翻译及翻译学的空前繁荣的现状，我们不得不正视翻译学目前所处于的尴尬境地：一方面，翻译吸引了越来越多学科的学者的关注，他们从各自的角度对翻译的研究无疑对翻译学研究者有着极大的启发；但另一方面，翻译学本身的学科地位却始终得不到确立，尤其在那些传统学科势力异常强大的学校更是如此。因此，本书所提出的作为一门介于人文社会科学和自然科学之临界点而生存的边缘学科——翻译学的发展策略至少在现在是一种权宜之计。它也如同多年前文化研究的兴起和全方位发展那样，导致了越来越多的人在谈论翻译，因而使得专门研究翻译的学者越来越感到这门学科的身份的模糊和不确定。他们甚至认为，这么多的人关注翻译，意味着翻译这门学科并没有什么高深的学问。对于这一点，我认为我们倒不必感到担心，因为无论是结构主义者雅各布森还是解构主义者德里达都对翻译这一现象作了分类：在雅各布森看来，只有语际翻译才是真正的翻译，而他另一方面又没有否认语内翻译和符际翻译的存在价值，倒是为这后两者在未来的发展留下了广阔的空间；在德里达看来，有狭义的翻译和隐喻意义上的翻译，前者将仍是翻译学专家继续探讨的领地，后者则是翻译学科之外的学者进入翻译研究的通道，只有这条通道畅通无阻，翻译学研究者才有可能与其他

翻译研究的文化转向（修订版）

人文社会科学，甚至自然科学的同行进行有效的交流和对话。

过去，我们的翻译学研究者一味地跟踪其他相关学科的前沿，试图引进一些能够为我们所用的新理论和新的研究方法，今天，当我们站在全球化这一共同的平台进行平等交流和对话时，难道我们不考虑建构自己的学科理论以便也能够向其他学科"输出"我们的理论吗？不这样的话，曾经被结构主义语言学家推向极致的科学的翻译研究就将越来越封闭，其领地就会越来越狭窄，其结果自然就是翻译学的学科地位的低下和翻译学成果的不受重视。因此我们无须对翻译研究领域内出现的"翻译之泛化"现象感到不安，更不用担心翻译研究的领地被圈外人所占领。只有来自不同学科的学者的积极参与，翻译学才能巩固其学科的地位，翻译研究者才有机会与整个人文社会科学领域内的同行进行切磋和对话。

在本书的讨论在行将结束前，我仍想再次强调，翻译研究中的文化转向并不能代表翻译研究的全部，它只是当代翻译学或翻译研究中曾经占主导地位的倾向或潮流。它的局限性也如同它的长处一样明显：一些缺乏基本的语言训练和翻译实践的人打着"文化翻译"的旗号，为自己不能准确地翻译学术著作或任意改写文学名著的做法进行辩护。因此我们仍应当区分"误译"与"创造性阐释"之间的根本区别：前者是语言功底浅知识面狭窄所导致的必然结果，后者则是优秀的译者在准确理解原作的基础上发挥主观能动性对原作的深层含义进行发掘和阐释的需要。因此我们从文化的角度来讨论绝对忠实的不可能性恰恰想说明成功的翻译之困难，而绝不会提倡不忠实原作滥加发挥式的"翻译"，因为后者实际上是一种"伪翻译"，并不在翻译研究者的讨论之列。实践证明，真正的翻译研究成果必将随着历史的前进和本学科的发展而越来越显示出其价值，而那些"伪翻译"或浅薄的研究成果则终将被历史所淘汰。因此，笔者对翻译学的健康发展和日臻成熟仍然充满了信心，并乐意为其在未来的发展尽自己的绵薄之力。这也就是为什么笔者要在众多的翻译研究课题中选取其"文化转向"作为自己的专门课题的原因所在。

参考文献

阿里夫·德里克. 2007. 当代视野中的现代性批判. 南京大学学报,（6）: 50-59.
安吉拉·麦克罗比. 2007. 文化研究的用途. 李庆本译. 北京: 北京大学出版社.
蔡新乐. 2007. 相关的相关: 德里达"相关的"翻译思想及其他. 北京: 中国社会科学出版社.
陈晨, 尹星. 2007. 一场演讲与新时期学术转型——王宁、王逢振访谈录. 中国图书评论,（1）: 76-79.
陈福康. 2000. 中国译学理论史稿（修订本）. 上海: 上海外语教育出版社.
陈永国. 2005. 翻译与后现代性. 北京: 中国人民大学出版社.
E. H. 贡布里希. 1989. 图像与眼睛: 图画再现心理学的再研究. 范景中等译. 杭州: 浙江摄影出版社.
封一函. 2006. 论劳伦斯·韦努蒂的解构主义翻译策略. 文艺研究,（3）: 39-44.
傅雷. 1997. 世界美术名作二十讲. 第2版. 北京: 生活·读书·新知三联书店.
戈莱梅·透纳. 1998. 英国文化研究导论. 唐维敏译. 台北: 亚太图书出版社.
蒋骁华, 张景华. 2007. 重新解读韦努蒂的异化翻译理论——兼与郭建中教授商榷. 中国翻译,（3）: 39-44.
鲁迅. 1981. 鲁迅全集. 第四卷. 北京: 人民文学出版社.
陆扬. 2008. 文化研究概论. 上海: 复旦大学出版社.
马克思, 恩格斯. 1966. 共产党宣言. 北京: 人民出版社.
马祖毅. 1999. 中国翻译史. 上卷. 武汉: 湖北教育出版社.
毛姆·布罗德森. 2000. 本雅明传. 国容等译. 兰州: 敦煌文艺出版社.
孟建, 李亦中等. 2003. 冲突·和谐: 全球化与亚洲影视. 上海: 复旦大学出版社.
宁一中. 1999. 米勒论文学理论的翻译. 外语与外语教学,（5）: 37-39.
钱锺书. 1981. 林纾的翻译. 北京: 商务印书馆.
生安锋. 2008. 理论的旅行与变异: 后殖民理论在中国. 文学理论前沿,（5）: 121-164.
孙艺风. 2004. 视角·阐释·文化: 文学翻译与翻译理论. 北京: 清华大学出版社.
覃学岚. 2019. 当代译学批判. 北京: 清华大学出版社.
谭载喜. 2004. 西方翻译简史（增订版）. 北京: 商务印书馆.

翻译研究的文化转向(修订版)

瓦尔特·本雅明. 2006. 摄影小史+机械复制时代的艺术作品. 王才勇译. 南京:江苏人民出版社.
王东风. 2008. 韦努蒂与鲁迅异化翻译观比较. 中国翻译,(1):5–10.
王宁. 2002a. 超越后现代主义. 北京:人民文学出版社.
王宁. 2002b. 全球化与文化:西方与中国. 北京大学出版社.
王宁. 2006/2021. 文化翻译与经典阐释. 北京:中华书局.
王宁. 2009. "世界文学"与翻译. 文艺研究,(3):24–33.
王宁. 2014. 比较文学、世界文学与翻译研究. 上海:复旦大学出版社.
王宁. 2019. 当代中国外国文学批评史. 北京:中国社会科学出版社.
谢天振. 1999. 译介学. 上海:上海外语教育出版社.
谢天振. 2003. 翻译研究新视野. 青岛:青岛出版社.
谢天振. 2008. 当代外国翻译理论导读. 天津:南开大学出版社.
谢天振,查明建. 2004. 中国现代翻译文学史. 上海:上海外语教育出版社.
许钧,宋学智. 2008. 走进傅雷的翻译世界. 北京:高等教育出版社.
张柏然,许钧. 2002. 面向21世纪的译学研究. 北京:商务印书馆.
张今,张宁. 2005. 文学翻译原理(修订版). 北京:清华大学出版社.
张南峰. 2004. 中西译学批评. 北京:清华大学出版社.
Albrow, M. 1997. *The Global Age: State and Society Beyond Modernity*. Stanford: Stanford University Press.
Appadulai, A. 1996. *Modernity at Large: Cultural Dimensions of Globalization*. Minneapolis: University of Minnesota Press.
Appiah, K. A. & Gates Jr., H. L. (eds.) 1995. *Identities*. Chicago & London: The University of Chicago Press.
Arac, J. 1997. Postmodernism and postmodernity in China: An agenda for inquiry. *New Literary History,* 28(1): 135–45.
Arnold, D. 2004. *Art History: A Very Short Introduction*. Oxford & New York: Oxford University Press.
Ashcroft, B., Griffiths, G. & Tiffin, H. 1989. *The Empire Writes Back: Theory and Practice in Post-Colonial Literatures*. London & New York: Routledge.
Ashcroft, B., Griffiths, G. & Tiffin, H. (eds.) 1995. *The Postcolonial Studies Reader*. London & New York: Routledge.
Baker, M. (ed.) 1998. *Routledge Encyclopedia of Translation Studies*. London & New York: Routledge.
Barthes, R. 1977. *Image-Music-Text*. Stephen Heath. (ed.) London: Collins.
Bassnett, S. 1993. *Comparative Literature: A Critical Introduction*. Oxford: Wiley-Blackwell.

参考文献

Bassnett, S. 2002. *Translation Studies*. (3rd ed.) London & New York: Routledge.

Bassnett, S. & Lefevere, A. (eds.) 1990. *Translation, History and Culture*. London & New York: Pinter.

Bassnett, S. & Lefevere, A. 1998. *Constructing Cultures: Essays on Literary Translation*. Clevdon & London: Multilingual Matters Ltd.

Baudrillard, J. 1988. *Selected Writings*. Poster. M. (ed. & intro.) Stanford: Stanford University Press.

Beebee, T. O. 1994. *The Ideology of Genre: A Comparative Study of Generic Instability*. University Park, PA: The Pennsylvania State University Press.

Benjamin, W. 1968. The work of art in the age of mechanical reproduction. *Illuminations*. Harry Z. (trans.) New York: Schocken.

Benjamin, W. 1992. The task of the translator. In Schulte, R. & J. Biguenet. (eds.) *Theories of Translation: An Anthology of Essays from Dryden to Derrida*. Chicago & London: The University of Chicago Press, 71–82.

Berheimer, C. (ed.) 1995. *Comparative Literature in the Age of Multiculturalism*. Baltimore & London: The Johns Hopkins University Press.

Bertens, H. & Fokkema, D. (eds.) 1997. *International Postmodernism: Theory and Literary Practice*. Amsterdam & Philadelphia: John Benjamins.

Bhabha, H. 1992. Postcolonial criticism. In Greenblatt, S. & G. Gunn. (eds.) *Redrawing the Boundaries: The Transformation of English and American Literary Studies*. New York: The Modern Language Association of America, 437–465.

Bhabha, H. K. (ed.) 1990. *Nation and Narration*. London & New York: Routledge.

Bhabha, H. K. 1994. *The Location of Culture*. London & New York: Routledge.

Butler, J. 2003. Values of Difficulty. In Jonathan, C. & K. Lamb. (eds.) *Just Being Difficult? Academic Writing in the Public Arena*. Stanford: Stanford University Press, 199–215.

Calinescu, M. 1987. *Five Faces of Modernity: Modernism, Avant-Garde, Decadence, Kitsch, Postmodernism*. Durham: Duke University Press.

Chan, S. 2009. *A Chronology of Translation in China and the West: From the Legendary Period to 2004*. Hong Kong: The Chinese University Press.

Chen, X. 1995. *Occidentalism: A Theory of Counter-Discourse in Post-Mao China*. Oxford: Oxford University Press.

Chow, R. 1993. *Writing Diaspora: Tactics of Intervention in Contemporary Cultural Studies*. Bloomington & Indianapolis: Indiana University Press.

Cronin, M. 2003. *Translation and Globalization*. London & New York: Routledge.

Culler, J. 1983. *On Deconstruction: Theory and Criticism after Structuralism.* Ithaca: Cornell University Press.

Culler, J. 2007. *The Literary in Theory.* Stanford: Stanford University Press.

Damrosch, D. 2003. *What Is World Literature?* Princeton & Oxford: Princeton University Press.

Damrosch, D. 2009. *How to Read World Literature.* Oxford: Wiley-Blackwell.

De Man, P. 1986. Conclusions: Walter Benjamin's "The task of the translator". In *The Resistance to Theory.* Minneapolis: University of Minnesota Press, 73−105.

Delisle, J. & Woodsworth, J. (eds.) 1995. *Translators Through History.* Amsterdam & Philadelphia: John Benjamins.

Dentith, S. 1995. *Bakhtinian Thought: An Introductory Reader.* London & New York: Routeldge.

Derrida, J. 1972. *Positions.* Paris: Minuit.

Derrida, J. 1976. *Of Grammatology.* Spivak, G. C. (trans.) Baltimore: Johns Hopkins University Press.

Derrida, J. 1978. *Writing and Difference.* Bass, A. (trans.) Chicago: University of Chicago Press.

Derrida, J. 1984. Deconstruction and the other. In Kearney, R. (ed.) *Dialogues with Contemporary Continental Thinkers: The Phenomenological Heritage.* Manchester: Manchester University Press, 107−126.

Derrida, J. 1985. Des tours de babel. Graham J. F. (trans.) In Graham J. F. (ed.) *Difference in Translation.* Ithaca & New York: Cornell University Press, 165−248.

Derrida, J. 1998. *Monolingualism of the Other; or, The Prothesis of Origen.* Patrick M. (trans.) Stanford: Stanford University Press.

Derrida, J. 2001.What is a "relevant" translation? *Critical Inquiry, 27*(2): 174−200.

Dirlik, A. & Zhang, X. (eds.) 2000. *Postmodernism and China.* Durham & London: Duke University Press.

Dollerup, C. 1997. Translation as loan vs. translation as imposition. In Snell-Hornby M., Z. Jettmarová & K. Kaindl. (eds.) *Translation as Intercultural Communication.* Amsterdam & Philadelphia: John Benjamins, 45−56.

Dollerup, C. & Grun, M. 2007. *Basics of Translation Studies.* Shanghai: Shanghai Foreign Language Education Press.

Duing, S. (ed.) 1993. *The Cultural Studies Reader.* London & New York: Routledge.

Eagleton, T. 1997. The contradictions of postmodernism. *New Literary History, 28*(1): 1−6.

Eagleton, T. 2003. *After Theory.* London: Penguin Books.

参考文献

Eagleton, T. 2004. The fate of the arts. *The Hedgehog Review*, 6(2): 7–14.

Eco, U. 1992. *Interpretation and Overinterpretation*. Cambridge: Cambridge University Press.

Esselink, B. 2000. *A Practical Guide to Localization*. Amsterdam & Philadelphia: John Benjamins.

Even-Zohar, I. 1978a. The position of translated literature within the literary polysystem. In Holmes, J. S., J. Lambert & R. Van Den Broeck. (eds.) *Literature and Translation*. Leuven: ACCO, 117–127.

Even-Zohar, I. 1978b. *Papers in Historical Poetics*. Tel Aviv: University Publishing Projects.

Even-Zohar, I. 1990. Polysystems Studies. *Poetics Today*, 11(1):1–94.

Fiedler, L. 1972. *Cross the Border—Close the Gap*. New York: Stein and Day.

Fiske, J. 1989. *Understanding Popular Culture*. London & New York: Routledge.

Foucault, M. 1972. *The Archaeology of Knowledge and the Discourse on Language*. Sheridan-Smith, A. M. (trans.) New York: Harper and Row.

Franco B. 2016. *La Littérature Comparée: Histoire, Domains, Methods*. Malakoff: Amanda Colin.

Gentzler, E. 1993. *Contemporary Translation Theories*. London & New York: Routledge.

Gentzler, E. 1996. Translation, counter-culture, and *The Fifties* in the USA. In Álvarez, R. & M. Carmen-África Vidal. (eds.) *Translation Power Subversion*. Clevedon: Multilingual Matters.

Gentzler, E. 2001. *Contemporary Translation Theories*. (2nd ed.) Clevedon: Multilingual Matters.

Gentzler, E. 2003. Interdisciplinary connections. *Perspectives: Studies in Translatology*, 11(1): 11–24.

Giddens, A. 1984. *The Constitution of Society: Outline of the Theory of Structuration*. Cambridge: Polity Press.

Giddens, A. 1990. *The Consequences of Modernity*. Stanford: Stanford University Press.

Gombrich, E. H. 1979. *Ideals and Idols: Essays on Values in History and in Art*. London: Phaidon.

Graddol, D. 2006. *English Next*. London: British Council.

Gutt, E. A. 1991. *Translation and Relevance: Cognition and Context*. Oxford: Oxford University Press.

Hardt, M. & Negri, A. 2000. *Empire*. Cambridge, Mass.: Harvard University Press.

Harpham, G. G. 2011. *The Humanities and the Dream of America*. Chicago & London: The University of Chicago Press.

Hayles, N. K. 2012. *How We Think: Digital Media and Contemporary Technologies*. Chicago & London: The University of Chicago Press.

Heidegger, M. 1977. The Age of the World Picture (1938). In Lovitt W. (trans. & ed.) *The Question Concerning Technology and Other Essays*. New York: Harper Torchobooks, 115-154.

Hermans, T. 1999. *Translation in Systems: Descriptions and System-Oriented Approaches Explained*. Manchester: St. Jerome.

Heylen, R. 1993. *Translation, Poetics & the Stage: Six French Hamlets*. London & New York: Routledge.

Holmes, J. 1988. The name and nature of translation studies. In *Translated Papers on Literary Translation and Translation Studies*. Amsterdam: Rodopi.

Hung, E. 1999. The role of the foreign translator in the Chinese translation tradition, 2nd to 19th century. *Target*, 11(2): 223-44.

Hutcheon, L. 1985. *A Theory of Parody: The Teachings of Twentieth-Century Art Forms*. New York: Methuen.

Hutcheon, L. 1989. *The Politics of Postmodernism*. London & New York: Routledge.

Hutcheon, L. & Valdés, M. (eds.) 2002. *Rethinking Literary History: A Dialogue on Theory*. Oxford & New York: Oxford University Press.

Iser, W. 2000. *The Range of Interpretation*. New York: Columbia University Press.

Jakobson, R. 1992. On linguistic aspects of translation. In Schulte, R. & J. Biguenet. (eds.) *Theories of Translation: An Anthology of Essays from Dryden to Derrida*. Chicago & London: The University of Chicago Press, 144-151.

Jameson, F. 1983. Postmodernism and consumer society. In Foster, H. (ed.) *The Anti-Aesthetic: Essays on Postmodern Culture*. Seattle: Bay Press, 124-125.

Jameson, F. 1984. Postmodernism, or, the cultural logic of late capitalism. *New Left Review, 146* (July-August): 59-92.

Jameson, F. 1991. *Postmodernism, or, the Cultural Logic of Late Capitalism*. Durham, NC: Duke University Press.

Jameson, F. 1998. Notes on globalization as a philosophical issue. In Jameson, F. & M. Miyoshi. (eds.) *The Cultures of Globalization*. Durham, NC: Duke University Press, 54-77.

Jameson, F. & Miyoshi, M. (eds.) 1998. *The Cultures of Globalization*. Durham, NC: Duke University Press.

Jauss, H. R. 1982. *Toward an Aesthetic of Reception*. Timothy B. (trans.) Minneapolis: University of Minnesota Press.

Jay, P. 2001. Beyond discipline? Globalization and the future of English. *PMLA*, 116(1): 32–47.

Johansen, J. D. 1993. *Dialogic Semiosis: An Essay on Signs and Meaning*. Bloomington & Indianapolis: Indiana University Press.

Jusdanis, G. 1991. *Belated Modernity and Aesthetic Culture: Inventing National Literature*. Minneapolis: University of Minnesota Press.

Kachru, B. B. (ed.) 1982. *The Other Tongue: English Across Culture*. Urbana: University of Illinois Press.

Katan, D. 1999. *Translating Cultures: An Introduction for Translators, Interpreters and Mediators*. Manchester: St. Jerome Publishing.

Kingscott, G. 2003. Technical translation and related disciplines. *Perspectives: Studies in Translatology*, 10(4): 247–255.

Kuhn, T. 1970. *The Structure of Scientific Revolution*. (2nd ed.) Chicago: University of Chicago Press.

Lefevere, A. 1992a. *Translation, Rewriting and the Manipulation of Literary Fame*. London & New York: Routledge.

Lefevere, A. (trans. & ed.) 1992b. *Translation/History/Culture: A Sourcebook*. London & New York: Routledge.

Lefevere, A. 1992c. *Translating Literature: Practice and Theory in a Comparative Literature Context*. New York: The Modern Language Association of America.

Leppert, R. 1996. *Art and the Committed Eye: The Cultural Functions of Imagery*. Boulder, CO: Westview Press.

Levenson, J. R. 1971. *Revolution and Cosmopolitanism: The Western Stage and the Chinese Stages*. Berkeley: University of California Press.

Lévi-Strauss, C. 1973. *Tristes Tropiques*. Weightman, J. & Weightman, D. (trans.) New York: Atheneum.

Liu, L. H. (ed.) 1999. *Tokens of Exchange: The Problem of Translation in Global Circulations*. Durham & London: Duke University Press.

Lu, S. 2007. *Chinese Modernity and Global Biopolitics: Studies in Literature and Visual Culture*. Honolulu: University of Hawaii Press.

Lyotard, J.-F. 1984. *The Postmodern Condition: A Report on Knowledge*. Geoff, B. & B. Massumi. (trans.) Minneapolis: University of Minnesota Press.

McHale, B. & Platt, L. (eds.) 2016. *The Cambridge History of Postmodern*

Literature. New York: Cambridge University Press.

Meissner, W. 1990. *Philosophy and Politics in China: The Controversy over Dialectical Materialism in the 1930s.* Mann R. (trans.) London: Hurst & Company.

Miller, J. H. 1993. *New Starts: Performative Topographies in Literature and Criticism.* Taipei: Academia Sinica.

Miller, J. H. 2007. A defense of literature and literary study in a time of globalization and the new tele-technologies. *Neohelicon, 34*(2): 13–22.

Mims, J. T. & Elizabeth, M. N. 2000. *Mirror on America: Short Essays and Images from Popular Culture.* Boston & New York: Bedford/St. Martin's.

Mitchell, W. J. T. 1986. *Iconology: Image, Text, Ideology.* Chicago & London: The University of Chicago Press.

Mitchell, W. J. T. 1994. *Picture Theory.* Chicago & London: The University of Chicago Press.

Mitchell, W. J. T. 2007. World pictures: Globalization and visual culture. *Neohelicon, 14*(2): 49–59.

Munday, J. 2001. *Introducing Translation Studies; Theories and Applications.* London & New York: Routledge.

Nida, E. 1964. *Towards a Science of Translating, with Special Reference to Principles and with Special Reference to Principles and Procedures Involved in Bible Translating.* Leiden: E. J. Brill.

Nida, E. 1984. *Signs, Sense, Translation.* Cape Town: Bible Society of South Africa.

Nida, E. A. 1993. *Language, Culture and Translating.* Shanghai: Shanghai Foreign Language Education Press.

Nida, E. A. & William, D. R. 1981. *Meaning Across Cultures.* Maryknoll: Orbis Books.

Niranjana, T. 1992. *Siting Translation: History, Post-Structuralism, and the Colonial Context.* Berkeley: University of California Press.

Pollard, D. A. (ed.) 1998. *Translation and Creation: Readings of Western Literature in Early Modern China 1840–1918.* Amsterdam & Philadelphia: John Benjamins.

Poster, M. (ed.) 1993. *Politics, Theory, and Contemporary Culture.* New York: Columbia University Press.

Richards, I. A. 1968. *So Much Nearer: Essays Toward a World English.* New York: Harcourt, Brace & World.

Ricoeur, P. 1981. *Hermeneutics and the Human Sciences: Essays on Language, Action, and Interpretation.* John B. T. (trans.) Cambridge: Cambridge

University Press.

Robertson, R. 1992. *Globalization: Social Theory and Global Culture*. London: Sage Publications.

Robertson, R. 1995. Glocalization: Time-space and homogeneity-heterogeneity. In Featherstone, M. et al. (eds.) *Cyberspace/Cyberbodies/Cyberpunk*. London: Sage Publications.

Robertson, R. & Scholte, J. (eds.) 2006. *Encyclopedia of Globalization*. Vols. 1−4. London & New York: Routledge.

Robertson, R. & White, K. (eds.) 2003. *Globalization: The Critical Concepts in Sociology*. Vols. 1−6. London & New York: Routledge.

Rossi, I. (ed.) 2020. *Challenges of Globalization and Prospects for an Inter-Civilizational World Order*. Switzerland AG: Springer Nature.

Rubel, P. G. & Rosman, A. (eds.) 2003. *Translating Cultures: Perspectives on Translation and Anthropology*. Oxford & New York: Berg.

Said, E. 1979. *Orientalism*. New York: Doubleday Books.

Said, E. 1982. Traveling theory. *Raritan*, 1(3): 41−67.

Said, E. 1983. *The World, the Text, and the Critic*. Cambridge, Mass.: Harvard University Press.

Said, E. 2000. *Reflections on Exile and Other Essays*. Cambridge, Mass.: Harvard University Press.

Said, E. 2001. Globalizing literary study. *PMLA*, 116(1): 64−68.

Saussy, H. (ed.) 2006. *Comparative Literature in an Age of Globalization*. Baltimore & London: The Johns Hopkins University Press.

Schäffner, C. & Holmes, H. K. (eds.) 1995. *Cultural Functions of Translation*. Clevedon: Multilingual Matters Ltd.

Schulte, R. & Biguenet, J. (eds.) 1992. *Theories of Translation: An Anthology of Essays from Dryden to Derrida*. Chicago & London: University of Chicago Press.

Shuttleworth, M. & Cowie, M. (eds.) 1997. *Dictionary of Translation Studies*. Manchester: St. Jerome.

Simon, S. 1996. *Gender in Translation: Cultural Identity and the Politics of Transmission*. London & New York: Routledge.

Singh, M., Kell, P. & Pandian, A. 2002. *Appropriating English: Innovation in the Global Business of English Language Teaching*. New York: Peter Lang.

Slack, J. D. 1996. The theory and method of articulation in cultural studies. In Morley D. & K. Chen. (eds.) *Stuart Hall: Critical Dialogue in Cultural Studies*.

London & New York: Routledge.

Snell-Hornby, M. 1995. *Translation Studies: An Integrated Approach.* (rev. ed.) Amsterdam & Philadelphia: John Benjamins.

Spivak, G. C. 1974. Translator's preface. In Derrida J. *Of Grammatology.* Baltimore: The Johns Hopkins University Press, 9–87.

Spivak, G. C. 1987. *In Other Worlds: Essays in Cultural Politics.* London & New York: Routledge.

Spivak, G. C. 1990. *The Post-Colonial Critic: Interviews, Strategies, Dialogues.* Harasym S. (ed.) London & New York: Routledge.

Spivak, G. C. 1993. The politics of translation. In *Outside in the Teaching Machine.* London & New York: Routledge, 179-200.

Spivak, G. C. 1996. *The Spivak Reader.* Landry D. & G. MacLean. (eds.) London & New York: Routledge.

Spivak, G. C. 1999. *A Critique of Postcolonial Reason: Toward a History of the Vanishing Present.* Cambridge, Mass.: Harvard University Press.

Spivak, G. C. 2000. Translation as culture. *Parallax*, 6(1): 13–24.

Spivak, G. C. 2001. Questioned on translation: Adrift. *Public Culture*, 13(1): 13–22.

Spivak, G. C. 2003. *Death of a Discipline.* New York: Columbia University Press.

Stallknecht, N. & Frenz, H. (eds.) 1961. *Comparative Literature: Method and Perspective.* Carbondale: Southern Illinois University Press.

Sternberg, M. 1981. Polylingualism as reality and translation as mimesis. *Poetics Today*, 2(4): 221–239.

Storey, J. (ed.) 1996. *What Is Cultural Studies? A Reader.* London: Arnold.

Sun, Y. 2003. Translating cultural differences. *Perspectives: Studies in Translatology*, 11(1): 25–36.

Tallmadge, J. & Harrington, H. (eds.) 2000. *Reading under the Sign of Nature: New Essays in Ecocriticism.* Salt Lake City: The University of Utah Press.

Tao, D. & Jin, Y. (eds.) 2005. *Cultural Studies in China.* Singapore: Marshall Cavendish Academic.

Thussu, D. K., De Burgh, H. & Shi, A. (eds.) 2018. *China's Media Go Global.* London & New York: Routledge.

Toury, G. 1980. *In Search of a Theory of Translation.* Tel Aviv: The Porter Institute.

Tudor, A. 1999. *Decoding Culture: Theory and Method in Cultural Studies.* London: Sage Publications.

Turner, B. S. 1994. *Orientalism, Postmodernism & Globalism*. London & New York: Routledge.

Van Den, B. R. 1988. Translation Theory after Deconstruction. *Linguistica Antverpiensia*, (22): 266−288.

Veeser, H. A. (ed.) 1989. *The New Historicism*. London & New York: Routledge.

Venuti, L. (ed.) 1995a. *Rethinking Translation: Discourse, Subjectivity, Ideology*. London & New York: Routledge.

Venuti, L. 1995b. *The Translator's Invisibility: A History of Translation*. London & New York: Routledge.

Venuti, L. 1998. *The Scandals of Translation: Towards an Ethics of Difference*. London & New York: Routledge.

Venuti, L. (ed.) 2000. *The Translation Studies Reader*. London & New York: Routledge.

Venuti, L. 2001. Introduction to Derrida's "What is a 'relevant' translation?" *Critical Inquiry*, 27(2): 169−173.

Venuti, L. 2013. *Translation Changes Everything: Theory and Practice*. London & New York: Routledge.

Wang, J. 2007. *The Iron Curtain of Language: Maxine Hong Kingston and American Orientalism*. Shanghai: Fudan University Press.

Wang, N. 2000. The popularization of English and the "decolonization" of Chinese critical discourse. *ARIEL*, 31(1−2): 411−424.

Wang, N. 2001. Translatology: Toward a scientific discipline. *China Translators Journal*, 22(6): 2−7.

Wang, N. 2002. Translation as cultural "(de)colonisation". *Perspectives: Studies in Translatology*, 10(4): 283−292.

Wang, N. (ed.) 2003. *Translation Studies: Interdisciplinary Approaches*, a special issue on Translation Studies in China. *Perspectives: Studies in Translatology*, (11): 1.

Wang, N. 2004. *Globalization and Cultural Translation*. Singapore: Marshall Cavendish Academic.

Wang, N. & Early, G. (eds.) 2008. *Translating Global Cultures: Toward Interdisciplinary (Re)Constructions*. Beijing: Foreign Language Teaching and Research Press.

Wang, N. & Sun, Y. (eds.) 2008. *Translation, Globalisation and Localisation: A Chinese Perspective*. Clevedon: Multilingual Matters.

Wu, D. D. (ed.) 2008. *Discourses of Cultural China in the Globalizing Age*. Hong Kong: Hong Kong University Press.

Young, R. J. C. 2003. *Postcolonialism: A Very Short Introduction*. Oxford: Oxford University Press.

后　记

　　经过几个月来断断续续的修改和扩充，本书修订版终于画上了一个句号。在即将书稿交付出版社付梓之前，我觉得有必要对我当初为什么要写作本书以及现在为何又对之进行修订的动机和过程作一些交代，同时也向一贯支持本书写作的机构和个人表示感谢。

　　首先我想说一说我和翻译的姻缘。熟悉我个人学术生涯的读者都知道，我在大学主攻的专业是英语语言文学。我最初的理想是能够把国外主要是英语国家的优秀文学作品翻译介绍到中国。于是在这样一种动机之下，我大学毕业后便从翻译短篇小说入手，在20世纪80年代率先翻译了我所喜爱的一些作家的作品，包括欧·亨利的短篇小说《二十年之后》，杰克·伦敦的短篇小说《人生的法则》《异教徒》《一块牛排》，海明威的《一个明净的地方》《杀人者》《白象般的山峰》，以及索尔·贝娄的中篇小说《留下这黄色的房屋》等。这些作品都曾深深地打动我，致使我常常废寝忘食地将其译成中文，投寄给一些杂志社。但是也如同所有初出茅庐的翻译新手一样，上述译作中的大部分都被杂志社以种种理由退了回来，有些直到多年后我已在学界成名才得以发表，有些则由于已有更好的译文而不想与之重复。毫无疑问，那时的成败得失为我后来翻译更多的作品打下了基础。我正式问鼎长篇作品的翻译大概是80年代中期，那时的我经过一些磨炼和失败的教训，已经开始初步掌握了文学翻译的技巧，并陆续在杂志上发表了一些译作。因而我比较幸运地一下子接受了四部长篇译著或编著的约稿：陕西人民出版社的刘亚伟编辑约请我和学友徐新以及顾明栋合作翻译了美国现代小说家菲茨杰拉德的长篇小说《夜色温柔》，该书于1987年出版，后来又被另两家出版社

翻译研究的文化转向（修订版）

买去版权一版再版，至今仍可在书店里见到；江苏美术出版社的张学诚编辑约请我和孙津合作翻译了英国美术史家麦克尔·列维的《西方艺术史》，该书也于1987年出版，但后来只重印了一次，由于出版社未能购得原书版权而未再版；中国社会科学院文学研究所的钱中文研究员约请我和另两位同事为他主编的《外国文艺理论译丛》翻译了美国文学批评家弗雷德里克·约翰·霍夫曼的理论著作《弗洛伊德主义与文学思想》，该书也于1987年由三联书店出版，同样由于版权问题之后没有再版；北京大学出版社的江溶编审约请我和顾明栋合作编译了一本《诺贝尔文学奖获奖作家谈创作》，并于1987年出版。可以说，1987年是我在翻译界收获颇丰的一年，人们认为那是我在翻译界崛起的年代，尽管在那以前我已经有了几年的积累，但我那些长篇译作竟然在同一年一起出版，不得不令人吃惊，同时也使我一下子便得到国内翻译界和理论界的注意。从此约请我编、译、著书的出版社多了起来，但我那时忙于撰写博士论文，不得不专心致志地读书，并按时于1989年在北京大学完成了博士论文的撰写和答辩。大概也就是在那个时候，我与翻译实践渐行渐远，最后终于走上了文学理论批评和比较文学的道路。但尽管如此，我仍然没有彻底离开翻译实践。每当我读到一本具有理论深度并能对我的学术研究有所帮助的著作，我总免不了手痒痒，或者撰写一篇书评，将其推荐给有关出版社，或约请友人和我一起翻译，这样陆陆续续地也翻译出版了一些理论著作，其中包括荷兰学者佛克马和伯顿斯的编著《走向后现代主义》，美国学者阿里夫·德里克的两本专题研究文集《后革命氛围》和《跨国资本时代的后殖民批评》，以及我本人参与主编的《全球化百科全书》。这些译著不仅对我的学术研究帮助颇大，而且也为我从事翻译理论研究奠定了必要的实践基础。

可以说，我真正走上翻译研究的道路有赖于下面四个因素：首先，在一次国际学术会议上，我有幸认识了美国著名翻译理论家安德列·勒弗菲尔，由于我们都是从比较文学和文化研究的角度介入翻译研究的，因此一见如故，很快就成了朋友。他当即约请我为他和苏珊·巴斯耐特

后记

合作主编的"翻译研究丛书"编辑一本英文论文集,题目就是《中国的翻译研究》(*Chinese Translation Studies*)。我回国后立即邀请一些前辈学者和同辈学者各自从自己的角度撰写了一些论文,并于1993年夏专门从加拿大多伦多飞赴位于德州奥斯汀的德克萨斯大学,在勒弗菲尔家中住了一个月,和他共同讨论文稿以及如何修改编辑这些文稿。后来由于勒弗菲尔患上癌症而且很快就病逝,我的那些未录入电脑的书稿也就石沉大海。但尽管如此,我和他的多次交谈至今仍记忆犹新,可以说,是他引领我进入了国际翻译研究的大门。其次,也是在一次国际文学和精神分析学大会上,我认识了丹麦翻译理论家凯·道勒拉普,从和他的交谈中我得知,他主要的专业兴趣并非精神分析学,而是翻译研究,他本人那时刚于几年前创办了国际性的翻译研究刊物《视角:翻译学研究》(*Perspectives: Studies in Translatology*)。虽然他本人并不通晓中文,但却对中国文化和文学十分感兴趣,通过和我的多次交谈,他决定约请我为他主编的刊物编辑一期关于中国的翻译研究的专辑。于是我就找出部分原先为勒弗菲尔编辑的文集的旧稿复印件,再约请另一些学者又写了几篇,加在一起编定为 *Chinese Translation Studies*,作为专辑发表在《视角:翻译学研究》第4卷(1996)第1期上。该专辑出版之后,在国际翻译理论界产生了一定的影响,因而我不断地被邀请出席国际学术会议并到一些欧、美、澳、亚洲国家的大学演讲。直接使我进入国际翻译研究界的一个重要因素是,我于2001年接受道勒拉普的邀请,担任《视角:翻译学研究》杂志的合作主编,从此与翻译研究的关系就更为密切了。我深深地懂得,要使得中国的翻译研究走向世界,进而在国际学术界发出声音,就必须掌握一个国际性的学术刊物,并用英文发表论文。于是我充分利用这个阵地,发表了二十多位中国学者的学术论文,并编辑了两个专辑,从而使得中国的人文社会科学国际化的战略率先在翻译研究领域内取得突破。第四个因素就是我于21世纪初来清华大学工作后,在外文系开设了两门关于翻译理论与实践方面的必修课和选修课,这便使我的学术研究能够直接

翻译研究的文化转向（修订版）

地用于教学实践。本书最初就是用于我为清华大学本科三年级学生开设的《翻译研究导论》课的讲稿，后来于 2004 年申请获得了国家社会科学基金项目的资助，使我有机会将其改造成一部理论专著。有学者建议本书作为高校翻译和比较文学专业的教科书，但我认为不妨先作为研究生专业的教学参考书，经过一段时间的试用再加以修改并充实。

当然，本书的写作与国内外学界同行和朋友的帮助和支持是分不开的。书中大部分章节都曾以单篇论文的形式在国内外一些中英文刊物上发表过，在此我谨向下列国内外学术刊物致谢：《中国翻译》《外国语》《中国外语》《当代外国文学》《清华大学学报》《外语与外语教学》《文学理论前沿》、*Perspectives: Studies in Translation Theory and Practice*、*Semiotica*、*Asia Pacific Translation and Intercultural Studies* 等。有些章节作为英文讲演稿在下列国外或境外高校做过演讲，或在那里举行的国际会议上发言，在此我也向邀请我前往演讲或发言的学者致谢：美国华盛顿大学的何谷理（Robert Hegel）教授、英国剑桥大学的玛丽·雅各布斯（Mary Jacobus）教授、华威大学的苏珊·巴斯耐特教授和陈美红博士、澳大利亚皇家墨尔本理工大学的陈国生教授、香港中文大学的黄国彬教授、澳门大学的孙艺风教授和李德凤教授等。他们的热情邀请和周密安排使我有机会在和国际学术界交流的同时听取同行专家的意见，从而对本书的部分进行修改。

此外，本书最终能以专著的形式出版，也得到了下列机构的资助和支持：国家哲学社会科学规划办公室的立项使我有较为充足的经费和时间写作本书；美国华盛顿大学人文中心和麦道基金会的慷慨资助使我有四个月的时间脱产查阅资料，并专心致志地修改本书；我的同事及本丛书主编罗选民教授的鼓励和敦促也使我加快了写作的步伐并最终将书稿交给清华大学出版社出版。在此，我也向时任清华大学出版社外语分社社长官力编审和屈海燕编辑致以诚挚的感谢，没有她们的辛勤劳动和认真编辑，本书初版不可能顺利出版。

后记

　　本书出版后受到国内学界的欢迎，一些高校的比较文学和翻译专业将其用于研究生教学，出版社也曾重印过一次，期间编辑不时地敦促我对之进行修订和增补，以便出版精装本，我本人也一直有这样的打算。但繁忙的教学科研和行政事务使我一拖再拖，直到本书有幸列入中华学术外译项目选题，多位译者要求将其翻译成不同的语种，这时我才意识到，面对国际读者，我必须对之进行修订和增补，以较为全面地反映翻译研究的现状，并从中国的视角与国际同行进行交流和对话。于是我对本书作了一些修订，增补了两章，最后一章也增补了一节，此外对参考文献也作了更新。在此我由衷地感谢清华大学出版社现任外语分社社长郝建华编审和事业部主任刘细珍副编审的大力支持和敦促。

　　最后我也感谢我的妻子和家人在我写作此书时对我的全力支持。当然，书中的不当之处应由我本人负责。我殷切的希望广大专业工作者和读者给予批评指正，以便本书在将来再版时更趋完善。

王宁

2021 年 2 月于上海

作者简介：王宁，江苏扬州人，文学博士，博士生导师。曾任清华大学外文系教授，校学术委员会委员和系学术委员会主任。现任上海交通大学人文学院院长和文科资深教授。2000 年获国务院特殊津贴，2010 年当选为拉丁美洲科学院院士，2013 年当选为欧洲科学院外籍院士。学术兼职包括中国比较文学学会前任会长、中国中外文学理论学会副会长、中国文艺理论学会副会长等职。主要著作有《多元共生的时代》（1993，2018）、《后现代主义之后》（1998，2019）、《比较文学与当代文化批评》（2000）、《二十世纪西方文学比较研究》（2000）、《文学和精神分析学》（2002）、《超越后现代主义》（2002）、《全球化和文化研究》（2003）、《全球化、文化研究和文学研究》（2003）、*Globalization and Cultural Translation*（2004）、《文化翻译与经典阐释》（2006）、《后理论时代的文学研究和文化研究》（2009，2019）、*Translated Modernities: Literary and Cultural Perspectives on Globalization and China*（2010）、《比较文学：理论思考与文学阐释》（2011）、《比较文学、世界文学与翻译研究》（2014）、《当代中国外国文学批评史》（2019）、《翻译与国家形象的建构及海外传播》（2021）等；在国内外数十种期刊或文集中发表中英文论文数百篇，内含英文论文百余篇。百余篇论文被 A&HCI 和 SSCI 数据库收录，少数著作和论文被译成意大利文、德文、法文、阿拉伯文、日文、西班牙文、俄文、韩文等，在国际学界有着广泛的影响。